# 노화와 의사소통장애

Angela N. Burda 편저
김향희 · 윤지혜 · 김정완 공역

Communication and Swallowing Changes in Healthy Aging Adults

학지사

**COMMUNICATION AND SWALLOWING CHANGES**
**IN HEALTHY AGING ADULTS**
BY ANGELA N. BURDA


ORIGINAL ENGLISH LANGUAGE EDITION PUBLISHED BY
Jone & Bartlett Learning, LLC.
5 Wall Street
Burlington, MA 01803

# 역자 서문

노인 환자가 의뢰되어 평가를 끝내긴 했으나 그분의 의사소통능력이 그 연령대에서는 정상인지 아닌지 고심해 본 적이 있는가? 그 판단이 쉽지 않았던 이유는 무엇인가? 발달기에 놓인 대부분의 아동과는 달리, 노인 개개인의 경우는 한층 많은 요인의 영향으로 서로 다른 수행력을 보이기 때문에 정상 여부에 대한 판단이 더욱 어려워진다. 그분이 일생 동안 어떤 지역이나 환경에서 생활해 왔는지, 어디서 얼마나 어떤 교육을 받았는지, 어떤 직업을 지니고 살았는지, 심지어는 신체 운동은 꾸준히 해 왔는지 등에 따라 말투가 다를 것이고, 주로 쓰는 어휘에도 차이가 날 것이며, 청력이나 목소리 크기에서도 상이함을 보일 것이다.

적어도 지난 30여 년 남짓 우리나라에서는 언어치료학이라는 학문이 하나의 전공 영역으로 자리 잡아 왔다. 언어치료 분야의 대상자 중에서도 노년층은 높은 비율을 차지한다. 더불어 현재 우리나라는 인구의 고령화 단계를 넘어서 머지않아 초고령화 사회가 될 것이라는 걱정스러운 상황에 놓여 있다. 노년층 환자를 대하면서 정상 노인의 수행력이 어느 정도인지를 알지 못하는 상태라면 어떻게 그 환자의 수행력을 비정상인 경우와 변별할 수 있겠는가? 그러므로 정상 노인이 어떻게 의사소통하는지에 대한 전반적인 지식이 필요하다. 물론 연구과제나 자원봉사 등을 통해 노인이 실제로 어떻게 의사소통하는지 직접 경험해 보는 것도 많은 도움이 될 것이다.

이 책은 많은 학교에서 강의하고 있는 '노화와 의사소통장애' 과목 및 노인을 대상으로 한 임상 활동을 활성화하고자 하는 의도에서 만들어졌다. 이 책에서는 사전적 의미의 '나이가 들어 늙은 사람(들)'을 통칭하기 위해 '노인(들)'이라는 중립적인 의미의 지칭(指稱)을 사용하였으며, 집단으로 일컬을 때는 '노년층'이라고 지칭하였다. 또한 이에 대비되는 용어로는 '젊은이(들)' 혹은 '청년층'을 사용하였다. 하지만 역자들이 수년 전 서울시에서 공적 사용을 건의한 '어르신'이라는 호칭(呼稱)의 존중적 의미를 마음에 담고 번역 작업에 임했음은 주지해 주기 바란다.

2014년 11월

역자 일동

# 편저자 서문

미국언어청각협회(ASHA)에 따르면 약 3만 9천 명의 언어치료사가 의료 분야 기관(healthcare facilities)에서 일하며, 그중 6천 명 정도는 장기요양시설(long-term care facilities)에서 근무한다. 이 언어치료사들이 주로 관여하는 대상자는 노인 환자다. 다행히도 해당 분야에는 노인을 대상으로 이루어진 뇌졸중, 뇌외상, 알츠하이머병이나 파킨슨병 같은 질환이 야기하는 인지-언어, 말운동, 삼킴장애와 관련된 연구물이 많이 축적되어 있다. 하지만 아직도 부족한 것은 정상 노년층을 대상으로 한 정상 규준 자료다. 이러한 자료가 충분하지 않기 때문에 언어치료사들은 어떤 경우가 정상적인 것 또는 병리적인 것인지 판단하는 데 어려움을 겪고, 이런 상황에서 효과적인 치료 방법을 파악하는 데도 어려움을 겪는다. 이에 따라 그들은 노인이 할 수 있는 역량을 과대평가하거나 과소평가하게 된다. 그럼에도 의료기관에 종사하는 언어치료사들은 평가와 치료에 대한 판단을 빠르게 내려야 한다. 따라서 이 책이 노인을 평가하고 치료할 때 도움이 될 수 있는 자원으로 쓰이길 바란다. 또한 이 책은 노인에 대한 지식을 쌓는 데도 전반적으로 유용한 정보를 제공할 것이다. 이 책에서 제공하는 일부 자료는 아직 출판되지 않은 것도 있다. 마지막 장에서는 세계보건기구(WHO)에서 제시한 국제기능장애건강분류(ICF)에 근거하여,

노년층의 건강 및 의사소통능력을 넓은 관점에서 논의해 보았다. 어느 정도 수준에 있든지 상관없이 관련 전공의 학생이나 이 분야의 전문가라면 이 책을 통해 많은 도움을 얻을 수 있을 것이다.

Angela N. Burda

# 차 례

●역자 서문 / 3

●편저자 서문 / 5

## 1장 | 도입 및 이론적 견해 • 11

1. 도입 _ 13
2. 조작적 정의: 건강과 노인 _ 14
3. 이론적 배경 _ 16
   1) 억제 결함 _ 17
   2) 전달 결함 _ 19
   3) 인지적 더딤 _ 21
   4) 역량 및 작업기억력 감퇴 _ 22
   5) 신경생물학적 변화 _ 24
4. 결론 _ 25

## 2장 | 인지 능력 • 39

1. 도입 _ 41
2. 노인의 일반적인 인지 능력 _ 42
3. 노인의 인지 능력에 영향을 미치는 요인 및 어려움의 징후 _ 56
4. 노인의 인지 능력을 향상시킬 수 있는 전략 _ 58

## 3장 청각적 이해력 • 73

1. 도입 _ 75
2. 노인의 일반적인 청각적 이해력 _ 76
3. 노인의 청각적 이해력에 영향을 미치는 요인 및 어려움의 징후 _ 81
4. 노인의 청각적 이해력을 향상시킬 수 있는 전략 _ 85

## 4장 독해력 • 97

1. 도입 _ 99
2. 노인의 일반적인 독해력 _ 100
3. 노인의 독해력에 영향을 미치는 요인 및 어려움의 징후 _ 106
4. 노인의 독해력을 향상시킬 수 있는 전략 _ 109

## 5장 구어 표현력 • 121

1. 도입 _ 123
2. 노인의 일반적인 구어 표현력 _ 123
3. 노인의 구어 표현력에 영향을 미치는 요인 및 어려움의 징후 _ 136
4. 노인의 구어 표현력을 향상시킬 수 있는 전략 _ 139

## 6장 쓰기 능력 • 149

1. 도입 _ 151
2. 노인의 일반적인 쓰기 능력 _ 152
3. 노인의 쓰기 능력에 영향을 미치는 요인 및 어려움의 징후 _ 158
4. 노인의 쓰기 능력을 향상시킬 수 있는 전략 _ 163

## 7장 음성과 말운동 능력 • 175

1. 도입 _ 177
2. 노인의 일반적인 음성과 말운동 능력 _ 177
3. 노인의 음성과 말운동 능력에 영향을 미치는 요인 및 어려움의 징후 _ 179
   1) 호흡 요인 _ 179
   2) 후두 요인 _ 183
   3) 구강인두 요인 _ 188
   4) 문제에 대한 징후 _ 190
4. 노인의 음성과 말운동 능력을 향상시킬 수 있는 전략 _ 190
5. 기기 장치와 평가 _ 191
   1) 청지각적 평정 _ 192
   2) 비디오스트로보스코프 평정 _ 193
   3) 음향학적 측정 _ 194
   4) 생리학적 측정 _ 195
   5) 연인두 평가 _ 196

## 8장 삼킴 능력 • 211

1. 도입 _ 213
2. 노인의 일반적인 삼킴 능력 _ 215
   1) 건강한 청년의 정상 삼킴: 비교 목적 _ 215
   2) 노인성 삼킴 기능의 잠복기: 노화 관련 삼킴 문제의 생물학 _ 216
   3) 노인성 삼킴 기능의 임상 전 상태: 탐지 가능한 삼킴 기능 _ 217
3. 노인의 삼킴 능력에 영향을 미치는 요인 및 어려움의 징후 _ 219
   1) 구강 보건 상태 _ 219
   2) 인지 상태 _ 223
   3) 임상 상태의 삼킴장애 _ 224
4. 노인의 삼킴 능력을 향상시킬 수 있는 전략 _ 226

## 9장 지역사회 거주 노인을 위한 세계보건기구 ICF의 원칙 • 239

1. 도입 _ 241
2. 기능적 분류 체계의 필요성 _ 243
3. ICF의 개발 _ 244
4. ICF에 대한 설명 _ 247
5. 의사소통장애 및 삼킴장애에서의 ICF 활용 _ 251
6. ICF와 노화에서의 쟁점 _ 254
7. 노화에 따른 맥락적 요인 _ 256
    1) 환경적 요인 _ 256
    2) 개인적 요인 _ 259
    3) 신체 기능 장애와 환경적 · 개인적 요소 간의 상호작용 _ 261
8. 결론 _ 263

●부록 _ 271
●찾아보기 _ 283

# 1장

# 도입 및 이론적 견해

Angela N. Burda

# 1. 도입

현재 고령화는 전 세계적으로 빠르게 진행되고 있다. 이에 따라 언어재활사는 노인의 인지-언어, 말운동, 음성 그리고 삼킴 능력의 측면에서 어떤 경우가 정상에 해당하는지 알 필요가 있다. 이러한 필요성은 언어병리학 분야에서 이루어지는 근거기반 실무(evidence-based practice: EBP, 이하 EBP)라는 원칙에 바탕을 둔 지속적 노력과 부합한다(Reilly, Douglas, & Oates, 2004). 정상 규준에 대한 자료가 있다면 언어재활사 입장에서는 미국언어청각협회(American Speech-Language-Hearing Association: ASHA, 이하 ASHA; ASHA, 2005)에서 제안한 근거기반 실무 가이드라인을 충족시키는 데도 도움이 될 것이다. 이 가이드라인에 따르면, 전문가들은 "임상 서비스를 제공받는 개개인과 가족의 요구 및 능력을 인식해야 하고, 임상적으로 판단을 내림에 있어서 이러한 요소들을 가장 최신의 연구 증거와 임상적 전문지식과도 통합할 수 있어야 한다." 또한 언어재활사에게 필요한 것은 "근거기반 실무와 관련된 지식과 기술을 포함하여, 최상의 전문적 서비스를 제공하기 위해 필요한 지식과 기술을 습득하고 유지하는 것이다."(ASHA, 2005, p. 1) 그러므로 이 책은 언어재활사가 노인 환자의 평가 및 중재와 관련된 결정을 내리는 데 도움을 주고자 쓰였다. 전문가들은 세계보건기구(World Health Organization: WHO, 이하 WHO)의 국제기능장애건강분류(International Classification of Functioning, Disability, and Health: ICF, 이하 ICF)를 참조하여 좀 더 넓은 관점에서 노년기 건강문제를 바라보아야 한다.

2장부터 8장까지는 유사한 형식으로 구성되어 있다. 각 주제에 따라 노년층의 일반적인 능력을 설명하고, 이러한 능력에 부정적인 영향을 끼치는 요인을 제시하며, 전문가에게 의뢰해야 하는 징후 등을 설명할 것이다. 그다음에는 이러한 문제들을 해결할 수 있는 전략을 논의할 것이다. 그리고 마지막 장에서는 WHO에서 제시하는 틀과 이를 노년층에 적용하는 문제를 다루었다. 각 장의 마지막 부분에서는 '논의할 문제'뿐만 아니라 '핵심 요약'을 통해 요점을 정리하였다. '부록'에서는 '성인용 검사 도구'를 통해 성인 환자에게 사용할 수 있는 검사들과 각 검사의 장단점을 제시하였고, '용어 설명'을 통해 익숙하지 않은 용어를 설명하였다.

이 장에서는 조작적 정의와 더불어 인지 및 언어에 영향을 주는 노화 관련 변화에 대한 이론적 견해를 제시하였다. 그리고 나머지 장과 마찬가지로 마지막 부분에서는 '논의할 문제'뿐만 아니라 '핵심 요약'을 통해 요점을 정리하였다.

## 2. 조작적 정의: 건강과 노인

'건강(healthy)'이란 무엇인가? 몇 살부터 '노인(older)'이라고 할 수 있는가? 이 두 용어는 언뜻 듣기에는 쉽게 이해가 가긴 하지만, 실제적으로는 적합한 정의를 내리기 어렵다. 많은 연구에서 건강한 노인들을 연구 대상으로 포함하나, 그중 극소수 연구에서만 '건강'에 대한 기준을 제시하고 있다. 몇몇 연구에서와 마찬가지로(Cohn, Dustman, & Bradford, 1984; Collie, Shafiq-Antonacci, Maruff, Tyler, & Currie, 1999; Meijer, De Groot, Van Boxtel, Van Gerven, & Jolles, 2006), 이 책에서는 '건강'을 '(청각적 이해력과 삼킴 능력에 영향을 주는) 신경학적 질환 또는 뇌졸중, 치매, 알츠하이머병이나 다발성경화증과 같은 진행성 질환이 없는 상태'라고 하였다. 그러나 다른 연구자들은 정상 노인 집단을 분류할 때 부가적 기준을 사용하였다. 예컨대, Collie 등(1999)은 정상 노인 집단에 뇌전증(epilepsy), 당뇨, 갑상선병, 우울증 및 불안 혹은 다른 정신질환을 보이지 않는 연구 대상자들을 포함하였다. 또한 Carlson 등(1999)은 신체적 · 인지적으로 양호한 상태의 정상인을 연구 대상으로 명시하였다. 이때 신경학적 손상이 없다고 밝히는 것이 중요한데, 그 이유는 일과성 허혈 발작(transient ischemic attacks)이 있었다면(Shankle & Amen, 2005) 비록 그 증상이 사라졌다 하더라도 여러 능력에 쉽게 영향을 줄 수 있기 때문이다. 몇 편의 증례에서는 '정상 혹은 신경학적으로 정상'을 '건강'이라는 용어와 유사하게 사용하였다(Peel, Bartlett, & McClure, 2004).

'노화(aging)' 혹은 '노인(older)'을 정의하는 것 역시 쉽지는 않다. 노화나 노인에 해당하는 연령대는 광범위한 것 같다. 우리는 50세에 처음으로 미국퇴직자협회(American Association of Retired Persons: AARP)에서 보내온 무료 증정본 잡지를 받을 경우 상당히 놀란다. 70세가 넘은 많은 사람이 여전히 에너지가 넘치고 건강하며 생동감이 넘쳐서 스스로를 실제 나이로 느끼지 않는다(Stephens, 1991). 노화나 노인을 정의하는 데 있어서 연구 결과 역시 그다지 유용하지는 않다. 50대 이상의 연령대를 '노인'으로 분류하는 연구가 있는 반면에(Constantinidou & Baker, 2002; De Beni, Palladino, Borella, & Lo Presti, 2003; Federmeier, Van Petten, Schwartz, & Kutas, 2003), 몇몇 연구는 65세 이상의 연령을 '노인'으로 분류하기도 한다(Gordon-Salant & Fitzgibbons, 1999; Little, Prentice, Darrow, & Wingfield, 2005; Pichora-Fuller, Schneider, & Daneman, 1995). 최고 연령을 명시하지 않은 채 80대와 90대를 포함한 연구도 있다(Burda, 2007, 2008; De Beni et al., 2003; Kemper, 1986; Parkin & Java, 1999). 노년층은 연소노인(young-old), 중노인(middle-old), 고령노인(old-old)으로 분류할 수 있으며, 일반적으로는 65세 이상이 노인에 해당한다(Burda, 2007, 2008; Schmitt, 1983). 따라서 이 책에서는 노화와 노인의 기준을 65세 이상으로 하고자 한다. 그러나 50대를 포함한 연구도 노년층 연구로 간주하였는데, 그 이유는 몇몇 가치 있는 연구가 이 연령대를 포함하였기 때문이다(De Beni et al.,

2003; Federmeier et al., 2003).

비록 노화와 관련된 변화들은 여러 능력에서 명백히 관찰되지만, 이러한 능력들을 적당한 수준으로 유지할 수 있다면 노년층의 전반적인 건강과 복지는 보장될 수 있다(Shadden & Toner, 1997; Worrall & Hickson, 2003). 건강한 노인은 스스로를 자신의 생활연령(chronological age)보다 젊다고 생각한다(Gana, Alaphilippe, & Bailly, 2004). 반대로 건강하지 못한 노인은 스스로를 더 나이 든 것처럼 느낀다(Logan, Ward, & Spitze, 1992; Nakamura, Moritani, & Kanetaka, 1989). 이 책에서 기술하는 대부분의 변화는 점진적으로 나타나는데(Buckner, Head, & Lustig, 2006), 이는 아동기에 보이는 빠른 신경학적 변화와는 명백히 다르다. 비록 20대가 신체적 · 정신적 능력의 정점을 보이는 시기이기는 하나(Hutchinson, 2008; Skirbekk, 2003), 노화에 따른 이로운 점도 있는데 그 예로는 전문적 기술이나 취미의 터득(Abraham & Hansson, 1995; Ericsson & Kintsch, 1995), 자신감의 상승(MacKinlay, 2006), 사랑하는 사람이나 친구 및 동료들과 친밀한 관계를 향유하는 것 등이다(Adams & Blieszner, 1995). 이어지는 장들에서는 여러 능력의 감퇴에 대해 설명하겠지만(Rabbitt & Anderson, 2006), 이러한 변화를 상실의 관점에서 받아들여서는 안 되고 받아들일 필요도 없다. 물론 사람의 이름을 잊어버리거나 기억해야 하는 정보를 빨리 회상할 수 없다면 불편하겠지만, 이러한 변화가 노인들의 삶의 질을 저하시키는 것은 아니다. 물론 이견이 있을 수도 있다.

## 3. 이론적 배경

근래 들어 노화 관련 여러 인지이론이 구축 및 검증되고 있다. 많은 문헌이 있지만 노화에 따른 인지-언어적 변화의 기저를 설명할 수 있는 명백한 이론은 없다. 그리고 한 가지 이론만으로는 서로 다른 영역에 영향을 미치는 다양한 변화를 설명할 수도 없다(Thornton & Light, 2006). 이 책에서는 노년층의 특정한 능력(청각적 이해나 쓰기 능력)을 개별적으로 다루지만, 실질적으로 이러한 능력은 중첩된다. 예컨대, 다른 사람의 질문을 이해하고 그에 대해 적합한 반응을 하려면 주의력과 기억력이 정상이어야 한다. 이러한 능력 및 이론은 서로 겹치는데, 이는 포괄적 틀 안에서 해석되기 때문이다(Light, 1991; MacKay & James, 2001; Thornton & Light, 2006). 비록 이 이론들은 인지 변화의 기저를 일반적으로 설명할 수밖에 없지만, 분명한 것은 이러한 변화 때문에 이해와 표현 능력에 영향을 받는다는 것이다. Thornton과 Light(2006)가 언급했듯이 인지적 노화에 대한 이론은 일반적으로 정상 노화와 관련된 언어 변화를 설명할 수 있다. 이 장의 나머지 부분에서는 가장 많이 연구되는 노화 관련 인지 이론의 일부를 제시하였다. 물론 각각의 이론을 지지하기 위한 연구가 많이 있지만, 그러한 이론을 반박하거나 의문을 제기하는 연구도 많다. 제시한 이론들에는 억제 결함, 전달 결함, 인지적 더딤, 저하된 작업기억력을 포함한 역량 감퇴 가설 등이 있다. 또한 신경생물학적 변화가 노화 관련 인지 감퇴를 야기한다는 관점도 논의된 바 있다.

### 1) 억제 결함

억제 결함(inhibition deficit) 가설이란, 노화에 따라 억제 처리(inhibitory processes)가 퇴화되므로 노년층은 청년층에 비해 무관한 정보를 억누르는 데 어려움을 보인다는 이론이다(Hasher & Zacks, 1988; Zacks & Hasher, 1997). 예컨대, 노인은 다른 형태의 활자체로 인쇄된 방해 단어(distracting word)가 포함된 자극 문장을 읽어 나가는 과제에서 방해 단어들을 무시하는 데 많은 어려움을 보였다(Connelly, Hasher, & Zacks, 1991; Zacks &

Hasher, 1997). 이러한 방해 자극은 읽기 속도를 느리게 하고, 문맥에 대한 기억이나 이해에도 부정적인 영향을 미친다(Connelly et al., 1991; Zacks & Hasher, 1997). 방해되는 말소리가 있는 경우에도 회상 능력에 부정적인 영향을 미친다. Tun(2002)에 따르면 청년층과 노년층이 영어로 제시되는 단어 목록을 듣는 동안 방해 단어가 영어(대상자에게 의미단어로 간주되는) 혹은 네덜란드어(대상자에게 무의미단어로 간주되는)로 제시되었을 때, 노년층은 방해 단어를 무시하며 목표 단어를 회상하는 데 더욱 어려움을 겪었다. 또한 이들은 방해 단어가 영어로 제시되었을 때 가장 낮은 수행력을 보였다.

억제 결함 가설은 단어 산출(word-retrieval)이나 단어 재인(word-recognition) 과제를 활용하여 검증되기도 한다. 연구를 이해하기 위해서는 우선적으로 일부 용어를 정의해야 한다. '이웃단어(neighborhood)'는 목표 단어와 오직 하나의 음소만이 차이가 나는 단어를 지칭한다(Thornton & Light, 2006). 예컨대, 'dog'의 이웃단어로는 'dig' 'bog' 'log' 'dock' 등이 있다. 이러한 이웃단어의 총 수는 '이웃단어 밀도(neighborhood density)'라고 한다(Thornton & Light, 2006). 'cat'과 같은 단어는 'mat' 'that' 'cab'처럼 음성학적으로 유사한 단어를 여러 개 만들 수 있으므로 이웃단어의 밀도가 상당히 높은 단어에 속하는 반면, 'wolf'라는 단어는 그렇지 못하므로 이웃단어의 밀도가 낮은 단어로 간주된다(Anderson, 2007). '이웃단어 빈도(neighborhood frequency)'라는 것은 이웃단어가 얼마나 자주 사용되었는지를 보여 준다(Thornton & Light, 2006).

노년층은 청년층에 비해 이웃단어 밀도가 높은 단어들 중 저빈도 단어를 식별하는 데 더 어려움을 겪었다(Sommers, 1996; Sommers & Danielson, 1999). 예컨대, 'dot' 'pet' 'cake'과 같은 단어가 이웃단어 밀도가 높은 단어에 해당한다(Munson, 2007). 그러나 노년층은 이러한 단어들이 의미적으로 상당히 국한된 문장에서 쓰이는 경우에는 문맥적 도움을 받음으로써 청년층과 유사한 수행력을 보였다(예: "사고 때문에 겁을 먹었다." 대 "스미스 씨는 겁이 났다."). Sommers와 Danielson(1999)은 저빈도-고밀도 단어를 식별하는 과제를 통해 노년층이 고빈도 단어와 음운적으로 유사한 단어를 억제하는 과정에서 어려움을 보일 수 있다고 하였다. 이웃단어 밀도와 더불어 단어의 길이나 빈도도 노인의 이름 대기 능력에 영향을 줄 수 있다(Spieler & Balota, 2000; Whiting et al., 2003). 예를 들어, 노년층은 저빈도 단어를 산출하는 것에서 어려움을 보일 수 있다(Spieler & Balota, 2000). 저빈도 단어의 예로는 'brood' 'wool' 등이 있다(Whiting et al., 2003). 그러므로 억제 결함 가설의 기본 요지는 방해나 경쟁이 되는 정보 및 생각을 무시할 수 있는 능력이 저하되어 다양한 과제를 수행하거나 정확하게 처리하는 데 어려움을 보인다는 것이다.

### 2) 전달 결함

전달 결함(transmission deficit) 가설은 노화와 관련된 인지 변화 때문에 기억 연결(memory connection)이 약해지면서 목표 정보에 대한 활성화가 저하된다는 것이다(Burke, MacKay, Worthley, & Wade, 1991; James & Burke, 2000; MacKay & James, 2004). 의미적 지식은 여러 개의 다양한 개념이 연결 통로를 통해 네트워크를 이루면서 형성된다(Anderson, 1983; Light, 1991). 이러한 이론은 설단현상의 경험(tip-of the tongue experiences: TOTs)에 대한 연구 결과로 설명할 수 있다. Brown과 McNeil은 설단현상을 "산출이 될 듯 말 듯한" 시점이라고 처음으로 설명하였다(1966, p. 325). 또한 Schwartz는 "설단현상은 비록 회상되지는 못했지만 이미 알고 있고, 곧 목표 단어가 반드시 회상될 것 같은 느낌이다."라고 하였다(2002, p. 5).

설단현상은 나이가 듦에 따라 증가하고 저빈도 단어나 고유명사(proper name)를 회상할 때 더욱 두드러진다(Burke et al., 1991; Mortensen,

Meyer, & Humphreys, 2006; Schwartz, 2002). 일반명사는 기억체계 내에서 상호연결이 많이 되어 있기 때문에 의미적 연결이 약한 고유명사에 비해 쉽게 산출될 수 있다(Thornton & Light, 2006). James(2004)는 일반명사인 직업에 관한 단어(예: farmer)보다 고유명사(예: Mr. Farmer)를 말할 때 설단현상을 더 빈번히 보인다는 것을 보고하면서, 이는 일반명사에서 의미적 상호연결이 더 강력하기 때문이라고 하였다. Maylor(1997)는 일반 사물의 이름을 산출하기 쉬운 이유로 사물에 해당하는 한 개 이상의 적절한 명칭이 있기 때문이라고 하였다. 반면에 고유명사는 한 개 이상의 명칭이 붙는 경우가 없기 때문에 더 어렵다고 하였다. 이웃단어 밀도와 빈도에 대한 개념 또한 이 연결 이론을 통해 설명할 수 있다. 예를 들어, 이웃단어의 빈도가 낮은 단어에서 더 많은 설단현상을 보이게 된다(Vitevitch & Sommers, 2003). 이러한 결과는 이웃단어 빈도가 높은 단어는 주변단어가 함께 활성화되어서 기억이 강하게 상호연결되기 때문에 더 쉽게 회상될 수 있는 것이라고 해석할 수 있다(Thornton & Light, 2006).

Schwartz(2002)는 전달 결함 이론을 설단현상에 적용하면서 표상(representation)에는 의미 단계(semantic level)와 음운 단계(phonological level)가 존재한다고 가정하였다. 예를 들어, 어떤 사람이 "비나 태양으로부터 자신을 보호할 수 있는 물건"이라는 정의를 들었을 때 그 사람은 물체의 의미를 상기하면서 그 물체에 대한 이미지를 시각화하지만, '우산'이라는 음운 표상에는 접근하지 않는다(Schwartz, 2002, p. 52). 저빈도 단어나 최근 산출되지 않은 단어는 고빈도 단어나 최근 산출된 단어보다 설단현상을 더 많이 일으킨다(Gollan & Silverberg, 2001; Schwartz, 2002).

비록 노화는 의미 표상과 음운 표상 사이의 연결을 약하게 하고, 또 그것이 설단현상을 야기하지만(Mortensen et al., 2006; Rastle & Burke, 1996; Schwartz, 2002), 두 표상 사이의 연결은 그 단어를 더 많이 사용함으로써 개선될 수 있다(Schwartz, 2002). 이러한 연결을 견고히 하면 설단현상은 감소한다. 예를 들어, White와 Abrams(1999) 그리고 James와 Burke(2000)는 노인들이 단어의 정의를 듣고 해당하는 목표 단어를 산출할 수 없을 때(이러한 정의에 대한 예는 다음과 같다. "왕좌를 공식적으로 포기하는 것을 무엇이라고 합니까?" [답: "양위"]), 목표 단어의 음절과 동일한 음절 한 개를 포함하는 여러 단어(예: abstract, indigent, locate)가 주어질 경우 설단현상을 해소할 수 있다고 하였다. 또한 White와 Abrams(1999)는 목표 단어와 첫 음절이 동일한 단어(예: abstract)가 주어졌을 때가 가장 수행력이 좋았다고 보고하였다. 따라서 단어를 부가적으로 제시하는 것은 약화된 연결을 강화시켜 단어 산출을 도와주는 것이지, 부적절하거나 경쟁적인 정보를 억제해야만 하는 어려움을 가중시키는 것은 아니다(James & Burke, 2000; Thornton & Light, 2006).

### 3) 인지적 더딤

인지적 더딤(cognitive slowing) 가설 역시 노화와 관련된 인지 감퇴를 설명한다(Salthouse, 1996). 이러한 더딤 현상은 처리속도, 주의력, 작업기억력이 저하되는 것을 의미한다. 저하된 주의력과 작업기억력은 이론적으로 서로 구분되지만(이후 단락 참조), 더 넓은 관점에서는 아울러 보기도 한다(Salthouse, 1996). Light(1991)는 이 세 가지 능력(즉, 처리속도, 주의력, 작업기억력) 간의 관계는 복잡하고 구별하기 어렵다고 하였다. 비록 더딤 현상을 한 가지 원인으로 설명할 수는 없으나, 신경계 내에서 증가된 방해 요소(noise; Salthouse & Lichty, 1985), 저하되거나 단절된 신경 연결(neural connection; Cerella, 1990) 혹은 각 처리 과정에서의 정보 부족 등에 기인한다고 본다(Salthouse, 1985).

더딤 현상은 노년층이 언어 이해력과 회상 능력에서 어려움을 보이는 이유를 설명해 줄 수 있다(Kemper, 2006). 예컨대, 노년층은 빠르게 제시된 말 조각(speech segments)을 회상하는 데 어려움을 보였지만(역자 주: 빠르게 제시되는 문단[spoken passages]의 일부를 듣고 회상하는 것에서 어려움을 보임), 정상 속도에서는 문제없이 수행했다(Wingfield, Tun, & Rosen, 1995). 더불어 노인 연구 대상자 스스로 말 조각의 길이와 속도를 마음대로 조절하여 들을 수 있는 연구에서는 느리고 짧은 길이의 말 조각을 선택하는 경향을 보였다(Wingfield & Ducharme, 1999; Wingfield, Lahar, & Stine, 1989).

더딤 현상은 읽기에서도 관찰할 수 있다. 노년층은 전체 단락과 구문적으로 복잡한 문장을 읽을 때 더 많은 시간을 소요했지만, 청년층은 빈도가 낮은 단어나 단락에서 새로운 개념이 처음으로 등장할 때 읽기 시간이 더 많이 걸렸다(Stine-Morrow, Loveless, & Soederberg, 1996). 기억과제를 수행하는 동안의 시연 속도(Salthouse, 1990), 그리고 기억에 의존해서 시각적 자극을 찾아내는 속도(Cerella, 1985)를 측정한 연구에서 노년층은 더 느린 반응 시간을 보였다. 흥미로운 점은, Myerson, Hale, Wagstaff, Poon과 Smith(1990)가 지적하였듯이 과제를 완성하는 데 더 많은 시간을 할애한다고 해서 반드시 수행력이 상승한 것은 아니었다.

### 4) 역량 및 작업기억력 감퇴

노년층은 청년층에 비해 처리 과정에서 사용할 수 있는 역량이 적기 때문에 그 역량이 과도하게 요구될 때 더욱 문제가 발생한다(MacKay & James, 2001; Light, 1991). 예컨대, 청자는 각각의 말소리나 단어를 빠르게 식별하여 처리하고, 듣고 있는 단어 혹은 문장을 이미 들었거나 저장되어 있던 정보와 통합한다(Pichora-Fuller et al., 1995; Thornton & Light, 2006). 청력 문제가 있거나 주변 소음이 있는 상황, 한 사람 이상이 동시에 말하는 상황 등에서는 청각적 처리를 위해 더 많은 노력이 필요하다

(Humes, 1996; Schneider, Daneman, Murphy, & Kwong-See, 2000; van Ronej & Plomp, 1990). 증례에서 볼 수 있듯이, 노년층은 하향 처리(top-down processing)와 같이 차후에 들어오는 정보를 처리하기 위해 인지적 역량을 재분배하고 다른 수단들을 사용해야 한다. 하향 처리에서 듣고 있는 것을 이해하려면 세상 지식이나 정보에 대한 문맥을 활용해야 한다. 하향 처리에 의존하게 되면 화자의 말에 집중하는 역량이 저하되면서 중요한 정보를 놓칠 수 있다. 이와는 대조적으로, 읽기의 경우 문단의 초반에는 천천히 읽어 가며 문맥을 전반적으로 이해하는 한편, 문단을 읽어 나가면서는 속도가 빨라져서(Stine-Morrow, Gagne, Morrow, & DeWall, 2004; Stine-Morrow, Miller, & Leno, 2001) 새롭거나 익숙하지 않은 정보에 집중할 수 있도록 인지적 역량을 활용한다.

이미 언급하였듯이, 인지적 더딤은 역량(예: 주의력)이나 작업기억력이 저하되는 것과 별개의 문제가 될 수 없다(Salthouse, 1988a, 1988b). 작업기억력이 저하되는 것은 노화 관련 인지 능력이 감퇴하기 때문이다(Caplan & Waters, 1999; Waters & Caplan, 1996, 2001, 2005). 작업기억은 정보를 다루고 저장하며 전환할 수 있는 능력, 예컨대 식당에서 팁을 암산하는 것과 같은 능력이다(Baddeley, 2003). 노년층은 작업기억력 감퇴(reduced working memory)를 보이는데(Connor, 2001; Craik, 2000), 이러한 현상은 저장능력이 감소하고(Zacks & Hasher, 1988), 조작이 필요한 수행에서 효율성이 저하되며(Stine & Wingfield, 1987), 정신적으로 더디기(Salthouse, 1990) 때문에 나타난다. Waters와 Caplan(2001, 2005)에 따르면 작업기억의 감퇴 현상은 상당히 방대하므로 노화 관련 언어적 감퇴를 설명하기에는 적절하지 않고 좀 더 구체적인 해석이 필요하다(예: 문장 이해에 부정적으로 영향을 미치는 작업기억력의 저하에 대한 이론).

복잡한 문장을 따라 말하거나 제시되는 숫자의 순서를 거꾸로 외우는 것(backward digit-span)과 같이 어려운 작업기억 과제에서는 노년층이 청년층보다 저하된 수행력을 보인다(Kemper, 1986; Light, 1991; Salthouse, Kausler, & Saults, 1988). 노화에 따른 작업기억력의 변화로 노년층은 문법적 · 구문적으로 덜 복잡한 언어를 구사한다(Kemper, Herman, & Lian, 2003; Kemper & Sumner, 2001). Kemperand 등(2001)은 노인들이 7~17세에 겪은 자전적 담화를 산출하도록 했는데, 초기평가는 65~75세에, 최종평가는 79~83세에 시행했다. 평가 질문은 "나의 삶에 가장 영향을 준 사람들에 대해 말해 보세요."와 "자신에게 일어난 예상치 못한 일에 대해 말해 보세요."였다. 측정은 명제발화 밀도(propositional density)와 문법적 복잡성(grammatical complexity)으로 이루어졌다. 명제발화 밀도는 발화된 단어에 비해 얼마나 많은 정보를 전달했는가를 일컫는다(Kemper & Sumner, 2001). 문법적 복잡성과 명제발화에서 가장 두드러진 감퇴는 74~78세 사이에 관찰되었고, 74~78세 간의 전-후 구간에서는 점진적 감퇴를 보였다. 그러나 수행의 초기 수준뿐만 아니라 감퇴의 정도에서 노인 간에는 상당한 개인차가 있다. 종종 노년층의 담화가 청년층에 비해 좀 더 흥미롭고 많은 정보를 주는 것으로 평가된다(James, Burke, Austin, & Hulme, 1998). 노년층은 어린 아이들이나 인지적 문제를 보이는 사람들과 이야기할 때 자신의 말을 수정할 수 있었는데(Adams, Smith, Pasupathi, & Vitolo, 2002; Kemper, Anagnopoulos, Lyons, & Heberlein, 1994), 이는 대화를 듣는 청자의 이해 수준에 맞추기 위해 말을 변화시키는 동안에도 이야기하고자 하는 내용을 기억할 수 있을 만큼 작업기억력이 적절하다는 것을 의미한다.

### 5) 신경생물학적 변화

신경생물학적 변화(neurobiological changes)는 노화 관련 인지 감퇴의 근간이 되며, 정상 성인에게서 보이는 이러한 감퇴(예: 주의력, 작업기억력, 집행기능의 저하)는 전전두엽(prefrontal cortex)의 손상을 보이는 환자들의 신경심리적 프로파일과 매우 유사하다(Braver et al., 2001; Moscovitch & Wincour, 1995; Perfect, 1997; Salat, Kaye, & Janowsky, 1999; West, 1996). 청년층에 비해 노년층의 뇌는 용적은 작고 뇌실은 확장된다(Buckner et al., 2006; Davis & Wright, 1977). 뇌의 용적은 60세부터 감소하고 전두엽은 초반부터 가장 많이 침범된다(Haug & Eggers, 1991; Salat et al., 1999). 예컨대, 사람의 얼굴을 기억해 내거나(Grady et al., 1995) 정보를 활용하여 기억하고자 할 때(Buckner, Kelley, & Petersen, 1999; Fletcher & Henson, 2001) 전두엽이 청년층처럼 전체적으로 활성화되지는 않는다(Logan, Sanders, Snyder, Morris, & Buckner, 2002; Nyberg et al., 2003).

신경화학적 측면에서는 노인의 인지적 감퇴가 전전두엽을 조절하는 것으로 알려진 도파민(Braver et al., 2001)의 감소와 관련된다(Arnsten, Cai, Steere, & Goldman-Rakic, 1995; Li & Lindenberger, 1999; Li, Lindenberger & Frensch, 2000; Li, Lindenberger, & Sikstrom, 2001). 노화에 따라 도파민이 부족하게 되면 약물(예: 레보도파[Levodopa])복용을 통해 도파민을 증가시킴으로써 인지적 감퇴를 막거나 역행시킬 수 있다고 한다. 그러나 실제로 노인들은 전전두엽의 도파민 수용기 개수가 적기 때문에(Suhara et al., 1991) 충분한 약물 효과를 발휘하지 못한다(Braver et al., 2001). 노화와 관련된 인지 감퇴는 전두엽과 기저핵의 문제뿐만 아니라 해마와 내측두엽의 문제에도 기인한다(Buckner et al., 2006).

## 4. 결론

결론적으로, 노화는 언어재활사가 평가하게 되는 여러 능력에 영향을 미친다. 비록 문헌에서 노년층의 능력에 대한 많은 정보를 제공하긴 하지만 '건강'과 '노인'을 정의하는 것은 다소 애매하다. 뿐만 아니라 인지와 언어에 있어서 노화와 관련된 변화를 설명하는 가설은 많지만 노인에게서 관찰되는 다양한 변화를 하나의 이론만으로 설명할 수는 없다. 여러 능력에서의 감퇴에도 불구하고 많은 노인은 여전히 생동감 있고 만족할 만한 삶을 영위하고 있다.

### 핵심 요약

- 일반적인 정보
  - 언어재활사는 정상 노인의 인지-언어, 말운동, 음성, 삼킴 능력에 대해서 알아야 함
  - 언어재활사는 WHO의 ICF를 참조하여 좀 더 넓은 관점에서 노년층 건강 문제를 바라보아야 함
  - 이러한 필요성은 언어병리학 분야에서 이루어지는 EBP라는 원칙에 바탕을 둔 지속적 노력과 부합함
- 조작적 정의
  - '건강'은 신경학적 질병이나 장애(예: 뇌졸중, 치매)가 없고, 이 책에서 다루는 여러 능력에서도 문제가 없는 것을 가리킴
  - '정상'과 '신경학적 정상 소견'은 '건강'이라는 용어와 유사하게 쓰임
  - 많은 연구에서 65세 이상에 해당하는 연령을 '노인'으로 분류하지만, 다른 연구에서는 50대를 포함하기도 함
  - 이 책에서 제시한 능력들을 적당한 수준으로 유지한다면 노년층의 전반적인 건강과 복지를 보장할 수 있음
  - 건강한 노인은 스스로를 자신의 생활연령보다 더 젊은 것처럼 느끼고, 건강하지 못한 노인은 스스로 더 나이 든 것처럼 느낌
  - 노화에 따른 이로운 점들로는 전문적인 기술이나 취미의 터득, 자신감의 상승, 사랑하는 사람이나 친구 및 동료들과 친밀한 관계를 향유하는 것 등이 있음

- 이론적 배경
  - 노화와 관련된 인지-언어적 변화의 원인을 정확하게 설명할 수 있는 이론은 없음
  - 노화와 관련된 다양한 변화를 하나의 이론으로 설명하기는 불가능함
  - 노화와 관련된 인지 이론들은 중첩됨
  - 억제 결함
    - 노화는 억제 과정을 취약하게 하고, 무관한 정보를 억누르는 것을 어렵게 만듦
  - 전달 결함
    - 기억 연결이 취약해지면서 목표 정보에 대한 활성화가 덜 일어나서 노화와 관련된 인지 변화가 발생함
  - 인지적 더딤
    - 더딤은 처리속도, 주의력 그리고 작업기억력의 감퇴를 포함함
  - 역량 감퇴 및 작업기억력 감퇴
    - 노년층은 청년층에 비해 처리 과정에서 사용할 수 있는 역량이 적기 때문에 역량이 과도하게 요구될 때 더욱 문제가 발생함
  - 신경생물학적 변화
    - 전전두엽의 기능 저하와 도파민의 감소로 노화와 관련된 인지 감퇴가 발생함

## 논의할 문제

1. 신체 연령이 전반적인 건강 상태를 반영함에도 불구하고 생활연령 역시 응당 확인해야 하는 이유는 무엇인가?
2. 사람들의 생활연령에 따라 그 사람이 건강한지 여부에 대한 기준이 바뀌는가? 왜 그런가?
3. 정상 노인의 기억 연결을 강화시키기 위한 방법은 무엇인가?
4. 이 책에서는 노화에 따른 이로운 점을 제시하였다. 노화의 또 다른 장점은 무엇인가? 개인적인 경험을 예로 들어보자.

## 참고문헌

Abraham, J. D., & Hansson, R. O. (1995). Successful aging at work: An applied study of selection, optimization, and compensation through impression management. *Journal of Gerontology: Psychological Sciences and Social Sciences*, *50B*, 94-103.

Adams, C., Smith, M. C., Pasupathi, M., & Vitolo, L. (2002). Social context effects on story recall in older and younger women: Does the listener make a difference? *Journal of Gerontology: Psychological Sciences*, *57B*, 28-40.

Adams, R. G., & Blieszner, R. (1995). Aging well with family and friends. *American Behavioral Scientist*, *39*, 209-225.

American Speech-Language-Hearing Association. (2005). *Evidence-based practice in communication disorders* [Position statement]. Retrieved July 14, 2009, from www.ashas.org/docs/html/PS2005-00221.html

Anderson, J. A. (1983). A spreading activation theory of memory. *Journal of Verbal Learning and Verbal Behavior*, *22*, 261-295.

Anderson, J. D. (2007). Phonological neighborhood and word frequency effects in the stuttered disfluencies of children who stutter. *Journal of Speech, Language, and Hearing Research*, *50*, 229-247.

Arnsten, A. F., Cai, J. X., Steere, J. C., & Goldman-Rakic, P. S. (1995). Dopamine D2 receptor mechanisms contribute to age-related cognitive decline: The effects of quinpirole on memory and motor function in monkeys. *Journal of Neurosciences*, *15*, 3429-3439.

Baddeley, A. (2003). Working memory: Looking back and looking forward. *Nature Reviews Neuroscience*, *4*, 829-839.

Braver, T. S., Barch, D. M., Keys, B. A., Carter, C. S., Cohen, J. D., Kaye, J. A. et al. (2001). Context processing in older adults: Evidence for a theory relating cognitive control to neurobiology in healthy aging. *Journal of Experimental Psychology*, *4*, 746-763.

Brown, R., & McNeill, D. (1966). The "tip-of-the-tongue" phenomenon. *Journal of Verbal Learning and Verbal Behavior*, *5*, 325-337.

Buckner, R. L., Head, D., & Lustig, C. (2006). Brain changes in aging: A lifespan perspective. In E. Bialystok & F. I. M. Craik (Eds.), *Lifespan cognition: Mechanisms of change* (pp. 27-43). New York: Oxford University Press.

Buckner, R. L., Kelley, W. H., & Petersen, S. E. (1999). Frontal cortex contributes to human memory formation. *Nature Neuroscience*, *4*, 311-314.

Burda, A. N. (2007). *Communication changes in healthy aging adults*. Adele Whitenack Davis Research in Gerontology Award, University of Northern Iowa.

Burda, A. N. (2008). *Healthy aging adults' performance on tests of cognition*. Adele Whitenack Davis Research in Gerontology Award, University of Northern Iowa.

burke, D. M., MacKay, D. G., Worthley, J. S., & Wade, E. (1991). On the tip of the tongue: What causes word finding failures in young and older adults? *Journal of Memory and Language*, *30*, 542-579.

Caplan, D., & Waters, G. S. (1999). Verbal working memory and sentence comprehension. *Behavioral and Brain Sciences*, *22*, 77-126.

Carlson, M. C., Fried, L. P., Xue, Q. L., Bandeen-Roche, K., Zeger, S. L., & Brandt, J. (1999). Association between executive attention and physical functional performance in community-dwelling older women, *Journal of Gerontology: Social Sciences*, *54B*, S262-S270.

Cerella, J. (1985). Information processing rates in the elderly. *Psychological Bulletin*, *98*, 67-83.

Cerella, J. (1990). Aging and information processing rate. In J. E. Birren & K. W. Schaie (Eds.), *Handbook of the psychology of aging* (3rd ed.) (pp. 201-221). New York: Academic Press.

Cohn, N. B., Dustman, R. E., & Bradford, D. C. (1984). Age-related decrements in Stroop color test performance. *Journal of Clinical Psychology*, *40*, 1244-1250.

Collie, A., Shafiq-Antonacci, R., Maruff, P., Tyler, P., & Currie, J. (1999). Norms and the effects of demographic variables on neuropsychological battery for use in healthy ageing Australian populations. *Australian and New Zealand Journal of Psychiatry*, *33*, 568-575.

Connelly, S. L., Hasher, L., & Zacks, R. T. (1991). Age and reading: The impact of distraction. *Psychology and Aging*, *6*, 533-541.

Connor, L. T. (2001). Memory in old age: Patterns of decline and perseveration. *Seminars in Speech and Language*, *22*, 117-125.

Constantinidou, F., & Baker, S. (2002). Stimulus modality and verbal learning performance in normal aging. *Brain and Language*, *82*, 293-311.

Craik, F. I. M. (2000). Age-related changes in human memory. In D. Park & N. Schwarz (Eds.), *Cognitive aging: A primer* (pp. 75-92). Philadelphia: Psychology Press.

Davis, P., & Wright, E. A〉 (1977). A new method for measuring cranial cavity volume and its application to the assessment of cerebral atrophy at autopsy. *Neuropathology and Applied Neurobiology*, *3*, 341-358.

De Beni, R., Palladino, P., Borella, E., & Lo Presti, S. (2003). Reading comprehension and aging: Does an age-related difference necessarily mean impairment? *Aging Clinical and Experimental Research*, *15*, 67-76.

Ericsson, K. A., & Kintsch, W. (1995). Long-term working memory. *Psychological Review*, *102*, 211-245.

Federmeier, K. D., Van Petten, C., Schwartz, T. J., & Kutas, M. (2003). Sounds, words, sentences: Age-related changes across several levels of processing. *Psychology and Aging*, *18*, 858-872.

Fletcher, P. C., & Henson, R. N. A. (2001). Frontal lobes and human memory: Insights from functional neuroimaging. *Brain*, *124*, 849-881.

Gana, K., Alaphilippe, D., & Bailly, N. (2004). Positive illusions and mental and physical health in later life. *Aging and Mental Health*, *8*, 58-64.

Gollan, T., & Silverberg, N. (2001). Tip-of-the tongue states in Hebrew-English bilinguals. *Bilingualism: Language and Cognition*, *4*, 63-83.

Gordon-Salant, S., & Fitzgibbons, P. J. (1999). Profile of auditory temporal processing in older adults. *Journal of Speech, Language, and Hearing Research*, *42*, 300-311.

Grady, C. L., McIntosh, A. R, Horwitz, B., Maisog, J. M., Ungerleider, L. G., Mentis, M. J., et al. (1995). Age-related reductions in human recognition memory due to impaired encoding. *Science*, *269*, 218-221.

Hasher, L., & Zacks, R. T. (1988). Woking memory, comprehension, and aging: A review and a new view. In G. H. Bower (Ed.), *The psychology of learning and motivation* (vol. 22, pp. 193-225). San Diego, CA: Academic Press.

Haug, H., & Eggers, R. (1991). Morphometry of the human cortex cerebri and corpus striatum during aging. *Neurobiology of Aging*, *12*, 336-338.

Humes, L. E. (1996). Speech understanding in the elderly. *Journal of the American Academy of Audiology*, *7*, 161-167.

Hutchinson, E. D. (2008). Middle adulthood. In E. Hutchinson (Ed.), *Dimensions of human behavior: The changing life course* (pp. 321-369). Thousand Oaks, CA: Sage Publications.

James, L. E. (2004). Meeting Mr. Farmer versus meeting a farmer: Specific effects of aging on learning proper names. *Psychology and Aging*, *19*, 515-522.

James, L. E., & Burke, D. M. (2000). Phonological priming effects on word retrieval and tip-of-the-tongue experiences in young and older adults. *Journal of Experimental Psychology: Learning, Memory, and Cognition*, *26*, 1378-1391.

James, L. E., Burke, D. M., Austin, A., & Hulme, E. (1998). Production and perception of "verbosity" in younger and older adults. *Psychological Aging*, *13*, 355-367.

Kemper, S. (1986). Imitation of complex syntactic constructions by elderly adults. *Applied Psycholinguistics*, *7*, 277-288.

Kemper, S. (2006). Language in adulthood. In E. Bialystok & F. I. M. Craik (Eds.), *Lifespan cognition: Mechanisms of change* (pp. 223-238). New York: Oxford University Press.

Kemper, S., Anagnopoulos, C., Lyons, K., & Heberlein, W. (1994). Speech accommodations to dementia. *Journal of Gerontology: Psychological Sciences*, *49*, P223-P230.

Kemper, S., Herman, R. E., & Lian, C. H. (2003). The costs of doing two things at once for toung and older adults: Talking while walking, finger tapping, and ignoring speech or noise. *Psychology and Aging*, *18*, 181-192.

Kemper, S., Marquis, J., & Thompson, M. (2001). Longitudinal changes in language production: Effects of aging and dementia on grammatical complexity and propositional content. *Psychology and Aging*, *16*, 600-614.

Kemper, S., & Sumner, A. (2001). The structure of verval abilities in young and older adults. *Psychology and Aging*, *16*, 312-322.

Li, S.-C., & Lindenberger, U. (1999). Cross-level unification: A computational exploration of the link between deterioration of neurotransmitter systems and dedifferentiation of cognitive abilities in old age. In L.-G. Nilsson & H. J. Markowitsch (Eds.), *Cognitive neuroscience of memory* (pp. 103-146). Toronto, ON: Hogrefe & Huber.

Li, S.-C., Lindenberger, U., & Frensch, P. A. (2000). Unifying cognitive aging: From neuromodulation to representation to cognition. *Neurocomputing*, *32-33*, 879-890.

Li, S.-C., Lindenberger, U., & Sikstrom, S. (2001). Aging cognition: From neuromodulation to representation to cognition. *Trends in Cognitive Sciences*, *5*, 479-486.

Light, L. L. (1991). Memory and aging: Four hypotheses in search of data. *Annual Review of Psychology*, *42*, 333-376.

Little, D. M., Prentice, K. J., Darrow, A. W., & Wingfield, A. (2005). Listening to spoken text: Adult age differences as revealed by self-paced listening. *Experimental Aging Research*, *31*, 313-330.

Logan, J. M., Sanders, A. L., Snyder, A. Z., Morris, J. C., & Buckner, R. L. (2002). Underrecruitment and nonselective recruitment: Dissociable neural mechanisms associated with aging. *Neuron*, *33*, 827-840.

Logan, J. R., Ward, R., & Spitze, G. (1992). As old as you feel: Age identity in middle and later life. *Social Forces*, *71*, 451-467.

MacKay, D. G., & James, L. E. (2001). Is cognitive aging all downhill? Current theory versus reality. *Human Development*, *44*, 288-295.

MacKay, D. G., & James, L. E. (2004). Sequencing, speech production, and selective effects of aging on phonological and morphological speech errors. *Psychology and Aging*, *19*, 93-107.

MacKinlay, E. (2006). *Spiritual growth and care in the fourth age of life*. Philadelphia: Jessica Kingsley Publishers.

Maylor, E. A. (1997). Proper name retrieval in old age: Converging evidence against disproportionate impairment. *Aging, Neuropsychology, and Cognition*, *4*, 211-226.

Meijer, W. A., De Groot, R. H. M., Van Boxtel, M. P. J., Van Gerven, P. W. M., & Jolles, J. (2006). Vervbal learning and aging: Combined effects of irrelevant speech, interstimulus interval, and education. *Journal of Gerontology: Psychological Sciences*, *61B*, P285-P294.

Mortensen, L., Meyer, A. S., & Humphreys, G. W. (2006). Age-related effects on speech production: A review. *Language and Cognitive Precesses*, *21*, 238-290.

Moscovitch, M., & Wincour, G. (1995). Frontal lobes, memory, and aging. *Annals of the New York Academy of Sciences*, *769*, 119-151.

Munson, B. (2007). Lexical access, lexical representation, and vowel articulation, In J. Cole & J. Jualde (Eds.), *Laboratory phonology 9* (pp. 201-228). New York: Mouton de Gruyter.

Myerson, J., Hale, S., Wagstaff, D., Poon, L. W., & Smith, G. A. (1990). The information loss model: A mathematical theory of age-related cognitive slowing. *Psychological Review, 97*, 476-487.

Nakamura, E., Moritani, T., & Kanetaka, A. (1989). Biological age versus physical fitness age. *European Journal of Applied Psysiology and Occupational Physiology, 58*, 778-785.

Nyberg, L., Sandblom, J., Jones, S., Stigsdotter-Neely, A., Magnus-Petersson, K., Ingvar, M. et al. (2003). Neural correlates of train-related memory improvementin adulthood and aging. *Proceedings of the national Academy of Sciences, USA, 100*, 13728-13733.

Parkin, A. J., & Java, R. I. (1999). Deterioration of frontal lobe function in normal aging: Influences of fluid intelligence versus perceptual speed. *Neuropsychology, 13*, 539-545.

Peel, N., Bartlett, H., & McClure, R. (2004). Healthy ageing: How is it defined and measured? *Australasia Journal on Ageing, 23*, 115-119.

Perfect, T. (1997). Memory aging as frontal lobe dysfunction. In M. A. Conway (Ed.), *Cognitive medels of memory* (pp. 315-339). Cambridge, MA: MIT Press.

Pichora-Fuller, M. K., Schneider, B. A., & Daneman, M. (1995). How young and old adults listen to and remember speech in noise. *Journal of the Acoustical Society of America, 97*, 593-608.

Rabbitt, P., & Anderson, M. (2006). The Lacunae of loss? Aging and the differentiation of cognitive abilities. In E. Bialystok & F. I. M. Craik (Eds.), *Lifespan cognition: Mechanisms of change* (pp. 331-343). New York: Oxford University Press.

Rastle, K. G., & Burke, D. M. (1996). Priming the tip of the tongue: Effects of prior processing on word retrieval in young and older adults. *Journal of Memory and Language, 35*, 586-605.

Reilly, S., Douglas, J., & Oates, J. (2004). *Evidence-based practice in speech pathology*. London: Whurr.

Salat, D. H., Kaye, J. A., & Janowsky, J. S. (1999). Prefrontal gray and white matter volumes in healthy aging and Alzheimer's disease. *Archives of Neurology*, *56*, 338-344.

Salthouse, T. A. (1985). *The theory of cognitive aging*. Amsterdam: North-Holland.

Salthouse, T. A. (1988a). Resource-reduction interprerations of Cogitive aging. *Developmental Review*, *8*, 238-272.

Salthouse, T. A. (1988b). The role of processing resources in cognitive ageing. In M. L. Howe & C. J. Brainerd ( Eds.), *Cognitive development in adulthood* (pp. 185-239). New York: Springer-Verlag.

Salthouse, T. A. (1990). Working memory as a processing resource in cognitive aging. *Developmental Review*, *10*, 101-124.

Salthouse, T. A. (1996). Constraints on theories of cognitive aging. *Psychology and Aging*, *3*, 287-299.

Salthouse, T. A., Kausler, D., & Saults, J. S. (1988). Utilization of path-analytic procedures to investigate the role of processing resources in cognitive aging. *Psychology and Aging*, *3*, 158-166.

Salthouse, T. A., & Lichty, W. (1985). Tests of the neural noise hypothesis of age-related cognitive change. *Joumal of Gerontology*, *40*, 443-450.

Schmitt, J. F. (1983). The effects of time compression and time expansion on passage comprehension by elderly listeners. *Journal of Speech and Hearing Research*, *26*, 373-377.

Schneider, B. A., Daneman, M., Murphy, D. R., & Kwong-See, S. (2000). Listening to discourse in distracting settings: The effects of aging. *Psychology and Aging*, *15*, 110-125.

Schwartz, B. L. (2002). *Tip-of-the-tongue states: Phemomenology mechanism, and lexical retrieval*. Mahwah, NJ: Lawrence Erlbaum Associates.

Shadden, B. B., & Toner, M. A. (1997). lntroduction: The Continuum of life functions. ln B. B. Shadden & M. A. Toner (Eds.), *Aging and communication: For clinicians by clinicians* (pp. 3-17). Austin, TX: Pro-

Ed.

Shankle, R. S., & Amen, D. G. (2005). *Preventing Alzheimer's: Ways to prevent, detect, diagnose, treat, and even halt Alzheimer's disease and other causes of memory loss*. New York: Penguin.

Skirbekk, V. (2003). *Age and individual productivity: A literature survey*. MPIDR, Working Paper No. 2003-028.

Sommers, M. S. (1996). The Structural organization of the mental lexicon and its contributions to age-related declines in spoken and word recognition. *Psychology and Aging*, *11*, 333-341.

Sommers, M. S., & Danielson, S. M. (1999). Inhibitory processes and spoken word recognition in young and older adults: The interaction of lexical competition and semantic context. *Psychology and Aging*, *14*, 458-472.

Spieler, D. H., & Balota, D. A. (2000). Factors influencing word naming in younger and older adults. *Psychology and Aging*, *15*, 253-258.

Stephens, N. (1991). Cognitive aging: A useful Concept for advertising? *Journal of Advertising*, *20*, 37-48.

Stine, E. A. L., & Wingfield, A. (1987). Process and strategy in memory for speech among youger and older adults. *Psychology and Aging*, *2*, 272-279.

Stine-Morrow, E. A. L., Gagne, D., Morrow, D. G., & Dewall, B. (2004). Age differences in rereading. *Memory and Cognition*, *32*, 696-710.

Stine-Morrow, E. A. L., Loveless, M. K., & Soederberg, L. M. (1996). Resource allocation in on-line reading by younger and older adults. *Phychology and Aging*, *11*, 475-486.

Stine-Morrow, E. A. L., miller, L. M. S., & Leno, I. R. (2001). Aging and resource allocation to narrative text. *Aging, Neuropsychology, and Cognition*, *8*, 36-53.

Suhara, T., Fukuda, H., Inoue, O., Itoh, T., Suzuki, K., Yamasaki, T. et al. (1991). Age-related changes in human D1 dopamine receptors measured by positron emission tomography. *Psychopharmacology*, *103*, 41-45.

Thornton, R., & Light, L. L. (2006). Language comprehension and production in normal aging. In J. E. Birren & K. W. Schaie (Eds.), *Handbook of the psychology of aging* (6th ed., pp. 261-287). San Diego, CA: Elsevier.

Tun, P. A., O'Kane, G., & Wingfield, A. (2002). Distraction by competing speech in young and older adult listeners. *Psychology and Aging*, *17*, 453-467.

van Rooij, J. C. G. M., & Plomp, M. (1990). Auditive and cognitive factors in speech perception in elderly listeners. II: Multivariate analyses. *Journal of the Acoustical Society of America*, *88*, 2611-2624.

Vitevitch, M. S., & Sommers, M. S. (2003). The facilitative influence of phonological similarity and neighborhood frequency in speech production in younger and older adults. *Memory and Cognition*, *31*, 491-504.

Waters, G. S., & Caplan, D. (1996). The capacity theory of sentence comprehension. Critique of Just and Carpenter (1992). *Psychological Review*, *103*, 761-772.

Waters, G. S., & Caplan, D. (2001). Age, working memory and on-line syntactic processing in sentence comprehension. *Psychology and Aging*, *16*, 128-144.

Waters, G. S., & Caplan, D. (2005). The relationship between age, processing speed, working memory capacity, and language comprehension. *Memory*, *13*, 403-413.

West, R. L. (1996). An application of prefrontal cortex function theory to cognitive aging. *Psychological Bulletin*, *120*, 272-292.

White, K. K., & Abrams, L. (1999, November). *The role of syllable phonology and aging in priming tip-of-the-tongue resolution*. Poster session presented at annual meeting of the Psychonomic Society. Los angeles, CA.

Whiting, W. L., Madden, D. J., Langley, L. K., Denny, L. L., Turkington, T. G., Provenzale, J. M. et al. (2003). Lexical and sublexical components of age-related changes in neural activation during visual word identification.

*Journal of Cognitive Neuroscience*, *15*, 475-487.

Wingfield, A., & Ducharme, J. L. (1999). Effects of age and passage difficulty on listeningrate preferences for time-altered speech. *Journal of Gerontology: Psychological Sciences and Social Sciences*, *54B*, 199-202.

Winfield, A., & Lahar, C. J., & Stine, E. L. (1989). Age and decision strategies in running memory for speech: Effects of prosody and linguistic structure *Journal of Gerontology: Psychologiccal Sciences*, *44*, P106-P113.

Wingfield, A., & Tun, P. A., & Rosen, M. J. (1995). Age differences in vertical and reconstructive recall of syntactically and randomly segmented speech. *Journal of Gerontology: Psychological Sciences*, *50B*, P257-P266.

Worrall, L. E., & Hickson, L. M. (2003). *Communication disability in aging: From prevention to intervention*. Clifton Park, NY: Thomson Delmar Learning.

Zacks, R. T., & Hasher, L. (1988). Capacity theory and the processing of inferences. In L. L. Light & D. M. Burke (Eds.), *Language, memory, and aging* (pp. 154-170). Cambridge: Cambridge University Press.

Zacks, R. T., & Hasher, L. (1997). Cognitive gerontology and attentional inhibition: A reply to Burke and McDowd. *Journal of Gerontology: Psychological Sciences*, *52B*, 274-283.

# 2장

# 인지 능력

Angela N. Burda

# 1. 도입

'인지(cognition)'는 여러 측면의 능력을 함축하는 단어다. 인지 능력이 적절하다면 실생활에서 이를 닦거나 옷을 입는 것과 같이 자연스러운 활동을 '생각'하지 않고 살 수 있고(Rogers, 2000), 따라서 좋지 않은 날씨에 운전을 하거나 발표를 준비하는 것과 같은 특정한 업무에 역량을 집중할 수 있다(Rogers, 2000). 인지 능력이 정상일 때는 소음이 많은 공간에서도 다른 사람의 말에 집중할 수 있고, 다음날의 계획을 세울 수 있으며, 저녁식사를 준비하기 위한 재료를 사려고 가게에 들르거나 필요한 재료가 없을 때 저녁식사 메뉴를 바꿀 수 있다.

넓은 의미에서의 인지는 주의력(attention), 기억력(memory), 집행기능(executive functions), 문제해결력(problem solving) 등을 포함한다. 주의력은 부적절한 정보는 무시하면서 처리해야 하는 특정한 정보에 힘을 쏟을 수 있게 한다(Enns & Trick, 2006). 또한 기억력은 정보를 보유하고 그것을 회상하여 다룰 수 있게 하며(Duckworth, Iezzi, & O'Donohue, 2008; Park & Payer, 2006), 집행기능은 계획을 세우고 행동을 시작하거나 멈추게 하는 능력을 말한다(Posner, 2008). 마지막으로 문제해결력은 주어진 상황에 대한 해결점을 제시한다(Kennedy & Coelho, 2005). 이처럼 다양한 기술은 중첩되면서 언어능력의 근간을 이룬다. 예를 들어, 만약 워크숍이 진행되는 동안 화자의 말을 경청하고 기억한다면 질문에 더 잘 대답할 수 있을 것이다. 노화와 관련된 인지 변화를 고려할 때는 1장에서 제시한 것처럼 다양한 이론적 배경을 고려해야 한다.

이 장에서는 일반적인 노인의 인지 기능이 무엇이고, 인지 능력에 부정적인 영향을 끼치는 요소는 무엇인지, 어떠한 징후가 관찰될 때 언어재활사나 의료 전문가를 찾아가야 하는지, 인지 능력을 증대시킬 수 있는 전략에는 어떠한 것들이 있는지 알아보고자 한다. 이 장의 마지막에는 '핵심 요약'을 통해 중요한 점을 요약하였다.

## 2. 노인의 일반적인 인지 능력

언어재활사는 환자의 인지 능력을 검사해야 하는 경우가 많다. 일반적으로 사용하는 검사 도구는 인지 능력을 주의력이나 기억력과 같이 광범위하게 나누지만, 일부 검사는 조직화, 즉각기억, 회상 능력 등을 추가적으로 평가한다(Bayles & Tomoeda, 1993; Helm-Estabrooks, 2001; Ross-Swain & Fogle, 1996). 검사 도구를 살펴보면, 초반부에는 비교적 짧고 간단한 반응을 요구하지만 후반부로 갈수록 길고 더 복잡한 반응을 요구하는 위계적 순서로 구성된다(Ross-Swain, 1996). 시판 중인 인지 검사는 개수가 점차 증가하는 숫자의 연쇄나 나열된 단어들을 따라 말하는 것, 시각적으로 찾는 것, 표식(도형 등)을 삭제하는 것, 이야기를 듣고 난 후 즉각적으로 다시 말하는 것 혹은 시간 지연 후 이야기해 보는 것 등의 과제를 포함한다. 또 다른 과제로는 방향에 대한 질문에 답하거나 문제 상황에서 해결책을 제시하는 것, 1분 안에 주어진 범주 안에서 단어를 산출하거나 장기기억을 요구하는 질문에 답하는 것(예: 미국의 수도나 첫 번째 대통령이 누구인지를 묻는 질문) 등이 있다(Bayles & Tomoeda, 1993; Helm-Estabrooks, 2001; Ross-Swain, 1996).

인지 능력에 관한 선행연구에서는 신경학적 문제가 없는 정상 노인의 인지 능력을 확인하였으나 언어재활사가 사용하는 언어 검사들이 필수적으로 시행되지는 않았다. 그리고 인지 능력을 확인하기 위한 검사가 모두 표준화된 것은 아니었다. 노인을 통제군으로 포함했다고 하더라도 평가 규준에서 특정 연령에 대한 수행력을 제시하지는 않았다(Helm-

Estabrooks, 2001). 물론 예외가 있기는 하지만, 검사 지침서에서는 기존의 선행연구를 인용하여 신경학적 정상 노인의 인지 능력이 무엇인지에 대한 일반적인 정보만을 제공하였다.

애리조나 치매 의사소통장애 검사(Arizona Battery for Communication Disorders of Dementia: ABCD, 이하 ABCD; Bayles & Tomoeda, 1993)에서는 신경학적 문제가 없는 정상 노인들(평균 나이 70.44세)이 통제군이었다. 하위 검사는 정신상태 검사, 의미 범주의 통제단어연상(generative naming semantic category), 즉각 이야기 재산출(story retelling-immediate), 지연 이야기 재산출(story retelling-delayed), 단어 학습(word learning) 과제 등이었다. 정신상태 검사의 경우에는 방향이나 일대기적 내용을 묻는 질문, 예를 들어 "여기 도시 이름이 무엇이죠?" 혹은 "광복절은 몇 월 며칠이죠?" 등의 질문을 포함한다. 정상 노인들은 13개의 항목 중 평균 12.8개(표준편차 0.6개) 정도의 항목에서 정반응하여 98%의 정반응률을 보였다. 이는 청년층의 정반응 개수인 평균 12.9개(표준편차 0.3개)와 유사한 수준이었다. ABCD의 의미 범주 생성 이름 대기 검사는 구어 표현 검사이면서 또한 인지 검사 도구의 하위 검사다. 이 검사는 1분 안에 주어진 범주(예: 교통수단)에 해당하는 다양한 항목의 명칭을 말하게 하는 것이다. 노년층의 경우에는 1분 안에 평균 11.4개의 항목을, 청년층은 13.4개의 항목을 말하였다.

이야기 재산출(story-retelling) 하위 검사는 환자가 이야기를 듣자마자 즉각적으로 다시 이야기하거나 시간이 지연된 후 이야기하는 과제를 포함한다. 즉각 이야기 재산출 과제는 검사의 초반에 시행되고, 지연 이야기 재산출 과제는 전체 검사의 가장 마지막에 시행된다. 15개의 하위 검사가 두 이야기 산출 과제 평가 사이에 배치된다. 차후에 이야기를 재산출해야 하므로 즉각 이야기 재산출 검사가 끝나고 난 후 해당 이야기를 기억하고 있도록 지시받는다. 이야기의 줄거리는 한 여자가 쇼핑하는 동안 자신의 지갑이 없어진 것을 모르고 있다가 어린 소녀에게서 지갑을 주웠다는 전화를 받게 되는 내용이다. 점수 산정은 환자가 정확한 정보 단위(correct informational units: CIU, 예: "여자" "지갑")를 산출한 경우에 점수를 주는 것으로 하였다.

노년층은 즉각 이야기 재산출 하위 검사에서 최대로 산출 가능한 17개의 정보 단위 중 평균 14개(표준편차 2.8)를 산출하는 것이 가능하였으며, 이는 82%의 정반응률에 해당하였다. 청년층은 15개의 산출이 가능하여 88%의 정반응률을 보였다. 지연 이야기 재산출 과제에서 노년층은 12.4개(표준편차 4.5)로 73%의 정반응률을 보였다. 즉각 이야기 재산출 과제에서는 청년층과 노년층 간의 유의한 수행력 차이가 없었다. 그러나 지연 이야기 재산출 과제에서는 청년층은 15개, 노년층은 12개의 산출이 가능하여 집단 간 유의한 차이가 관찰되었다(Bayles & Tomoeda, 1993).

단어 학습 하위 검사는 세 가지 단어 학습, 즉 자유 회상(free recall), 전체 회상(total recall), 재인(recognition)으로 이루어진다. 대상자는 한 페이지당 4개의 단어(예: 에메랄드, 머리, 트럼펫, 상어)를 적은 종이들을 보면서 짧은 설명(예: "귀한 광물" 혹은 "물고기")을 듣고 설명에 해당하는 단어를 고른다. 자유 회상 과제는 16개의 단어(한 페이지에 단어가 4개씩 있고, 총 4페이지)를 보고 1에서 20까지 숫자를 세고 난 후 2분 안에 가능한 한 많은 단어를 회상하는 것이다. 회상하지 못한 단어에 대해서는 범주(예: "귀한 광물")를 단서로 제시할 수 있다. 자유 회상한 단어와 단서 제시 후 회상한 단어의 개수를 합해 전체 회상 단어라고 한다. 재인 과제의 경우에는 단어가 하나씩 인쇄된 카드 48개를 차례로 보여 주면서 이것이 방금 전 페이지들에서 보았던 단어인지 여부를 판단하도록 한다. 자유 회상 과제에서는 노년층의 경우 16개의 항목 중 평균 7.6개(표준편차 2.5)의 정반응(정반응률 48%)을, 청년층은 10.4개(표준편차 2.1)의 정반응(정반응률 65%)을 보였다. 전체 회상 과제의 경우에는 노년층은 16개의 항목 중

15.1개(표준편차 1.2)의 정반응(정반응률 94%)을, 청년층은 15.7개(표준편차 0.6)의 정반응을 보여 집단 간 수행력에서 유의한 차이가 없었다. 재인 과제에서는 노년층은 48개의 항목 중 46.6개(표준편차 2.5)에 대해 정반응(정반응률 97%)을 보여, 청년층의 47.8개(표준편차 0.6)의 정반응 개수와 유사하였다(Bayles & Tomoeda, 1993).

로스 정보처리평가-노인판(Ross Information Processing Assessment-Geriatric: RIPA-G, 이하 RIPA-G; Ross-Swain & Fogle, 1996)을 사용한 연구에서는 50명의 정상 성인(65~94세, 평균 연령 79세)이 통제군으로 참여하였다. 하위 검사는 즉각기억(immediate memory), 지연기억(delayed memory), 방향이나 주변 환경에 대한 다양한 지남력(orientation), 일반적인 정보의 회상(recall of general information), 문제해결력(problem solving), 사고의 조직화(thought organization), 추상적 및 구체적 추론과제(abstract and concrete reasoning) 등을 포함하였다. 각 하위 검사의 최대점은 30점이었다. 노년층은 즉각 회상 과제에서 평균 27.6점(정반응률 92%)을 보였다. 숫자 외우기(예: 9-3-7-5-8)와 지시 따르기(예: "눈을 감고 손을 드세요.") 같은 항목도 예시 항목으로 포함되었다. 노년층은 최근기억 과제(예: 오늘 아침에 처음 한 일이나 어제 한 일을 말하기) 수행 시 28.6점(정반응률 95%)을 기록하였다. 사고의 조직화 과제는 환자가 1분 안에 주어진 범주(예: 식품)에 해당하는 낱말을 말하거나, 여러 가지 낱말(예: 개, 고양이, 말)이 제시될 때 해당하는 범주의 명칭을 말하는 것이다. 여기서 노년층은 28.1점(정반응률 94%)을 보였으며, 나머지 일곱 가지 하위 과제에서도 적어도 29점(정반응률 97%)을 얻었다. 로스 정보처리평가-제2판(Ross Information Processing Assessment 2nd edition: RIPA-2, 이하 RIPA-2)에는 노년층의 표준화 자료가 포함되어 있지 않다.

노인의 인지 능력을 평가하기 위한 연구는 지속되고 있다. 최근에는 Burda(2008)가 언어재활사가 검사하는 인지평가의 수행력에 대한 추가적인 정보를 제시하였다. 30명의 65세 이상 노인은 10명씩 3개의 연령 집단, 즉 연소노인(65~74세, 평균 연령 72.2세, 표준편차 1.6), 중노인(75~84세, 평균 연령 79.1세, 표준편차 2.8), 고령노인(85세 이상, 평균 연령 87.9세, 표준편차 3.1)으로 분류되었다. 모든 대상자는 RIPA-G, RIPA-2, 인지-언어 선별검사(Cognitive Linguistic Quick Test: CLQT, 이하 CLQT; Helm-Estabrooks, 2001)를 시행하였다. 평가를 통해 얻은 자료는 일원 배치 분산 분석(one-factor analyses of variance: ANOVA)과 본페로니(Bonferroni) 사후 보정을 통해 분석되었다. RIPA-G와 RIPA-2의 경우에는 모든 하위 검사 항목의 최대점이 30점이다.

RIPA-G 내에서 하위 검사 IV를 제외하고는 고령노인 집단이 가장 낮은 점수를 받았고, 하위 검사 IV에서는 연소노인 집단이 가장 낮은 점수를 보였다(〈표 2-1〉 참조). 중노인 집단은 전반적으로 가장 높은 평균 점수를 보였다. 모든 집단은 전반적으로 RIPA-G에서 제시한 평균 점수와 유사한 수준의 점수를 받았다. 하위 검사 VIII에서만 통계적으로 유의한 차이가 관찰되었다($F(2, 27)=4.14$, $p \leq 0.03$).

〈표 2-1〉 **RIPA-G 수행의 평균 점수**

| 하위 검사 | 연소노인 | | 중노인 | | 고령노인 | |
|---|---|---|---|---|---|---|
| | 평균 | 표준편차 | 평균 | 표준편차 | 평균 | 표준편차 |
| I. 즉각기억 | 27.11 | 2.74 | 28.20 | 1.99 | 26.30 | 3.40 |
| II. 최근기억 | 29.56 | 0.84 | 29.60 | 0.84 | 28.70 | 1.25 |
| III. 시각 지남력 | 29.78 | 0.48 | 30.00 | 0.00 | 29.00 | 1.25 |
| IV. 장소 지남력 | 29.78 | 0.63 | 30.00 | 0.00 | 29.90 | 0.32 |
| V. 환경 지남력 | 30.00 | 0.00 | 30.00 | 0.00 | 30.00 | 0.00 |
| VI. 일반 정보의 회상 | 28.89 | 1.63 | 29.50 | 1.08 | 28.50 | 2.51 |
| VII. 문제해결력 및 추상적 추론 | 30.00 | 0.00 | 29.90 | 0.32 | 29.80 | 0.63 |
| VIII. 정보 조직화 | 29.44 | 0.84 | 29.50 | 0.71 | 28.10 | 1.79 |

| | | | | | | |
|---|---|---|---|---|---|---|
| IX. 청각 처리 및 이해 | 29.56 | 1.49 | 30.00 | 0.00 | 29.20 | 1.48 |
| X. 문제해결력 및 구체적 추론 | 29.78 | 1.08 | 29.80 | 0.63 | 29.40 | 0.97 |
| XI. 사물이름 대기 | 30.00 | 0.00 | 30.00 | 0.00 | 29.80 | 0.63 |
| XII. 기능적 음독 | 30.00 | 0.00 | 30.00 | 0.00 | 30.00 | 0.00 |

출처: Burda (2008).

〈표 2-2〉 **RIPA-2 수행의 평균 점수**

| 하위 검사 | 연소노인 | | 중노인 | | 고령노인 | |
|---|---|---|---|---|---|---|
| | 평균 | 표준편차 | 평균 | 표준편차 | 평균 | 표준편차 |
| I. 즉각기억 | 26.40 | 3.57 | 23.90 | 3.73 | 20.60 | 2.67 |
| II. 최근기억-시간적 | 29.50 | 1.08 | 29.60 | 0.70 | 27.70 | 1.49 |
| III. 지남력 (최근기억) | 29.80 | 0.42 | 30.00 | 0.00 | 28.30 | 2.75 |
| IV. 시간 지남력 (원근기억) | 29.30 | 1.06 | 29.10 | 1.29 | 28.70 | 1.49 |
| V. 장소 지남력 | 30.00 | 0.00 | 30.00 | 0.00 | 29.80 | 0.63 |
| VI. 환경 지남력 | 29.90 | 0.32 | 29.90 | 0.32 | 29.60 | 1.26 |
| VII. 일반 정보의 회상 | 28.30 | 2.21 | 28.40 | 1.96 | 26.60 | 4.03 |
| VIII. 문제해결력 및 추상적 추론 | 29.80 | 0.63 | 30.00 | 0.00 | 28.80 | 2.82 |
| IX. 조직화 | 27.40 | 1.78 | 28.30 | 1.25 | 25.00 | 2.62 |
| X. 청각 처리 및 보유 | 29.50 | 1.08 | 29.90 | 0.32 | 28.30 | 1.64 |

출처: Burda (2008).

〈표 2-2〉에서 볼 수 있듯이, 고령노인 집단은 RIPA-2에서 일관적으로 가장 낮은 평균 점수를 보였다. 모든 집단은 하위 검사 I을 제외한 나머지 하위 검사에서 높은 평균 점수를 보였다. 통계적으로는 다음과 같은 차이가 관찰되었다. 즉, II의 경우 $F(2, 27)=7.72$, $p \leq 0.002$, III의 경우 $F(2,27)=5.23$, $p \leq 0.01$, VI의 경우 $F(2,27)=3.74$, $p \leq 0.05$, IX의 경우 $F(2,27)=5.61$, $p \leq 0.05$, X의 경우 $F(2,27)=4.37$, $p \leq 0.05$였다.

모든 집단은 자기 신변에 관한 항목과 대면 이름 대기 검사에서 가장 높은 점수를 받았다(〈표 2-3〉참조). CLQT의 나머지 하위 검사들에서는 고령노인 집단이 가장 낮은 평균 점수를 받았다. 통계적으로는 시계 그리기 검사(clock drawing, $F(2, 27)=9.01$, $p \leq 0.001$), 도형 잇기 검사(symbol trails, $F(2, 27)=5.93$, $p \leq 0.007$), 생성 이름 대기 검사(generative naming, $F(2, 27)=6.41$, $p \leq 0.005$)에서 집단 간 차이가 관찰되었다.

CLQT의 하위 검사에서 얻은 점수들은 인지 영역의 수준을 파악하는 데 도움을 주었다. CLQT 하위 검사에서 고령노인 집단의 참여자들은 모든 영역에서 가장 낮은 점수를 보였다(〈표 2-4〉 참조). 사실 이 집단의 주의력, 기억력, 언어영역의 수행력이 정상 범주에 속할 것으로 예상되지는 않았다. 집행기능($F(2, 27)=6.93$, $p \leq 0.004$), 언어($F(2, 27)=3.59$, $p \leq 0.04$), 시공간 능력($F(2, 27)=3.87$, $p \leq 0.03$)의 영역에서도 유의미한 차이가 관찰되었다.

〈표 2-3〉 **CLQT 하위 검사별 수행의 평균 점수**

| 하위 검사 | HPS* | 연소노인 | | 중노인 | | 고령노인 | |
|---|---|---|---|---|---|---|---|
| | | 평균 | 표준편차 | 평균 | 표준편차 | 평균 | 표준편차 |
| 자기 신변에 관한 항목 | 8 | 8.00 | 0.00 | 8.00 | 0.00 | 8.00 | 0.00 |
| 도형 지우기 | 12 | 10.70 | 3.77 | 11.90 | 0.31 | 9.60 | 3.56 |
| 대면 이름 대기 | 10 | 10.00 | 0.00 | 10.00 | 0.00 | 10.00 | 0.00 |
| 시계 그리기 | 13 | 12.10 | 1.10 | 12.90 | 0.31 | 10.80 | 1.54 |
| 이야기 재산출 | 10 | 7.50 | 2.06 | 7.60 | 1.83 | 5.70 | 2.49 |
| 도형 잇기 | 10 | 10.00 | 0.00 | 9.00 | 2.16 | 7.20 | 2.34 |
| 생성 이름 대기 | 8 | 6.55 | 1.17 | 6.40 | 0.69 | 4.90 | 1.37 |
| 도형 기억 | 6 | 4.90 | 1.19 | 5.30 | 0.82 | 4.50 | 1.17 |
| 미로 찾기 | 8 | 6.35 | 2.56 | 6.70 | 1.58 | 5.25 | 2.39 |
| 도형 산출 | 8 | 6.00 | 1.69 | 5.90 | 1.28 | 5.10 | 2.02 |

*HPS: 가장 높게 획득할 수 있는 점수(만점).

출처: Burda (2008).

〈표 2-4〉 **CLQT 영역별 수행의 평균 점수**

| 영역 | WNL* | 연소노인 | | 중노인 | | 고령노인 | |
|---|---|---|---|---|---|---|---|
| | | 평균 | 표준편차 | 평균 | 표준편차 | 평균 | 표준편차 |
| 주의력 | 175-215 | 182.50 | 47.43 | 192.60 | 14.56 | 154.50 | 35.25 |
| 기억력 | 158-185 | 156.50 | 21.99 | 161.00 | 13.92 | 140.10 | 25.06 |
| 집행기능 | 18-40 | 30.85 | 7.00 | 28.30 | 3.72 | 22.45 | 4.18 |
| 언어 | 30-37 | 32.00 | 3.00 | 34.10 | 6.64 | 28.60 | 3.37 |
| 시공간 능력 | 72-105 | 86.50 | 17.00 | 87.00 | 10.57 | 72.45 | 11.32 |

*WNL: 정상 범주(검사 지침서에 따름).
출처: Burda (2008).

비록 이 연구의 대상자 수가 적었다는 제한점이 있지만, 모든 집단은 RIPA-G와 RIPA-2에서 높은 점수를 획득하였다. 이 두 검사의 수행력과 비교했을 때, CLQT 검사에 대한 수행력은 해석하기 어렵다. 두 선행검사에서와 같이 고령노인 집단은 CLQT에서 가장 낮은 수행력을 보였다. 특히 CLQT의 일부 하위 검사에서는 정상 범주보다 저하된 수행력이 관찰되기도 하였다. 그럼에도 모든 참여자는 건강하였고 독립적인 생활이 가능하였으므로, 이러한 검사 점수를 해석할 때는 주의해야 할 필요가 있고 좀 더 많은 수를 대상으로 한 연구를 시행해야 한다.

다른 연구에서는 노화와 인지의 관계를 규명하였다. 주의력과 기억력 측면에서는 이를 특정한 유형의 능력으로 세분화하기도 한다(예: 선택적 주의, 일화기억). 가령, 선택적 주의(selected attention)는 다른 불필요한 정보를 무시하면서 중요한 정보에 집중할 수 있는 능력을 말한다(Kramer & Kray, 2006). 따라서 단어 목록 중 특정한 목표 단어를 시각적으로 찾는 것을 통해 평가한다. 집중적 주의(focused attention)에서는 대상자는 목표가 어디 있는지 알지만 방해정보 또한 함께 제시받는다(Rogers, 2000). 시끄러운 극장에서 영화를 보는 것은 이러한 능력을 보여 주는 좋은 예다. 즉, 화면의 위치는 그대로 있지만 사람들이 말을 하거나 빈자리를 찾는 것과 같은 방해자극을 걸러내야 한다. 집중적 주의는 복잡한 시야 내에서 상당한 집중력을 가지고 찾는 능력을 필요로 한다. 즉, 영화가 상영되는 동안 팝콘을 사서 자리로 돌아올 때 극장 안의 다른 사람을 참고하여 자신의 자리를 찾는 것이다(Rogers, 2000). 지속적 주의(sustained attention)는 장시간 지속적으로 정보를 처리하는 것을 말한다. 실생활에서 그 예를 찾아보면, 공장의 생산라인에서 잘못된 상품을 찾아내거나 부모가 아기의 울음소리를 듣는 것 등이다(Rogers, 2000). 배분적 주의(divided attention)는 한 개 이상의 활동을 동시에 수행할 수 있는 능력을 말한다. 예를 들면, 차를 운전하면서 많은 정보를 처리하게 되는데, 차선을 맞추어 운전하는 동시에 다른 차나 통행자를 살피는 능력 등이다(Kramer & Kray, 2006).

노년층은 시각적으로 특정한 대상을 찾는 선택적 주의 측면에서 청년층에 비해 수행 속도가 느리다. 특히 하나 이상의 목표에 주의력을 집중해야 하는 경우(예: 초록색 X와 빨간색 O가 제시되는 화면에서 빨간색 O를 찾아야 할 때; Plude & Doussard-Roosevelt, 1989)에 더 두드러진다. 또한 목표와 방해 자극이 시각적으로 유사하거나(예: 영문자 O와 Q), 목표의 위치가 어디에 있는지 모르는 경우에도 그렇다(Rogers, 2000). 집중적으로 훈련한다고 해도 수행 속도가 빨라지지는 않는다(Fisk & Rogers, 1991; Salthouse, 2000). 집중적 주의의 경우, 시각적으로 목표를 쉽게 찾을 수 있다면 다른 주의력에 비해 상대적으로 그 수행력이 유지되는 편이다(Riddle, 2007; Rogers, 2000). 하지만 만약 목표가 시각적으로 찾기 어렵거나 위치를 모르고, 목표의 여러 부분에 집중해야 한다면 어려움을 보인다(Rogers, 2000). 노화에 따른 지속적 주의의 변화는 확실하지 않다. 비록 몇몇 연구자는 지속적 주의 과제에서 나이에 따른 효과를 관찰하지 못했으나(Berardi, Parasuraman, & Haxby, 2001), 17mm 사각형과 20mm 사각형을 구분하는 과제에서 다소의 어려움이 관찰되기도 하였다(Giambra, 1993).

배분적 주의를 평가하기 위해서는 두 가지 과제 상황을 사용한다. 예를 들어, 참여자는 제시되는 단어 목록에서 그 단어가 실제 단어인지 비단어인지 구분하는 과제를 수행함과 동시에, 소리가 들리면 키보드를 누르는 과제를 수행하게 된다(Simpson, Kellas, & Ferraro, 1999). 노년층은 단순한 배분적 주의 과제(예: 걸으면서 알파벳을 차례로 암송하기)에서는 청년층과 유사한 수행을 보이지만, 걸으면서 알파벳의 순서를 바꾸어 암송하는 과제와 같이 복잡한 과제에서는 수행이 저하되는 경향을 보였다(Verghese, Buschke, Viola, Hall, Kuslansky, & Lipton, 2002). 노년층의 수행 속도는 자극을 받아들이고, 처리하고, 적당한 반응을 보일 때 원래 속도의 53% 정도 수준까지 느려졌다(Kramer, Humphrey, Larish, Logan, & Strayer, 1994; Simpson et al., 1999). 걷거나 손가락으로 책상을 두드리거나, 주변 소음을 무시해야 하는 상황에서도 노년층의 말 속도는 느려졌으며 유창성 및 복잡성이 감소하였다(Kemper, Herman, & Lian, 2003).

기억력도 주의력과 마찬가지로 특정한 능력으로 세분된다(Baddeley, 2003; Craik, 2000). 절차기억(procedural memory)은 차를 운전하거나 책상을 정리하거나, 수를 세거나 철자를 학습하는 것과 같은 다양한 운동·인지·학업 능력을 학습하고 유지하는 것을 의미한다(Craik, 2000). 작업기억(working memory)은 정보를 다루고, 저장하고, 변형하는 능력을 필요로 한다(Braddeley, 2003). 음식점에서 팁을 암산하는 것이 이 능력의 좋은 예다. 단기기억(short-term memory)은 정보를 일시적으로 저장하는 것을 말하며, 7개 정도의 단위를 저장할 수 있는 것으로 가정된다. 만약 주의력이 다른 과제로 옮겨 가는 경우에는 원래 저장되었던 정보가 몇 초만에 사용할 수 없게 되기도 한다(Brown, 1958; Miller, 1956; Peterson & Peterson, 1959). 최근에는 단기기억이 3개에서 5개 정도 단위의 정보를 저장할 수 있다고 알려졌다(Cowan, 2001, 2008). 일화기억(episodic memory)은 비교적 최근에 자신에게 일어난 상황에 대한 회상 능력으로,

최근의 휴가에 대한 기억 등이 여기에 해당한다(Zacks & Hasher, 2006). 선행기억(prospective memory)은 미래에 일어날 상황에 대해 기억할 수 있는 능력이고, 의미기억(semantic memory)은 우리가 가지고 있는 일반적이고 사실적인 지식을 저장하는 능력이다(Craik, 2000; Duckworth et al., 2008). 가령, 개는 동물이지만 고양이와 어떻게 다른지를 아는 능력 또는 좁은 거리가 고속도로와 어떻게 다른지를 아는 능력이 의미기억이다. 원격기억(remote memory)은 일종의 장기기억(long-term memory)으로, 처음 운전했을 때나 고등학교 축구경기에서 우승했을 때 혹은 배우자를 처음 만났을 때와 같이 개인의 어린 시절 및 청년기에 일어났던 일을 회상할 수 있는 능력이다(Craik, 2000). 원격기억의 저장 용량은 상당히 방대하다(Cowan, 2001; Ericsson & Kintsch, 1995).

기억력은 나이가 들면서 저하되지만 기억력 하위 과제에 따라 약간씩 다를 수 있다. 특정한 능력의 경우에는 상당히 심각하게 저하되지만, 또 다른 능력의 경우에는 그렇지 않다(Craik, 2000). 절차기억의 경우에는 노인이 되어도 정상적으로 남아 있다(Craik, 2000). 따라서 나이가 들어도 운전하는 방법이나 수를 세는 방법을 잊는 경우는 많이 없다. 하지만 작업기억의 경우에는 다소 많은 양의 정보를 처리해야 할 때 노화에 따른 감퇴가 있다(Craik, 2000; Connor, 2001). 예를 들어, 즉각적으로 전화번호를 베껴 쓰는 것은 가능하지만(Craik, 2000) 전화로 응하는 설문조사에서 많은 질문에 대답해야 하는 것과 같이 작업기억이 필요한 복잡하고 긴 과제의 경우에는 어려움을 보인다(Craik, 2000). 노인들은 작업기억의 감퇴로 인해 문법적으로 덜 복잡한 언어를 산출하게 된다(Kemper & Sumner, 2001).

단기기억과 일화기억 능력도 저하된다(Ericsson & Kintsch, 1995; Naveh-Benjamin, Hussain, Guez, & Bar-On, 2003). 이 둘을 구별하기란 어려운데, 그 이유는 이 둘을 검증할 때 비슷한 과제를 사용하고, 때때로 이 둘의 용어가 혼용되기 때문이다. 연구자들은 단어, 문장, 이야기 산출, 해설문(예: 신문 사설), 그림의 즉각 및 지연 회상 과제를 통해 일화기억을 평가하였고, 노년층의 수행력이 청년층이나 중장년층에 비해 저하됨을 보고하였다(Craik, 2000; Dobbs & Rule, 1989; Hultsch & Dixon, 1984; Kemper, 1987). 숫자 외우기 과제의 수행력을 비교했을 때도 노년층은 청년층과 중장년층에 비해 저하된 수행력을 보였다(Jenkins, Myerson, Hale, & Fry, 1999). 최근에는 레이 청각 구어 학습 검사(Rey Auditory Verbal Learning Test; Rey, 1964)에서 5회 이상 반복적으로 제시되는 15개 단어를 회상하는 과제의 수행을 평가하는 연구가 시행되었다(Davis, Small, Stern, Mayeux, Feldstein, & Keller, 2003). 76~90세의 노인은 20분 후 11개의 단어를 회상하는 데 성공하였고, 61~75세의 노인은 12개의 단어를, 청년층 및 중장년층은 14개의 단어를 회상하였다. 노인들은 특정한 사실에 대해 기억하는 것과 학습된 정보 및 특정한 상황에 대한 경험이 언제 어디에서 있었는지 기억하는 것, 그리고 왜 특정한 사람의 얼굴이 익숙하게 보이는지에 대한 연결점을 찾는 것을 어려워했다(Craik, 2000). 새롭게 학습된 정보는 회상하는 것에서도 어려움이 나타났을 뿐만 아니라 빨리 잊어버리기도 했다(Davis et al., 2003). 낱말 찾기의 어려움이 증가하면서(Craik, 2000; Wierenga et al., 2006) 노인들은 특정한 사람에 대한 자전적 정보, 특색, 모습 등을 기억할 수 있었음에도, 그 사람의 이름을 회상하는 것을 힘들어했다(Cohen & Faulkner, 1986; James, 2006).

선행기억의 경우에는 비교적 잘 유지되었는데, 그 이유는 그들이 메모하거나 상기하기 위해 특정한 전략을 세웠기 때문이다(Chasteen, Park, & Schwartz, 2009). 의미기억은 나이에 따른 감퇴가 거의 없었고(Hedden & Gabrieli, 2004; Light, 1992; Light & Burke, 1988; Salthouse, 1982), 재인기억이나 단어의 의미에 대한 지식은 정상적으로 유지되었다(Craik & Jennings, 1992; Davis et al., 2003; Salthouse, 1991; Zacks, Hasher, & Li, 1999). 노인들

은 원격기억에서는 최근에 있었던 정보를 기억하는 것에 어려움을 보였지만, 어린 시절 겪은 두드러진 기억은 비교적 쉽게 회상하였다(Craik, 2000). 이러한 정보는 오랜 시간에 걸쳐 여러 차례 활성화되었기 때문에 결과적으로 감퇴가 관찰되지 않은 것이다(Craik, 2000). 의료 전문가나 숙련된 바둑 기술을 지닌 사람들에게서 볼 수 있듯이 장기기억에 저장된 숙련된 활동들은 시간이 지나도 눈에 띄게 변화하지 않는 경향이 있다(Ericsson & Kintsch, 1995).

집행기능은 일련의 활동들을 조직화하고, 시작하고, 수행하는 능력을 요구한다(Carlson, Fried, Xue, Bandeen-Roche, Zeger, & Brandt, 1999). 문을 여는 것처럼 간단한 과제의 경우에도 열쇠를 집고 문고리에 넣은 다음, 문이 열릴 때까지 열쇠를 돌리는 것과 같이 여러 단계의 조합으로 구성된다(Carlson et al., 1999). 연구자들은 신경심리 실험을 통해 노인들이 집행기능에 저하를 보인다고 밝혔다(Crawford & Channon, 2002). 반면, 추론력은 실제 상황에서 유지된다(Phillips & Della Salla, 1998). 안타깝게도 많은 건강관리 전문가가 평가하는 이런 검사들이 식사를 준비하거나 전화를 거는 것과 같은 실생활에 영향을 줄 수 있는 집행기능 상의 노화에 따른 변화를 반영하지는 않는다(Carson et al., 1999).

일부 저자는 집행기능의 일부로서 문제해결력을 포함하기도 하나, 또 다른 저자들은 이를 구별하여 다룬다. 이러한 논쟁과는 상관없이, 성공적인 문제해결을 위해서는 상황에 대한 사실뿐만 아니라 연관된 사람이나 관점, 다른 해결책에 대한 실행 가능성, 이러한 해결책이 가져오게 될 잠재적 결과 등을 모두 고려할 수 있는 능력이 필요하다(Crawford & Channon, 2002). 노년층은 상당히 효율적인 문제해결력을 지닌다. 비록 청년층에 비해 문제해결의 대안을 적게 제시하긴 하지만 그들의 해결책은 복잡하고, 유동적이며, 고차원적이다(Blanchard-Fields, Mienaltowski, & Baldi Seay, 2007; Crawford & Channon, 2002). 노인들은 문제를 해결하기 위해 이웃에 강도가 들 경우 자신의 안전을 보장하려는 예방책을 마련하는 등의 사전행동적 전략을 사용한다(Blanchard-Fields, Chen, & Norris, 1997; Blanchard-Fields, Jahnke, & Camp, 1995; Cornelius & Capsi, 1987). 한편, 친구와 사귀고 싶은데 왜 그 친구가 찾아오지 않는지 알고자 하는 등의 인간관계 상의 문제를 다루는 경우에는 수동적인 감정을 조절하는 전략을 사용하기도 한다(Cornelius & Capsi, 1987). 그들이 특정 전략을 선택할 수 있는 것은 생애 동안 문제해결력을 연마할 수 있는 많은 기회를 지니기 때문이다(Blanchard-Fields et al., 2007).

앞서의 연구 결과를 바탕으로 요약하자면, 노인들은 지남력이나 신변에 관한 물음에는 정확히 대답할 수 있다. 짧은 이야기에 있어서는 즉각 회상을 할 수 있으나 모든 것을 회상할 수는 없다. 지연 회상 과제에서는 대부분의 이야기를 회상하였지만 즉각 회상 과제에서 수행했던 것만큼 자세하게는 못하였다. 또한 노인들은 학습한 단어의 반절 정도를 자유롭게 회상할 수 있었으나 단어의 범주가 함께 제시되는 경우(예: “귀한 광물”)에는 대부분의 단어를 회상하였으며, 재인과제에서도 잘 수행하였다. 1분 내에 11개의 항목을 산출할 수 있었고, 특정 항목이 예로 제시되는 경우에는 그에 해당하는 범주가 무엇인지 말할 수 있었다. 하나 이상의 특징에 집중해야 하거나 방해 자극이 목표와 유사하거나, 목표가 어디에 있는지 알 수 없는 경우 시각적 탐색의 속도는 느려졌다. 목표를 쉽게 찾을 수 있는 경우에는 집중적 주의와 지속적 주의 과제를 잘 수행할 수 있었다. 두 가지 과제를 동시에 수행하는 경우에는 반응하는 데 있어서 시간이 지연되었다. 단순한 배분적 주의 과제는 잘 수행하였고, 난이도가 어려운 과제에서는 어려움을 보였다.

문헌에서는 절차기억, 선행기억, 의미기억, 원격기억이 여전히 정상적이라고 말하고 있다. 그러나 작업기억에서는 정보의 양이 많은 이상 노화와 관계된 능력이 상당히 감퇴된다고 하였다. 노년층은 단어, 문장, 이야기 산출, 해설문이나 그림 등의 즉각 및 지연 회상 과제에서 청년층과 중장년층에 비해 더 어려움을 보이는 것을 관찰하였으며, 새로 학습한 정보는 더 빨리 잊어버렸다. 낱말 찾기의 어려움, 특히 이름을 회상하는 것은 노화가 진행될수록 더 힘들었다. 집행기능에서는 어려움을 보이지만 문제해결력은 일상생활에서 여전히 보존됨을 확인하였다. 마지막으로, 노인들은 사전행동적 전략을 사용하고 대인관계의 문제를 다루는 데 있어 수동적인 감정 규제 전략을 사용하여 문제를 잘 해결하였다. 신경학적으로 정상 성인이라면 이 책에 쓰인 내용보다 훨씬 더 잘 수행할 수 있는데, 이를 좀 더 이해하기 위해서는 추후 연구가 필요하다.

## 3. 노인의 인지 능력에 영향을 미치는 요인 및 어려움의 징후

노인의 인지에 영향을 주는 몇몇 요인이 있다. 인지 영역 중 한 부분에서의 문제가 다른 인지 영역에 부정적인 영향을 준다는 것은 놀라운 사실이 아니다. 주의력과 기억력은 스트레스를 받거나 피로하거나, 기분이 좋지 않거나 우울하거나, 불안한 상황 또는 특정한 약을 복용하는 상황에서 부정적인 영향을 받을 수 있다(Cohen & Faulkner, 1986; McDougall, Montgomery, Eddy, Jackson, Nelson, & Stark, 2003; Rogers, 2000; Yaffe, Blackwell, Gore, Sands, Reus, & Browner, 1999). 노년층은 자신이 많은 인지 역량(예: 복잡한 시각적 탐색, 긴 지시문)을 필요로 하는 주의력 혹은 기억력 과제를 수행할 때, 시간 제약을 받을 때, 익숙하지 않은 정보를 대할 때, 주변 소음이 많은 공간에서 정보를 제공받을 때 수행의 어려움을 느낀다(Craik, 2000; Crawford & Channon, 2002; Kemper et al., 2003; Rogers, 2000). 비록 시각 및 청각 상태가 변하면 인지 과제의 수행력이 저하되겠지만(Craik, 2000; Lindenberger & Baltes, 1994), 노화 관련 감각 기능의 변화가 인지에 미치는 효과에 대해서는 확실히 증명되지 않았다(Schneider & Pichora-Fuller, 1999).

노년층에서 인지적 어려움을 겪는 징후들이 관찰되면 언어재활사나 기타 의료 전문가에게 의뢰해야 한다. 또한 정보를 기억하거나 주의를 집중하지 못하는 것에 대한 불만사항은 의사에게 의뢰해야 한다. 인지 문제에 대한 자가 호소는 알츠하이머병(alzheimer's disease; Crooks, Petitti, Brody, & Yep, 2005; Jonker, Geerlings, & Schmand, 2000)의 가장 초기 증상 중 하나일 수 있다. 주변 소음을 무시하는 것에 어려움을 느끼는 경우에는 주의력 및 기억력 문제이거나 난청 문제 혹은 둘 다의 문제일 수 있다(Kemper et al., 2003). 이러한 경우에는 의사, 청능사 혹은 언어재활사에게 의뢰해야 한다. 만약 일상생활에서 어려움을 겪는다면, 의료 전문가에게 의뢰해야 한다. 이러한 어려움은 초기 치매 환자들에게서는 잘 관찰되지 않는데, 이는 반복된 일상생활이기 때문에 어려움을 느끼지 않고 그것을 문제로서 인식하지 않기 때문이다(Carlson et al., 1999). 만약 노인이 특정한 활동을 피한다면 인지적 감퇴를 겪고 있거나 그 활동에 대한 인지 능력의 자신감이 저하된 상태이기 때문일 수 있다(West, Welch, & Yassuda, 2000).

알츠하이머병과 같은 좀 더 심각한 인지장애의 초기 단계에서는 기억력의 감퇴나 변화가 명백하다(Collie et al., 2001). 알츠하이머병 환자를 대상으로 한 후향적 연구들에서는 알츠하이머병으로 진단되기 약 20년 전부터 일화기억에서 경미한 어려움을 보인다고 하였다(Elias, Beiser, Wolf, Au, White, & D'Agostino, 2000; Masur, Sliwinski, Lipton, Blau, & Crystal, 1994). 이와 대조적으로 건강한 노인의 경우에도 기억력에서 유의미한 변이성을 보이는데(Davis & Bernstein, 1992; Zacks & Hasher, 2006), 그 문제가 고정적이며 신경퇴행적인 병과는 관련되지 않을 수 있다(Crook, Bartus, Ferris,

Whitehouse, Cohen, & Gershon, 1986; Gron, Bittner, Schmitz, Wunderlich, Tomczark, & Riepe, 2003). 인지적 퇴행은 한 번의 평가만으로는 관찰되지 않으므로 장기간의 신뢰롭고 타당한 신경심리검사를 통해서 진단해야 한다(Collie et al., 2001). 예를 들어, 간이정신상태검사(Mini-Mental State Examination: MMSE, 이하 MMSE; Folstein, Folstein, & Fanjiang, 2001; Mayeaux et al., 1995) 결과 주의력, 구어 기억력, 언어, 구성 기능의 수행력은 정상 범주에 속하지만 인지 기능에서는 감퇴를 보일 수 있다(Carlson et al., 1999). 그러므로 인지 기능을 검사할 때는 주의를 기울일 필요가 있다.

## 4. 노인의 인지 능력을 향상시킬 수 있는 전략

노인의 인지 능력 향상에 도움이 되는 전략에는 여러 가지가 있다. 예를 들어, 지시문은 짧고 간단해야 하며(Craik, 2000), 인지 활동을 수행할 수 있는 충분한 시간이 주어져야 한다. 노화 관련 시각 및 청각 변화도 고려해야 한다. 또한 자극이 익숙하거나 흥미롭다면 주의력이 증가할 수 있으므로(Rogers, 2000) 동기를 부여할 수 있는 과제나 주제를 찾는 것이 필요하다. 단서를 제시하거나 연습해 보는 것이 배분적 주의 과제 또는 두 과제를 동시에 처리하는 과제를 할 때 좋은 영향을 줄 수 있지만, 선택적 주의로 시각적 탐색을 하는 과제에서는 꼭 그렇지는 않다(Baron & Mattila, 1989; Fisk & Rogers, 1991; Hartley, 1992; Murphy, Schmitt, Caruso, & Sanders, 1987; Rogers, 2000; Verhaegen, Marcoen, & Goossens, 1992). 기억 전략 또한 유용하다. 일화기억을 증진시킬 수 있는 방법은 정보를 부호화하고 산출하는 동안에 목표 단어의 글자나 핵심어 혹은 설명과 같은 부가적인 문맥을 제시하는 것이다(Craik, 2000; West et al., 2000). 노인들은 복잡한 기억 기술을 배워 수개월간 유익하게 사용할 수 있다. 그러나 훈련은 과제 중심적으로 시행해야 하고, 지시문도 단계별로 명확하게 제공해야 한다(Ericsson, 1985; Ericsson & Kintsch, 1995; West et al., 2000). 사람이 직접 하거나 DVD, 비디오, 팟캐스트와 같은 기술을 통해 시각적 지시 및 구어적 지시를 동시에 제공하는 것이 가장 좋다(West et al., 2000).

특히 특정한 이름을 회상하는 단어 회상 과제는 노년층에게 어려울 수 있다. 이름을 회상할 때는 몇 개의 전략을 사용할 수 있는데, 에두르기(circumlocution), 유사어(synonyms), 기억술(mnemonics), 알파벳 훑기(mentally running through the alphabet), 하나의 문맥에 속한 이름 산출하기(예: 모든 이웃의 이름), 사람에 대한 설명을 증진할 수 있는 과거의 경험을 불러오기, 개개인의 이름을 검색하는 방법 등이다(Brooks, Friedman, Gibson, & Yesavage, 1993; Cohen & Faulkner, 1986; Reese, Cherry, & Norris, 1999). 정신적 심상(이미지)을 생성하면 특정한 단어와 그 의미를 연결함으로써 상호적인 심상을 만들 수 있다(Brehmer, Li, Straube, Stoll, von Oertzen, Muller, & Lindenberger, 2008; Einstein & McDaniel, 2004; Reese et al., 1999). 예를 들어, '고든(Gordon)'이라는 이름의 심상은 '정원(garden, 역자 주: '가든'으로 발음함)'이고(Cohen & Faulkner, 1986), 거리 이름인 '에지몬트(Edgemont)'의 경우에는 '산의 가장자리(on the edge of a mountain)에 서 있는 사람'의 심상으로 연결 지을 수 있다.

집행기능과 문제해결력은 긍정적인 영향을 받을 수 있다. 방해 환경을 제한하고(예: 텔레비전을 끄는 것) 보완적 수단(예: 타이머나 색깔 코딩 카드)을 사용하여 일련의 활동들(예: 식사 준비)을 수행하는 것은 노인의 집행기능 향상을 도울 수 있는 방법이다(Carlson et al., 1999). 이러한 전략들을 사용하기 싫을 수도 있지만, 노인들은 자신의 독립성을 유지할 수 있다는 의미에서 이러한 전략을 기꺼이 사용할 것이다(Carlson et al., 1999). 그들은 문제해결 측면에서 상황에 맞는 이러한 기술들을 사용하는 것이 유용하다는 것을 안다. 옛 속담인 "연습하면 완벽해진다."라는 말과 유사하게 더 많은 노인이 문제해결을 성공적으로 하고 있으며, 그들은 더 좋은 문제해결사로서 남을 것이다(Crawford & Channon, 2002).

특정한 활동은 인지 기능을 유지하고 노화 관련 퇴화를 지연시킨다. 규칙적인 신체 활동은 노인의 인지를 유지하는 방법으로서 거듭 보고된다(Rogers, Meyer, & Mortel, 1990; Scarmeas, Levy, Tang, Manly, & Stern, 2001; Sorond, Schnyer, Serrador, Milberg, & Lipsitz, 2008). 운동은 뇌 혈액의 흐름을 원활하게 유지시키는 경우에 도움을 주는데, 이는 인지 변화가 부분적으로는 전두엽의 노화와 관련된 변화에 기인하기 때문이다(Sorond et al., 2008). 비록 더 많은 연구가 뒷받침되어야 하겠지만, 근력 운동과 에어로빅을 결합한 운동이 에어로빅 하나만 시행하는 것보다 인지 기능을 더 많이 증진시킨다(Colcombe & Kramer, 2003). 지적 · 사회적 자극을 주는 여가활동 또한 인지 기능을 개선할 수 있다(Carlson et al., 1999; Scarmeas & Stern, 2003). 책 읽기, 게임하기, 수업 듣기, 자원봉사하기, 일하기, 집단 활동하기 등과 같은 활동은 배우자나 친척 그리고 친구들과의 사회적 연결 끈을 더욱 견고하게 만들어 주고, 인지 기능에 긍정적인 영향을 줄 수 있을 것이다(Balfour, Masaki, White, & Launer, 2001; Scarmeas et al., 2001).

### 핵심 요약

- 신경학적 정상 노인의 일반적인 인지 기능
  - 지남력이나 자신과 관련된 질문에는 정확하게 답함
  - 짧은 이야기를 들은 후 이야기와 관련된 세부 사항을 즉각적으로 회상할 수 있고, 이야기와 관련된 질문에 대부분 정확하게 답할 수 있음
  - 짧은 이야기를 듣고 시간이 지연된 후에도 이야기의 세부 사항을 회상할 수 있으나 즉각적으로 회상하였을 때만큼 자세히는 회상하지 못함

- 외운 단어의 절반 정도는 자발적으로 회상할 수 있고, 범주 특정적인 단서(예: 물고기)가 제시되었을 때는 거의 대부분의 단어를 회상할 수 있음
- 제시된 목록의 단어를 보면서 이미 제시된 단어인지 아닌지를 인지할 수 있음
- 1분 안에 특정 범주에 해당하는 단어를 11개 정도 산출할 수 있고, 하위 단어가 제시되었을 때는 그 하위 단어를 포함하는 상위 범주의 단어를 산출할 수 있음
- 시각적으로 검색하는 속도는 느림
- 목표가 가시적으로 잘 보이면 집중적 주의 과제와 지속적 주의 과제를 잘 수행할 수 있음
- 2개의 과제를 동시에 수행해야 할 때 반응들을 조절하거나 조화를 이루는 것이 복잡하므로 수행이 느려짐
- 단순한 수준의 배분적 주의 과제는 정확하게 수행할 수 있으나 과제가 복잡해지면 어려워함
- 절차, 의미, 원격 기억의 변화는 명백하지 않음
- 보유해야 하고 다루어야 하는 정보의 양이 많은 경우에 노화 관련 작업기억의 감퇴가 관찰됨
- 청년층 및 중장년층과 비교하였을 때 노년층은 단어, 문장, 이야기, 해설문, 그림의 즉각기억 및 지연기억 과제에서 어려움을 보임
- 새로 학습한 정보는 더 빠르게 잊어버림
- 이름을 회상할 때 낱말 찾기 장애가 두드러짐
- 신경심리검사에서 저하된 집행기능을 보일 수 있으나 실생활에 관한 추론력은 유지됨
- 문제해결의 빈도는 적지만 유익한 해결 방법을 제시함
- 노인은 문제를 해결하기 위해 사전행동적 전략을 사용하고, 인간관계에서의 문제를 다루는 경우에는 수동적인 감정 조절 전략을 사용함

• 노인의 인지에 부정적인 영향을 주는 요인
  - 기분이 좋지 않거나 특정한 약을 복용할 때, 스트레스 및 피로, 우울, 불안

감을 경험할 때
- 큰 인지 역량(예: 복잡한 시각적 탐색, 긴 지시문)을 필요로 하는 주의력 및 기억력 과제를 할 때
- 시간적 제약이 있는 상황에서 인지 과제를 수행할 때
- 소음이 있는 환경에서 정보가 제시되거나 익숙하지 않은 정보가 제시될 때
- 시각적 그리고 청각적 상태의 변화가 인지에 미치는 효과에 대해서는 확실히 증명되지 않았음

- 언어재활사나 의료 전문가에게 의뢰해야 하는 노인의 징후
  - 정보를 기억하거나 주의를 집중하지 못하는 것에 대한 불만을 보이는 경우
  - 주변 소음을 무시하는 것에서의 어려움을 보이는 경우
  - 일상생활에서 어려움을 보이거나 특정한 활동을 피하는 경우
  - 기억력의 변화나 감퇴가 관찰되는 경우
- 노인의 인지 능력의 향상을 도울 수 있는 전략
  - 주의력
    - ○ 익숙하거나 흥미로운 활동
    - ○ 짧고 간결한 지시 사항
    - ○ 단서 제공 및 목표와 직접적으로 연관이 있는 과제의 훈련
  - 기억력
    - ○ 정보를 부호화하고 산출하는 동안 목표 단어의 글자나 핵심어 혹은 설명과 같은 부가적인 문맥을 제시하는 것
    - ○ 훈련은 과제를 중심으로 시행해야 하고, 지시문도 단계별로 명확하게 제공해야 함
    - ○ 시각적 지시와 구어적 지시가 결합하면 수행력을 최상으로 만들 수 있음
    - ○ 단어를 산출할 때 에두르기나 유사어의 사용을 촉진함
    - ○ 단어를 회상하기 위한 전략의 사용을 촉진함. 예를 들어, 글자를 제시하거나 하나의 문맥 안에서 이름을 산출하도록 하거나, 사람의 이름과 연관된 과거의 경험을 산출하도록 하면서 촉진함
    - ○ 특정한 단어나 이름과 연관된 정신적 심상(이미지)을 만들 수 있도록 함

-집행기능 및 문제해결력

ㅇ방해자극을 제한함(예: 텔레비전 끄기)

ㅇ일련의 순차적 활동(예: 식사 준비)을 할 때 타이머나 색깔 코딩 카드 등을 보완적 책략으로 사용함

ㅇ문제해결이 필요한 상황에 적극적으로 참여하도록 격려함

-일반적인 측면

ㅇ신체 운동을 하도록 함

ㅇ노화 관련 시력 및 청력의 변화를 알려 줌

ㅇ책 읽기, 게임하기, 수업 듣기, 자원봉사하기, 일하기, 집단 활동하기, 배우자나 친척, 친구와의 사회적 관계 유지하기와 같은 지적이고 사회적인 여가활동을 할 수 있도록 격려함

ㅇ지시 사항은 간단하고 짧게 제시하고, 활동을 수행하기에 충분한 시간을 제공함

## 논의할 문제

1. 노년층이 할 수 있는 능력과 어려움을 보이는 능력에 있어서 예상치 못한 정보가 있는가?
2. 우울과 불안이 주의력이나 기억력에 어떠한 영향을 미치는가?
3. 노인이 적절한 문제해결력을 보여 주는 것의 예로는 어떠한 것이 있으며, 기억력 문제가 발생한 경우 어떻게 대응하는가?
4. 어느 시점에서 정상적 인지 기능의 감퇴와 기억력 저하가 치매로 간주되는가?

## 참고문헌

Baddeley, A. (2003). Working memory: Looking back and looking forward. *Nature Reviews Neuroscience*, *4*, 829-839.

Balfour, J. L., Masaki, K., White, L., & Launer, L. J. (2001). The effect of social engagement and productive activity on incident dementia: The Honolulu Asia aging study. *Neurology*, *56* (Suppl.), A239.

Baron, A., & Mattila, W. (1989). Response slowing of older adults: Effects of time-limit contingencies on single-and dual-task performances. *Psychology and Aging*, *4*, 66-72.

Batles, K. A., & Tomoeda, C. K. (1993). *Arizona Battery for Communication Disorders of Dementia*. Tucson, AZ: Canyonlands Publishing.

Berardi, A., Parasuraman, R., & Haxby, J. (2001). Overall vigilance and sustained attention descrements in healthy aging. *Experimental Aging Research*, *27*, 19-39.

Blanchard-Fields, F., Chen, Y., & Norris, L. (1997). Everyday problem solving across the adult lifespan: Influence of domain specificity and cognitive appraisal. *Psychology and Aging*, *12*, 684-693.

Blanchard-Fields, F., Jahnke, H., & Camp, C. (1995). Age differences in problem-solving style: The role of emotional salience. *Psychology and Aging*, *10*, 173-180.

Blanchard-Fields, F., Mienaltowski, A., & Baldi Seay, R. (2007). Age differences in everyday problem-solving effectiveness: Older adults select more effective strategies for interpersonal problems. *Journal of Gerontology: Psychological Sciences*, *62B*, P61-P64.

Brehmer, Y., Li, S., Straube, B., Stoll, G., von Oertzen, T., Muller, V., & Lindenberger, U. (2008). Comparing memory skill maintenance across the lifespan: Preservation in adults, increase in children. *Psychology and Aging*, *23*, 227-238.

Brooks, J. O., Friedman, L., Gibson, J. M., & Yesavage, J. A. (1993).

Spontaneous mnemonic strategies used by older and younger adults to remember proper names. *Memory*, *1*, 393–407.

Brown, J. (1958). Some tests of the decay theory of immediate memory. Quarterly *Journal of Experimental Psychology*, *10*, 12–21.

Burda, A. N. (2008). *Healthy aging adult's performance on tests of cognition*. Adele Whitenack Davis Research in Gerontology Award, University of Northern Iowa.

Carlson, M. C., Fried, L. P., Xue, Q. L., Bandeen-Roche, K., Zeger, S. L., & Brandt, J. (1999). Association between executive attention and physical functional performance in community-dwelling older women. *Journal of Gerontology: Social Sciences*, *54B*, S262–S270.

Chasteen, A. L., Park, D. C., & Schwartz, N. (2009). Implementation intentions and facilitation of prospective memory. *Psychological Science*, *12*, 457–461.

Cohen, G., & Faulkner, D. (1986). Memory for proper names: Age differences in retrieval. *British Journal of Developmental Psychology*, *4*, 187–197.

Colcombe, S., & Kramer, A. F. (2003). Fitness effects on the cognitive function of older adults: A meta-analytic study. *Psychological Science*, *14*, 125–130.

Collie, A., Maruff, P., Shafiq-Antonacci, R., Smith, M., Hallup, M., Schofield, P. R. et al. (2001). Memory decline in healthy older people: Implications for identifying mild cognitive impairment. *Neurology*, *56*, 1533–1538.

Connor, L. T. (2001). Memory in old age: Patterns of decline and perseveration. *Seminars in Speech and Language*, *22*, 117–125.

Cornelius, S. W., & Capsi, A. (1987(. Everyday problem solving in adulthood and old age. *Psychology and Aging*, *2*, 144–153.

Cowan, N. (2001). The magical number 4 in short-term memory: A reconsideration of mental storage capacity. *Behavioral and Brain Science*, *24*, 87–185.

Cowan, N. (2008). What are the differences between long-term, short-term, and working memory? *Progress in Brain Research*, *169*, 323–338.

Craik, F. I. M. (2000). Age-related changes in human memory. In D. Park & N. Schwarz (Eds.), *Cognitive aging: A primer* (pp. 75-92). Philadelphia: Psychology Press.

Craik, F. I. M., & Jennings, J. M. (1992). Human memory. In F. I. M. Craik & T. A. Salthouse (Eds.), *The handbook of aging and cognition* (pp. 51-110). Hillsdale, NJ: Erlbaum.

Crawford, S., & Channon, S. (2002). Dissociation between performance on abstract tests of executive function and problem solving in real-life type situations in normal aging. *Aging and Mental Health*, *6*, 12-21.

Crook, T., Bartus, R. T., Ferris, S. H., Whitehouse, P., Cohen, G. D., & Gershon, S. (1986). Age-associated memory iimpairment: Proposed diagnostic criteria measures of clinical change. Report of a National Institute of Mental Health Work Group. *Developmental Neuropsychology*, *2*, 261-276.

Crooks, V. C., Petitti, D. B., Brody, K. K., & Yep, R. L. (2005). Self-reported severe memory problems as a screen for cognitive impairment and dementia. *Dementia*, *4*, 539-551.

Davis, H. P., & Bernstein, P. A. (1992). Age-related changes in explicit and implicit memory. In L. R. Squire & N. Butters (Eds.), *Neuropsychology of memory* (2nd ed.) (pp. 112-124). New York: The Guilford Press.

Davis, H. P., Small, S. A., Stern, Y., Mayeux, R., Feldstein, S. N., & Keller, F. R. (2003). Acquisition, Recall, and forgetting of verbal information in ling-term memory by young, middle-aged, and elderly individuals, *Cortex*, *39*, 1063-1091.

Dobbs, A. R., & Rule, B. G. (1989). Adult age differences in working memory. *Psychology and Aging*, *4*, 500-503.

Duckworth, M., Iezzi, T., & O'Donojue, W. (2008). *Motor vehicle collisions: Midical, psychosocial, and legal consequences*. Boston, MA: Elsevier Academic.

Einstein, G. O., & McDanial M. A. (2004). *Memory fitness: A guide for successful aging*. New Haven, CT: Tale University Press.

Elias, M. F., Beiser, A., Wolf, P. A., Au, R., White, R. F., & D'Agostino, R. B. (2000). The preclinical phase of Alzheimer's disease: A 22-year prospective study of the Framingham cohort. Archives of Neurology, 57, 808-813.

Enns, J. T., & Trick, L. M. (2006). Four modes of selection. In E. Bialystok & F. I. M. Craik (Eds.), *Lifespan cognition: Mechanisms of change* (pp. 43-56). New York: Oxford University Press.

Ericsson, K. A. (1985). Memory skill. *Canadian Journal of Psychology*, *39*, 188-231.

Ericsson, K. A., & Kintsch, W. (1995). Long term working memory. *Psychological Review*, *102*, 211-245.

Fisk, A. D., & Rogers, W. (1991). Toward an understanding of age-related memory and visual search effects. *Journal of Experimental Psychology: General*, *120*, 131-149.

Folstein, M. F., Folstein, S. E., & McHugh, P. R. (1975). Mini-Mental State: A practical method for grading the cognitive state of patients for the clinician. *Journal of Psychiatric Research*, *12*, 189-198.

Giambra, L. M. (1993). Sustained attention in older adults: Performance and processes. In J. Cerella, J. Rybash, W. Hoyer, & M. L. Commons (Eds.), *Adult information processing: Limits on loss* (pp. 259-272). San Diego, CA: Academic Press.

Gron, G., Bittner, D., Schmitz, B., Wunderlich, A. P., Tomczark, R., & Riepe, M. W. (2003). Variability in memory performance in aged healthy individuals: An fMRI study. *Neurobiology of Aging*, *24*, 453-463.

Hartley, A. (1992). Attention. In F. I. M. Craik & T. Salthouse (Eds.), *Handbook of aging and cognition* (pp. 3-49). Hillsdale, NJ: Erlbaum.

Hedden, T., & Gabrieli, D. E. (2004). Insights into the aging mind: A view from cognitive neuroscience. *Nature Reviews Neuroscience*, *5*, 87-96.

Helm-Estabrooks, N. (2001). *Cognitive Linguistic Quick Test*. San Antonio, TX:

The Psychological Corporation.

Hultsch, D. R., & Dixon, R. A. (1984). Memory for text materials in adulthood. In P. B. Baltes & O. G. Brim (Eds.), *Lifespan development and behavior, vol. 6*. New York: Academic Press.

James, L. (2006). Specific effects of aging on proper name retrieval: Now you see them, Now you don't. *Journal of Gerontology*, *61B*, 180-183.

Jenkins, L., Myerson, J., Hale, S., & Fry, A. (1999). Individual and developmental differences in working memory across the lifespan. *Psychonomic Bulletin & Review*, *6*, 28-40.

Jonker, C., Geerlings, M. I., & Schmand, B. (2000). Are memory complaints predictive for dementia? A review of clinical and population-based studies. *International Journal of Geriatric Psychiatry*, *15*, 983-991.

Kemper, S. (1987). Syntectic complexity and elderly adults' prose recall. *Experimental Aging Research*, *13*, 47-52

Kemper, S., Herman, R. E., & Lian, C. H. (2003). The costs of doing two things at once for young and older adults: Talking while walking, finger tapping, and ignoring speech or noise. *Psychology and Aging*, *18*, 181-192.

Kemper, S., & Sumner, A. (2001). The structure of verbal abilities in young and older adults. *Psychology and Aging*, *16*, 312-322.

Kennedy, M., & Coelho, C. (2005). Self-regulation after traumatic brain injury: A framework for intervention of memory and problem solving. *Seminars in Speech and Language*, *26*, 242-255.

Kramer, A. F., Humphrey, D. G., Larish, J. F., Logan, G. D., & Strayer, D. L. (1994). Aging and inhibition: Beyond a unitary view of inhibitory processing attention. *Psychology and Aging*, *9*, 491-512.

Kramer, A. F., & Kray, J. (2006). Aging and attention. In E. Bialystok & F. I. M. Craik (Eds.), *Lifespan cognition: Mechanisms of change* (pp. 57-69). New York: Oxford University Press.

Light, L. L. (1992). The organization of memory in old age. In F. I. M. Craik &

T. A. Salthouse (Eds.), *The handbook of aging and cognition* (pp. 111-165). Hillsdale, NJ: Erlbaum.

Light, L. L., & Burke, D. M. (1988). Patterns of language and memory in old age. In L. L. Light & D. M. Burke (Eds.), *Language, memory, and aging* (pp. 244-271). New York: Cambridge University Press.

Lindenberger, U., & Baltes, P. B. (1994). Sensory functioning and intelligence in old age: A strong connection. *Psychology and Aging*, *9*, 339-355.

Masur, D. M., Sliwinski, M., Lipton, R. B., Blau, A. D., & Crystal, H. A. (1994). Neuropsychological prediction of dementia and the absence of dementia in healthy older persons. *Neurology*, *44*, 1427-1432.

McDougall, G. J., Montgomery, K. S., Eddy, N., Jackson, E., Nelson, E., & Stark, T. (2003). Aging memory self-efficacy: Elders share their thoughts and experiences. *Geriatric Nursing*, *24*, 162-168.

Miller, G. A. (1956). The magical number seven, plus or minus two: Some limits of our capacity for processing information. *Psychological Review*, *63*, 81-97.

Murphy, M., Schmitt, F., Caruso, M., & Sanders, R. (1987). Metamemory in older adults: The role of monitoring in serial recall. *Psychology and Aging*, *2*, 331-229.

Nav도-Benjamin, M., Hussain, Z., Guez, J., & Bar-On, M. (2003). Adult age differences in episodic memory: Further support for an associative-deficit hypothesis. *Journal of Experimental Psychology: Learning, Memory, and Cognition*, *29*, 826-837.

Park, D. C., & Payer, D. (2006). Working memory across the adult lifespan. In E. Bialystok & F. I. M. Craik (Eds.), *Lifespan cognition: Mechanisms of change* (pp. 128-142). New York: Oxford University Press.

Pterson, L. R., & Peterson, M. J. (1959). Short-term retention of individual items. *Journal of Experimental Psychology*, *58*, 193-198.

Phillips, L. H., & Della Salla, S. (1998). Aging, intelligence, and anatomical segregation in the frontal lobes. *Learning and Individual Differences*, *10*,

217-243.

Plude, D. J., & Doussard-Roosevelt, J. A. (1989). Aging, selective attention, and feature integration. *Psychology and Aging*, *4*, 98-105.

Posner, M. (2008). Attention as a cognitive and neural system. *Current Directions in Psychological Science*, *1*, 11.

Reese, C. M., Cherry, K. E., & Norris, L. E. (1999). Practical memory concerns for older adults. *Journal of Clinical Geropsychology*, *5*, 231-244.

Rey, A. (1964). *L'Examin clinique en psychologie*. Paris: Press Universitaites de France.

Riddle, D. (2007). *Brain aging: Models, methods, and mechanisms*. Boca Raton, FL: CRC Press.

Rogers, R. L., Meyer, J. S., & Mortel, K. F. (1990). After reaching retirement age, physical activity sustains cerebral perfusion and cognition. *Journal of the American Geriatrics Society*, *38*, 123-128.

Rogers, W. A. (2000). Attention and aging. In D. Park & N. Schwarz (Eds.), *Cognitive aging: A primer* (pp. 57-73). Philadelphia: Psychology Press.

Ross-Swain, D. (1996). *Ross Information Processing Assessment* (2nd ed.). Austin, TX: Pro-Ed.

Ross-Swain, D., & Fogle, P. T. (1996). *Ross Information Processing Assessment-Geriatric*. Austin, TX: Pro-Ed.

Salthouse, T. (2000). Aging and measures of processing speed. *Biological Psychology*, *54*, 35-54.

Salthouse, T. A. (1982). *Adult cognition: An experimental psychology of human aging*. New York: Springer-Verlag.

Salthouse, T. A. (1991). *Theoretical perspectives on cognitive aging*. Hillsdale, NJ: Erlbaum.

Scarmeas, N., Levy, G., Tang, M., Manly, J., & Stern, Y. (2001). Influence of leisure activity on the incidence of Alzheimer's disease. *Neurology*, *57*, 2236-2242.

Scarmeas, N., & Stern, Y. (2003). Cognitive reserve and lifestyle. *Journal of*

*Clinical and Experimental Neuropsychology*, *25*, 625-633.

Schneider, B. A., & Pichora-Fuller, M. K. (1999). Implications of perceptual deterioration for cognitive aging research. In F. I. M. Craik & T. A. Salthouse (Eds.), *The handbook of aging and cognition* (2nd ed.) (pp. 155-219). Mahwah, NJ: Erlbaum.

Simpson, G. B., Kellas, G., & Ferraro, F. R. (1999). Age and the allocation of attention across the time course of word recognition. *Journal of General Psychology*, *126*, 119-136.

Sorond, F. A., Schnyer, D. M., Ferrador, J. M., Milberg, W. P., & Lipsitz, L. A. (2008). Cerebral blood flow regulation during cognitive tasks: Effects on healthy aging. *Cortex*, *44*, 179-184.

Verghese, J., Buschke, H., Viola, L., Hall, C., Kuslansky, G., & Lipton, R. (2002). Validity of divided attention tasks in predicting falls in older individuals: A preliminary study. *Journal of the American Geriatrics Society*, *50*, 1572-1576.

Verhaegen, P., Marcoen, A., & Goossens, L. (1992). Improving memory performance in the aged through mnemonic training: A meta-analytic study. *Psychology and Aging*, *7*, 242-251.

West, R. L., Welch, D. C., & Yassuda, M. S. (2000). Innovative approaches to memory training for older adults. In R. D. Hill, L. Bäckman, & A. Stigsdotter Neely (Eds.), *Cognitive rehabilitation in old age* (pp. 81-105). New York: Oxford University Press.

Wierenga, C., Benjamin, M., Gopinath, K., Perlstein, W., Leonard, C., Gonzalez Rothi, et al. (2006). Age-related changes in word retrieval: Role of bilateral frontal and subcortical networks. *Neurobiology of Aging*, *29*, 197-458.

Yaffe, K., Blackwell, T., Gore, R., Sands, L., Reus, V., & Browner, W. S. (1999). Depressive symptoms and cognitive decline in nondemented older women. *Archives of General Psychiatry*, *56*, 425-430.

Zacks, R. T., & Hasher, L. (2006). Aging and long-term memory: Deficits are not inevitable. In E. Bialystok & F. I. M. Craik (Eds.), *Lifespan cognition: Mechanisms of change* (pp. 162-177). New York: Oxford University Press.

Zacks, R. T., Hasher, L., & Li, K. Z. H. 91999). Human memory. In F. I. M. Craik & T. A. Salthouse (Eds.), *The handbook of aging and cognition* (2nd ed.) (pp. 293-358). Mahwah, NJ: Erlbaum.

# 3장

# 청각적 이해력

Angela N. Burda

# 1. 도입

우리는 매일 방대한 양의 청각적 자극을 듣고 처리한다. 들은 것을 감지하는 능력은 이른 아침에 울리는 소리가 시계의 알람소리인지 전화벨 소리인지를 구분하게 한다. 오븐의 타이머와 소방차의 사이렌 소리도 변별할 수 있다. 다른 사람이 하는 말을 이해하고 적절하게 대답할 수도 있다. 말소리에 대한 이해는 별다른 노력 없이 이루어지는 것처럼 보이지만 실제로는 매우 복잡한 처리 과정을 거친다. 말을 알아듣기 위해서는 개별적 말소리나 단어를 빠르게 식별하고 처리한 뒤, 이미 들어서 저장된 다른 단어나 문장들과 통합해야 한다(Pichora-Fuller, Schneider, & Daneman, 1995; Thornton & Light, 2006). 독자는 앞서 읽은 것으로 되돌아가서 다시 읽을 수 있지만 청자는 그럴 수가 없다. 했던 말을 다시 한 번 해 달라고 요청하는 것은 대안이 될 수 없다. 따라서 일부 청자는 무엇을 들었는지 파악하는 것이 어려울 수 있다.

인지의 측면에서 기억력 등은 말소리를 이해하는 데 중요한 요소다(Caplan & Waters, 1999, 이 책의 2장 참조). 만일 들은 것에 집중할 수 없거나 그것을 기억할 수 없다면 청각적 처리 과정은 어려울 수 있다. 노화 관련 이해 능력의 변화는 다양한 이론적 견해로 설명할 수 있다(이 책의 1장 참조). 이 책에서 논의하는 여러 능력과 마찬가지로, 이해력 또한 당연한 능력으로 인식된다. 어려움에 직면하기 전까지는 청각적 처리 능력에 대해 생각해 보지 않는다. 다른 사람과의 상호작용에서 비구어적 의사소통은 매우 중요하다. 몸짓 언어(body language)나 몸동작(gestures) 같은 것이 구어 이해에 도움을 줄 수 있다. 그러나 말소리를 이해하는 것이 의사소통을 위한 초석임은 틀림이 없다.

이 장에서는 노년층의 일반적인 청각적 처리 능력이 어떠한지, 청각적 이해력에 부정적인 영향을 주는 것은 무엇인지, 언어재활사나 의료 전문가에게 의뢰해야 하는 징후는 무엇인지, 그리고 마지막으로 청각적 이해력을 증진시킬 수 있는 전략은 무엇인지 알아볼 것이다. 이 장의 마지막에서는 '핵심 요약'을 통해 중요한 부분을 요약할 것이다. 용어적 측면에서는 '청각적 이해력(auditory comprehension)' '청각적 처리(auditory processing)' '말소리 이해(speech understanding)' 그리고 '말소리 지각(speech perception)'을 혼용하였다.

## 2. 노인의 일반적인 청각적 이해력

언어재활사는 성인 환자의 언어 이해력과 표현력을 평가해야 한다. 언어평가는 하위 검사(예: 청각적 이해력, 쓰기)를 포함하며, 각 하위 검사의 문항은 위계적으로 배열된다. 하위 검사는 지시문과 반응이 짧고 간단한 문항부터 길고 복잡한 문항까지로 구성된다(Bayles & Tomoeda, 1993; Helm-Estabrooks, 1992; Keenan & Brassell, 1975). 시판되는 언어 검사 도구의 청각적 이해력 과제에서는 난이도와 복잡성이 증가된 문항이나 명령에 대한 수행을 요구하는 문항이 있다. 문항은 개인 정보, 세상에 대한 일반적인 지식 혹은 검사자가 크게 읽어 준 이야기체 문단에 관한 것이다(Bayles & Tomoeda, 1993; Goodglass, Kaplan, & Barresi, 2001; Helm-Estabrooks, 1992; Kertesz, 2006).

신경학적으로 정상인 노인의 청각적 이해력에 대한 정보는 많지 않다. 많은 연구가 앞서 언급한 언어 평가 문항들(예: 긴 지시문을 듣고 명령 이행하기)을 연구과제로 포함하지는 않았다. 또한 검사 도구들에는 표준화 과정에 노년층을 포함하지 않았을 뿐만 아니라 검사 지침서에 정상 성인들의 나이를 구체적으로 제시하지도 않았다. 일부 연구에서 제시한 정상 노인 집단의 기준은 보편타당하지 않다. 예컨대, 실어증 언어수행 척도(Aphasia Language Performance Scale: ALPS, 이하 ALPS; Keenan & Brassell, 1975)의 경우에는 정상 규준화 표본에 죄수들만을 포함하였다. 이는 참여자로서의 죄수들이 고학력자나 지식인이 아니므로, 퇴역 군인 환자들과 대체로 비슷한 능력을 보인다고 간주하였기 때문이다. 물론 다양한 사회경제적 지위와 지적 수준을 가진 사람들을 정상 규준의 표본으로 포함하는 것이 좋긴 하지만, 형벌체계에 놓인 사람들은 언어문제를 보일 수 있으므로 이들은 정상 언어 수행을 보이는 좋은 예가 될 수 없다(Blanton & Degenais, 2007). 만약 정상 노년층을 포함한다면 굳이 이러한 사람들을 통제군으로 삼을 필요가 없다. 물론 예외가 있기는 하지만, 검사 지침서 상에서는 기존 선행연구들을 인용하여 신경학적 정상 노인의 청각적 이해력이 무엇인지에 대한 일반적인 정보만을 제공하였다.

실어증 진단 프로파일(Aphasia Diagnostic Profile: ADP, 이하 ADP; Helm-Estabrooks, 1992)은 하나의 표준화 검사 도구다. 20~99세에 해당하는 40명의 정상 성인을 포함했는데, 이 중에서 11명은 60~99세에 해당하였지만 연령에 따른 집단의 규준을 제시하지는 않았다. 이 검사의 청각적 언어 이해(auditory language comprehension) 영역에는 지시 따르기(예: "눈을 감으세요." "심장이 어디 있습니까?"), 4개의 흑백 선화 그림을 보고 검사자가 말하는 그림을 찾는 단단어 이해하기, 이야기의 길이와 복잡성에 따라 난이도가 조절된 3개의 이야기를 듣고 '예/아니요'로 답하기 등의 과제가 포함되었다. 전체 점수가 산출되지만 각 영역(예: 지시 따르기, 이야기 이해하기)에 따라 점수가 세분화되지는 않았다. 청각적 언어 이해 영역의 최대 점수는 28점이었다. 검사 지침서에 따르면, 신경학적 정상 성인은 28점 중 평균 24.7점(표준편차 3.5)을 얻었고, 이는 이 영역 전체 항목의 약 88% 정도를 정반응한 수준이었다. 그러나 이 자료가 20~99세의 범위에 해당하는 정상 성인을 대상으로 한 것임을 고려해야 한다.

ABCD도 신경학적 정상 성인이 표준화 과정에 포함된 검사 도구 중 하나다. 실제로 이 도구는 노년층을 독립된 통제군에 포함하는 많지 않은 연구 중 하나다. 연구 대상자의 평균 연령은 70.44세(표준편차 17.07)였다. 청각적 이해 영역의 하위 항목에는 지시 따르기(following commands), 비교 질문(comparative questions), 즉각적 이야기 재산출 등의 과제가 포함되었다. 지연된 이야기 재산출은 청각적 이해 과제로 분류되지만, 정보를 유지하는 단기기억력이 요구되므로 인지 과제로서도 간주한다. 지시 따르기 과제에서는 한 단계(예: "고개를 드세요.")에서 두 단계(예: "손뼉을 치고, 가리키세요.") 그리고 세 단계(예: "기침하고, 웃고, 휘파람을 부세요.")로까지 지시 사항이 증가한다. 노년층은 9개 중 8.8개(표준편차 0.4)에서 정반응하여 98%의 정반응률을 보였다. 비교 질문 과제는 "얼음이 수증기보다 차갑습니까?" 혹은 "센티미터가 미터보다 큽니까?"와 같이 일반적인 지식을 묻는 문항에 '예/아니요'로 답하는 것이다. 노년층은 6개 중 5.9개(표준편차 0.5)를 정반응하여 98%의 정반응률을 보였다. 이 과제 수행력의 경우, 표준화 자료에 포함된 청년층의 수행력과 유의한 차이가 없었다.

ABCD의 이야기 재산출 과제는 환자가 이야기를 듣고 즉각적으로 다시 이야기를 말하거나, 시간이 지연된 후 말해야 하는 과제를 포함한다. 즉각적인 이야기 재산출 과제는 평가의 초반에 시행되고, 지연된 이야기 재산출 과제는 전체 평가의 가장 마지막에 시행된다. 15개의 하위 과제가 두 이야기 산출 과제 사이에 배치된다. 차후에 이야기를 재산출해야 하므로 즉각적인 이야기 재산출 과제가 끝나고 난 후, 해당 이야기를 기억하고 있도록 지시받는다. 이야기의 줄거리는 한 여자가 쇼핑하는 동안 자신의 지갑이 없어진 것을 모르고 있다가 어린 소녀에게서 지갑을 주웠다는 전화를 받게 되는 내용이다. 점수 산정은 정확한 정보 단위(예: "여자", "지갑", "전화 울림")를 산출한 경우에 주는 것으로 하였다.

Bayles와 Tomoeda(1993)는 즉각적 이야기 재산출 과제에서 노년층이 17개의 산출 가능한 정보 단위 중 14개(표준편차 2.8)를 산출하였으며, 82%의 정반응률을 보였다고 보고했다. 지연된 이야기 재산출 과제에서는 12.4개(표준편차 4.5)를 산출하였으며, 73%의 정반응률을 보였다. 즉각적 이야기 재산출 과제의 수행력은 노년층과 청년층 집단 간에 유의한 차이가 없었으나 지연된 이야기 재산출 과제에서는 차이가 있었다. 노년층은 대략 12개의 정보 단위를 산출하였으나 청년층은 15개였다. 결과적으로 노년층은 난이도가 증가하는 지시 따르기나 일반적인 지식에 대한 '예/아니요' 질문에는 정확하게 대답할 수 있었고 짧은 이야기에 대한 즉각적인 회상도 어느 정도는 가능하였지만, 지연된 재산출 과제에서는 즉각적 재산출 과제에서 산출한 것만큼 상세하게 회상할 수 없었다.

표준화 검사 자료뿐만 아니라 연구를 통해서도 노년층의 청각적 이해력을 확인할 수 있다. 그들은 문장(Federmeier & Kutas, 2005)이나 이야기(Little, Prentice, Darrow, & Wingfield, 2005)를 들을 때 청각적 처리 과정에서의 지연을 보였다. 비록 처리 과정에서의 지연이 있긴 하지만, 지시 사항을 따를 수 있었고(Schmitt & Moore, 1989), 정상 속도의 대화 내용을 이해할 수 있었으며(Schmitt & Moore, 1989), 어휘와 관련된 지식을 유지하거나 첨가할 수 있었다(Salthouse, 1993). 단어 지식(word knowledge)을 조직하는 능력이 안정적이므로(Federmeier & Kutas, 2005) 단어를 정확하게 식별하거나(Wingfield, Alexander, & Cavigelli, 1994) 추리할 수도 있었다(Light, Valencia-Laver, & Davis, 1991; Soederberg Miller, Stine-Morrow, Kirkorian, & Conroy, 2004). 만일 대화의 내용이 애완동물과 관련이 있다면 전형적인 애완동물이 포함된 조직화 공간(organizational store)에 접근할 수 있다. '배불뚝이'라는 단어가 제시되면, 고양이나 개 대신에 돼지에 대해 이야기하고 있다고 추론할 수 있다.

Burda(2007)는 65세 이상의 연구 대상자 31명을 10명의 연소노인(65~74세, 평균 연령 69.3세, 표준편차 2.2), 11명의 중노인(75~84세, 평균 연령 81.1세, 표준편차 1.9), 10명의 고령노인(85세 이상, 평균 연령 85.9세, 표준편차 4.4)으로 나누었다. 청각적 이해력에 관한 다양한 평가가 실시되었는데, 이 검사에는 한 단계 수준의 지시 따르기(예: "머리를 긁으세요.")와 복잡한 수준(예: "책상을 치면 바닥을 보세요.")의 지시 따르기, 개인 신변에 관한 '예/아니요' 질문(예: "당신은 남자입니까?")에 답하기, 일반적인 세상 지식에 관한 '예/아니요' 질문(예: "무료라고 표가 붙은 물건에 돈을 지불합니까?")에 답하기, 2개의 짧은 이야기를 듣고 육하원칙에 따른 질문에 대답하기가 포함되었다. 짧은 이야기 중 하나는 9개의 문장으로 구성된 사과파이를 굽는 것에 관한 내용이었고, 나머지는 7개의 문장으로 구성된 한 가족의 아침 일상에 관한 것이었다. 연령에 따른 연구 결과는 〈표 3-1〉에서 제시하고 있다.

〈표 3-1〉 **청각적 이해력 과제 수행의 평균 점수**

| 과제 | 총점* | 연소노인 | | | 중노인 | | | 고령노인 | | |
|---|---|---|---|---|---|---|---|---|---|---|
| | | 평균 | 표준편차 | %** | 평균 | 표준편차 | %** | 평균 | 표준편차 | %** |
| 1단계 지시 따르기 | 10 | 10.0 | 0.0 | 100 | 10.0 | 0.0 | 100 | 10.0 | 0.0 | 100 |
| 복잡한 지시 따르기 | 10 | 9.9 | 0.3 | 99 | 9.6 | 0.7 | 96 | 9.6 | 0.7 | 96 |
| 개인 신변에 관한 '예/아니요' 질문 | 10 | 10.0 | 0.0 | 100 | 10.0 | 0.0 | 100 | 10.0 | 0.0 | 100 |
| 복잡한 내용의 '예/아니요' 질문 | 10 | 10.0 | 0.0 | 100 | 9.7 | 0.6 | 97 | 9.9 | 0.3 | 99 |
| (파이에 관한) 짧은 이야기 | 10 | 7.0 | 2.9 | 70 | 6.6 | 2.4 | 66 | 7.4 | 2.1 | 74 |
| (아침에 관한) 짧은 이야기 | 10 | 7.4 | 1.7 | 74 | 7.7 | 1.3 | 77 | 8.0 | 1.7 | 80 |

*가장 높게 획득할 수 있는 점수(만점)를 의미함. **정반응률(%)을 의미함.
출처: Burda (2008).

지시 따르기, 개인 신변이나 복잡한 수준의 '예/아니요' 질문에 답하기 과제의 수행력은 양호하였고, 2개의 이야기를 듣고 질문에 답하기 과제의 수행력은 저하되었다. 연령 집단 간의 수행력 차이는 유의하지 않았으나, 일부 문항에서는 고령노인 집단의 수행력이 다른 두 집단의 수행력보다 높았다. 또한 통계적으로도 세 집단 간의 수행력 차이는 관찰되지 않았다. 그러나 연구 대상자 수가 적기 때문에 결과를 해석할 때는 주의가 필요하다.

성인 대상 언어 검사의 표준화 자료 및 연구 결과를 바탕으로 요약하자면, 노년층은 지시 따르기가 가능하고, 4개의 그림을 청각적으로 듣고 식별할 수 있으며, 개인 신변이나 일반적인 지식을 묻는 '예/아니요' 질문에 정반응을 할 수 있다. 짧은 이야기에 관련된 질문에 '예/아니요'로 대답하거나 이야기의 구체적인 사항에 대해 즉각적으로 회상하는 것은 가능하지만 그 수행력은 앞서 언급한 과제들(예: 지시 따르기)에 비해 저하되었다. 짧은 이야기를 듣고 질문에 답하는 과제에서는 4분의 3 정도의 정반응을 보였다. 또한 즉각적으로 이야기를 회상하는 과제와 비교하여 시간 지연 후 이야기를 다시 회상하는 과제에서는 덜 상세하게 회상할 것으로 기대되었으나, 이야기의 대부분을 재산출할 수 있었다. 그리고 말소리 처리 과정에서 지연된 속도를 보일 수는 있었지만 그동안 축적된 단어에 대한 지식을 통해 화자가 하는 말을 이해할 수 있었다. 이러한 결과는 소수의 연구에서 나온 결과이기 때문에 신경학적 정상 노인은 여기서 보고된 것보다 많은 것을 할 수 있다는 것을 알아야 한다. 즉, 노년층의 능력에 관해서는 더 많은 연구가 필요하다.

## 3. 노인의 청각적 이해력에 영향을 미치는 요인 및 어려움의 징후

몇 가지 요인 때문에 노인은 말소리를 이해하는 데 어려움을 보인다.

이 요인들은 화자, 주변 환경, 청자인 그들 자신과 관련된다. 청력 저하 역시 하나의 요인이 될 수 있는데(Gordon-Salant, 2005), 이는 소음에의 지속적 노출이나 귀의 질병 그리고 내이의 신경학적 질병과 같이 여러 가지 원인 질환으로 야기될 수 있다(Dugan, 2003; Lipsky & King, 2005). 또한 고주파수인 마찰음(예: /sh/, /s/), 파찰음(예: /ch/; van Rooij & Plomp, 1990), 음도가 높은 여성이나 어린아이의 목소리를 잘 듣지 못하는 노인성 난청(presbycusis)을 경험하기도 한다(Corso, 1963; Willott, 1991; Yost, 2007). 비록 중년이나 그 이전 시기부터 청력 감퇴가 시작되는 경우도 있지만, 수년간은 큰 변화가 관찰되지 않는다(Mehrotra & Wagner, 2008). 그러나 경미한 감퇴는 말소리 이해에 부정적인 영향을 미친다(Thornton & Light, 2006). 보청기 역시 말소리 이해에 도움을 줄 수 있긴 하지만 모든 청력 저하인이 증폭기를 사용하지는 않는다(Garstecki & Erler, 1997; Gordon-Salant, 2005).

의사소통 상호작용에서의 문맥이나 주변 환경과 관련된 문제들도 노인의 말소리 지각에 영향을 줄 수 있다. 예컨대, 반향음(reverberation)이나 배경소음(background noise)이 어려움을 증가시킨다. 반향음은 "밀폐된 공간에서 소리가 지속되는 것(Gordon-Salant, 2005, p. 21)"인데, 이는 창문과 거울을 포함하여 유리로 만들어진 벽이나 천장이 있는 공간에서 더 두드러진다(Gordon-Salant, 2005). 노년층은 청력 저하의 동반 여부에는 상관없이 반향음이 있는 공간에서 말소리를 정확하게 이해하는 것이 어렵다(Gordon-Salant & Fitzgibbons, 1993; Helfer & Wilber, 1990; Nabelek & Robinson, 1982).

주변 소음의 측면에서도, 소음이 많은 공간에서는 말소리를 이해하는 것에 있어서 청년층보다 어려움을 보인다(Gordon-Salant & Fitzgibbons, 1995, 1999). 노인성 난청이 있다면 주변 소음이 있는 공간에서 말을 이해하는 데 어려움이 가중되고 더 많은 시간이 필요하다(Gordon-Salant

& Fitzgibbons, 1995, 1999). 일반적으로 듣기가 어려운 상황(예: 주변 소음이 있는 공간에 있는 경우 혹은 여러 사람이 동시에 말하는 경우)은 말소리 이해를 어렵게 한다(Humes, 1996; Schneider, Daneman, Murphy, & Kwong-See, 2000). 이러한 상황에서의 어려움을 인지하고 소음이 있는 환경에서 듣는 것이 어렵다고 하는 것은 당연하다(CHABA[Committee on Hearing, Bioacoustics, and Biomechanics for the National Academy of Sciences, National Research Council], 1998 참조). 소음은 일상생활에서 발생하는데, 예를 들어 조용하지 않은 상황에서는 에어컨에서 나는 소리나 전구에서 나는 작은 소리가 청각적 이해에 지장을 줄 수 있다.

앞서 언급하였듯이, 문맥은 말소리 이해에 있어서 중요한 역할을 한다. 노년층은 자신이 전혀 모르는 주제에 대한 이야기의 청각적 이해에서 더 어려움을 보일 수 있다(Schneider, Daneman, & Murphy, 2005). 문맥이 예상 가능한 경우에는 화자가 무슨 이야기를 하고 있는지 이해할 수 있다(Balota & Duchek, 1991; Burke & Harrold, 1993). 만약 그 문맥이 예상할 수 없는 것인 경우에는 이해하기가 어려워진다(Dubno, Ahlstrom, & Horwitz, 2000). 예를 들어, "목에 대해 생각한다."라는 문장보다 "나는 감기가 걸려서 목이 아프다."라는 문장을 더 잘 이해하였는데, 그 이유는 두 번째 문장은 문맥적인 도움을 받을 수 있었기 때문이다(Dubno, Ahlstrom, & Horwitz, 2000).

말하는 화자 또한 노인의 청각적 이해에 영향을 미칠 수 있다. 노년층은 익숙하지 않은 방식의 말을 들을 때(Yonan & Sommers, 2000) 혹은 말하는 방식에 변화가 있을 때 어려움을 보인다. 예를 들어, 빠른 말속도는 더 이해하기 어렵다(Gordon-Salant & Fitzgibbons, 1995, 1999; Tun, 1998). 정상적인 말속도는 분당 175에서 275 단어를 산출하는 것으로 알려져 있다(Schmitt & Moore, 1989; Wingfield, Poon, Lombardi, & Lowe, 1985; Yorkston & Beukelman, 1984). 화자가 빠르게 말한다면 아주 짧은 문장일지라도 청각 처리가 부정확해지거나 속도가 지연될 수 있다(Gordon-Salant & Fitzgibbons, 2004). 자음의 경우에는 더 듣기가 어려운데, 그 이유는 음향학적 정보가 적기 때문이다(Gordon-Salant, 2005). 화자의 이상한 강세 패턴 또한 말 지각을 더 어렵게 만든다(Burda, Bradley-Potter, Dralle, Murphy, & Roehs, 2009; Burda, Casey, Foster, Pilkington, & Reppe, 2006; Burda & Hageman, 2005; Burda, Scherz, Hageman, & Edwards, 2003). 물론 강세가 있는 말은 빠른 말속도와 마찬가지로 장애로 간주되지는 않는다(ASHA, 2007). 그러나 비원어민이 보이는 조음적 · 운율적 · 문법적 차이 때문에 말을 이해하는 것이 어려울 수도 있다(Clarke, 2002; Edwards, & Strattman, 1996; Major, Fitzmaurice, Bunta, & Balasubramanian, 2002; Munro & Derwing, 1995a, 1995b).

앞서 언급한 요소(예: 청력 손실, 빠른 말속도, 모르는 문맥)가 존재하는 상황에서는 청각적 처리를 하는 것에 더 많은 노력이 필요하므로 하향 처리(top-down processing)에 더 의존하게 된다. 하향 처리란 듣고 있는 것을 이해하기 위해 세상 지식이나 정보에 대한 문맥을 활용하는 것이다. 만약 노인이 아이들이 공놀이하고 있는 것을 본다면, 일반적인 지식을 사용하여 그것을 '아이들의 놀이'라고 생각할 것이다. 그리고 그 아이들에게 무엇을 하고 있냐고 물을 것이다. 하지만 아이들이 대답하기 전에도 아이들이 재미있게 하는 그것이 '놀이'라고 생각할 것이다. 따라서 이미 '아이들의 놀이'라는 개념에 대해 이해했기 때문에, 만약 아이가 공놀이 규칙에 대해 설명하거나 다른 세부 사항에 대해 설명한다면 그 설명을 이해하는 것에 집중할 것이다. 문제는 하향 처리에 의존할 경우 화자의 말에 덜 집중하게 되면서 중요한 정보를 놓친다는 것이다.

언어재활사나 의료 전문가에게 의뢰해야 하는 청각적 어려움의 징후가 있다. 분명한 것은 청각장애나 청각적 이해의 어려움이 있으면 청능사에게 의뢰해야 한다는 것이다. 많은 노인은 청각적 이해의 어려움을 직접 표현하는 것이 아니라 다음과 같은 내적 징후를 보이는데, 가령 대화에 참여하는 것을 어려워하거나 지시 사항을 듣고 행동하는 데 문제를 보이거나, 들은 것을 확인하기 위해 재차 질문하거나, 질문에 대해 부적절한 반응을 보이거나, 대화 상황에서 주제가 바뀌거나 차례로 이야기하는 것에서 어려움을 보이는 것 등이다(Tye-Murray, 2004). 청각적으로 이해하는 것이 어려우면 스스로 그동안 해 온 많은 사회적 활동을 중단한다(Tye-Murray, 2004). 그러나 청각적 이해 혹은 청력에서의 감퇴뿐만 아니라 다른 요소 또한 같은 결과를 초래할 수 있다. 예컨대, 우울 증세도 사람을 사회적으로 고립되게 한다(Markowitz, 2008). 초기 치매의 징후 때문에 대화 상황에서 부적절한 반응을 보이기도 한다(Powell, Hale, & Bayer, 1995; Santo Pietro & Ostuni, 2003). 이와 무관하게, 만약 이러한 징후들이 있다면 의료 전문가에게 의뢰되어 도움을 받을 수 있다.

## 4. 노인의 청각적 이해력을 향상시킬 수 있는 전략

청각적 이해력을 향상시킬 수 있는 전략들이 있다. 주변 환경은 조용할수록 좋다. 일반적으로 정상 청력을 가진 노인은 조용한 곳에서 말을 잘 이해한다(Gordon-Salant & Fitzgibbons, 1999; Pichora-Fuller, Schneider, & Daneman, 1995). 그러나 조용한 환경만 있다고 해서 청각적 이해력이 향상되는 것은 아니다. 청력 손실이 없고 정상 청지각 역치를 가진 노인들도 때로는 말을 이해하는 것이 힘들고 들을 때 노력을 해야 한다(Pichora-Fuller, Schneider, & Daneman, 1995; Schneider, Daneman, Pichora-Fuller, 2002). 이와 같이 노력을 요구하는 일이라도 정상 청력을 가진 노인들은 상대방이 하는 말을 이해할 수 있다. 보청기를 착용하고 있거나(Garstecki & Erler, 1997) 보조적 청각기구(Gordon-Salant, 2005) 등을 사용하고 있다면 말지각에 도움을 받을 수 있다. 이미 보청기나 증폭기 등을 사용하고 있는 경우에는 도구 및 건전지가 제대로 작동하는지 반드시 점검해야 한다. 일부는 청력 저하가 있는 노인과 대화할 때 아주 크게 말한다. 이때 어느 수준까지는 소리를 크게 하는 것이 도움이 돼서 유용할 수도 있지만, 대부분의 사람은 말소리가 너무 크면 화자가 무슨 말을 하는지 잘 이해하지 못한다(Martin & Greer Clark, 2006). 그러므로 화자는 자신의 목소리가 듣기에 충분히 큰지 아니면 너무 커서 오히려 방해가 되는지를 확인하는 것이 좋다.

운율(prosody)이 포함된 말은 청각적 처리에 대한 부담을 줄이고 잘 이해할 수 있게 한다(Cohen & Faulkner, 1986; Kjelgaard, Titone, & Wingfield, 1999; Wingfield, Lahar, & Stine, 1989; Wingfield, Lindfield, & Goodglass, 2000; Wingfield, Wayland, & Stine, 1992). 운율은 말에 음조 곡선과 리듬을 부여하는 것이며(Meyers, 1999; Wennerstrom, 2001), 이로 인해 몇 음절에 강세가 있는지, 화자가 말한 단어가 몇 음절로 이루어져 있는지 알 수 있다(Wingfield, Lindfield, & Goodglass, 2000). 게다가 화자의 말이 의문문인지 평서문인지를 억양 패턴을 통해서 판단할 수 있으며, 어떤 단어에 강세가 있는지를 통해 주제가 무엇인지 알 수 있다. 따라서 화자는 자연스러운 운율로 이루어진 말을 해야 하며, 단조로운 억양이나 억양의 변화가 많은 것은 오히려 청각적 이해에 부정적인 영향을 준다(Edwards & Strattman, 1996).

친숙성(familiarity)도 청각적 이해에 도움을 준다. 이미 언급하였듯이, 대화 문맥을 미리 알고 있는 경우에는 이해력이 높아진다(Dubno, Ahlstrom, & Horwitz, 2000; Federmeier & Kutas, 2005; Pichora-Fuller, Schneider, & Daneman, 1995). 그러므로 대화 문맥이 친숙한 것은 도움이 된다. 특히 주제에 대해 사전에 아는 것은 가장 도움이 된다(Wingfield, Alexander, & Cavigelli, 1994). 이는 놀랄만한 것이 아니다. 특정한 대화 상황에 참여하게 되었을 때 누군가 무슨 이야기를 하고 있는지 말해 주지 않는다면 그 대화의 주제가 무엇인지 이해하기 위해 애를 쓰게 된다. 그런데 누군가가 "어제 있었던 축구 경기에 대해 말하는 중이야."라고 말해 준다면 대화 상황을 이해하는 데 도움이 된다. 대화가 끝난 후보다 대화가 시작하기 전에 이러한 정보를 아는 것이 더 도움이 된다. 다시 말해서, 들을 이야기에 대해 사전에 알려 주는 것이 도움이 된다.

문맥(context) 역시 의미가 애매한 단어를 이해하고자 할 때 도움이 된다(Federmeier, 2006). 예컨대, 동음이의어(homonyms, homophones)는 단어의 소리는 같으나 다른 철자와 다른 의미를 가진 단어다. 노인은 동음이의어인 'see'와 'sea'가 쓰인 문맥에 따라 이를 정확히 분간할 수 있다. 대화나 이야기의 친숙성을 높일 수 있는 또 다른 방법은 반복과 중복이다(Pichora-Fuller, 2008). 화자는 자신이 말한 것을 반복하고, 다시 수정하고, 요약해서 말하는 것으로 청자의 이해력을 향상시킬 수 있다.

강세를 가지고 말하는 비원어민 화자일지라도(Burda, Overhake, & Thomson, 2005) 화자의 말하는 방식에 익숙해지면 청각적 이해력은 향상된다(Gass & Varonis, 1984; Yonan & Sommers, 2000). 화자의 목소리에 익숙해지는 것 또한 소음 환경에서 청각적 이해력을 향상시킬 수 있다(Yoana & Sommers, 2000). 청자가 동일한 화자의 말을 여러 번 듣게 되면 화자의 말하는 방식에 친숙해진다. 이것이 어렵다면 하나의 듣기 회기 내에서도 특정한 말하기 방식에 익숙해질 수 있다(Burda, Overhake, & Thomson, 2005, 역자 주: 이 연구에서는 60세 이상의 노인들이 비원어민 화자가 말하는 30개의 문장자극을 듣고 전사하는 과제에서 초반 15개에 비해 후반 15개 자극에 대한 전사 수행력이 증가하는 것을 관찰하였고, 이를 친숙성의 영향이라고 하였음).

빠른 말속도가 청각적 이해를 어렵게 하므로(Gordon-Salant & Fitzgibbons, 1995, 1999; Tun, 1998) 화자는 적당한 말속도로 이야기해야 한다. 그러나 너무 느린 말속도는 청각적 이해력 증진에 도움이 되지 않는다(Kemper & Harden, 1999; Nejime & Moore, 1998). 말소리가 너무 큰 것과 마찬가지로 말속도가 너무 느리면 이 역시 이해하기 힘들다. 따라서 청각적 처리 과정에 도움을 주기 위해서는 적당한 말속도를 유지해야 할 뿐만 아니라 들은 것을 처리할 시간을 충분히 주어야 한다. 구와 문장의 요약이 필요한 부분에서는 잠시 쉬는 시간이 더 많이 필요하며, 이 시간이 청각적 처리에 도움을 줄 수 있다(Little, Prentice, Darrow, & Wingfield, 2005). 그러므로 처리 시간을 적절하게 주는 것은 청각적 이해를 더 원활하게 한다.

### 핵심 요약

- 신경학적 정상 노인의 일반적인 청각적 이해력
  - –단순한 수준부터 여러 단계로 이루어진 복잡한 수준까지의 지시 사항을 이해하고 따를 수 있음
  - –4개의 그림 중 검사자가 말하는 단어에 해당하는 그림을 찾을 수 있음
  - –일반적인 지식이나 개인 신변과 관련된 질문을 듣고 '예' 또는 '아니요'로 답할 수 있음
  - –짧은 이야기를 들은 후 그 이야기와 관련된 세부 사항을 즉각적으로 회상할 수 있고, 이야기와 관련된 질문에 대부분 정확하게 답할 수 있음
  - –짧은 이야기를 듣고 시간이 지연된 후에도 이야기의 세부 사항을 회상할 수 있지만, 즉각적으로 회상하였을 때만큼 자세히는 회상하지 못함
  - –말처리 과정의 지연을 보일 수 있음
  - –어휘나 단어와 관련된 지식을 강화하고 유지할 수 있음
- 노인의 청각적 이해력에 부정적인 영향을 주는 요인
  - –노인성 난청이나 노화로 인한 청력 손실이 있는 경우
  - –주변 소음이 있는 상황이나 여러 사람이 한꺼번에 말하는 상황인 경우

-문맥이 제공되지 않는 경우
-노인 청자에게 익숙하지 않은 방식 혹은 강세로 말하거나 빠른 속도로 말하는 경우

• 언어재활사나 의료 전문가에게 의뢰해야 하는 노인의 징후
  -잘 들리지 않거나 말을 이해하기 어렵다고 직접적으로 호소함
  -잘 듣지 못하거나 말을 이해하지 못하는 것을 보여 주는 다음과 같은 증상을 보임
    ○ 대화에 참여하지 못하거나 대화를 따라가지 못함
    ○ 지시 사항을 듣고 활동을 수행하는 데 어려움을 보임
    ○ 청자가 한 말을 다시 확인하거나 물어보는 경우가 빈번함
    ○ 대화 상황에서 부적절한 반응, 주제 변동 및 순서 바꾸기를 보임
    ○ 주제에 대해 피상적으로만 언급함
  -예전에 즐겨 하던 사회활동 등을 중단함(만약 청력 손실이 의심되는 경우에는 청능사에게 의뢰할 것)

• 노인의 청각적 이해력의 향상을 도울 수 있는 전략
  -조용한 듣기 환경을 제공할 것
  -청력 손실에 대해 치료할 것, 보청기를 착용하고 있거나 보조적 청각기구를 사용하고 있는 경우에는 도구 및 건전지가 제대로 작동하는지 반드시 점검할 것
  -듣기에 편안한 정도의 크기로 말하고, 들은 것을 이해하도록 도울 것, 너무 크게 말하지 않을 것
  -듣고 이해할 수 있는 말속도로 말할 것, 너무 빠르거나 너무 느린 속도로 말하지 말 것
  -적절하고 자연스러운 억양이나 강세를 통해 운율의 변화를 주면서 말할 것
  -들을 대화의 주제에 대해 말해 줄 것
  -화자가 말하는 방식에 지속적으로 노출시켜서 익숙해지도록 할 것
  -이미 들려준 이야기를 반복하고, 수정하고, 요약해 줄 것
  -들은 내용을 이해할 수 있도록 충분한 시간을 줄 것

## 논의할 문제

1. 말을 할 때 몸동작을 사용하는 것이 노인의 청각적 이해력 향상에 도움을 주는가?
2. 보청기와 더불어 노인들이 사용할 수 있는 보조적 청각기구나 증폭기에는 어떤 것들이 있는가?
3. 노인들은 어떻게 어휘나 단어와 관련된 지식을 증가시키는가?
4. 앞서 언급했듯이, 노인의 청각적 이해력에 영향을 미칠 수 있는 요인(예: 환경, 청력 손실)은 많다. 이 중 가장 주요하게 영향을 주는 요인은 무엇인가?

### 참고문헌

American Speech-Language-Hearing Association (ASHA). (2007). *Accents and dialects*. Retrieved June 26, 2007 from http://asha.org/about/leadership-projects/multicultural/issues/ad

Balota, D. A., & duchek, J. M. (1991). Semantic priming effects, lexical repetition effects, and contextual disambiguation effects in healthy aged individuals and individuals with senile dementia of the Alzheimer type. *Brain and Language*, *40*, 181-201.

Bayles, K. A., & Tomoeda, C. K. (1993). *Arizona Battery for Communication Disorders of Dementia*. Tucson, AZ: Canyonlands Publishing.

Blanton, D. J., & Degenais, P. A. (2007). Comparison of language skills of adjudicated and nonadjudicated adolescent males and females. *Language, Speech, and Hearing Services in Schools*, *38*, 309-314.

Burda, A. N. (2007). *Communication changes in healthy aging adults*. Adele Whitenack Davis Research in Gerontology Award, University of Northern Iowa.

Burda, A. N., Bradley-Potter, M., Dralle, J., Murphy, J., & Roehs, A. (2009). Influence of age and native language on immediate verbal repetition.

*Perceptual and Motor Skills*, *109*, 1-8.

Burda, A. N., Casey, A. M., Foster, T. R., Pilkington, A. K., & Reppe, E. A. (2006). Effects of accent and age on transcription of medically related utterances: A pilot study. *Communication Disorders Quarterly*, *27*, 110-116.

Burda, A. N., & Hageman, C. F. (2005). Perception of accented speech by residents in assisted living facilities. *Journal of Medical Speech Language Pathology*, *13*, 7-14.

Burda, A. N., Overhake, D. R., & Thompson, K. K. (2005). Familiarity and older adults' transcriptions of native and non-native speech. *Perceptual and Motor Skills*, *100*, 939-942.

Burda, A. N., Scherz, J. A., Hageman, C. F., & Edwards, H. T. (2003). Effects of age on understanding speakers with Spanish or Taiwanese accents. *Perceptual and Motor Skills*, *97*, 11-20.

Burke, D. M., & Harrold, R. M. (1993). Automatic and effortful semantic processes in old age: Experimental and naturalistic approaches. In L. L. Light & D. M. Burke (Eds.), *Language, memory, and aging* (pp. 100-116). New York: Cambridge University Press.

Caplan, D.,  Waters, G. S. (1999). Verbal working memory and sentence comprehension. *Behavioral and Brain Sciences*, *22*, 77-126.

Clarke, C. M. (2002). *Perceptual adjustment to foreign-accented English with short-term exposure*. Paper presented at the Seventh International Conference on Spoken Language Processing, Buffalo, NY.

Cohen, G., & Faulkner, D. (1986). Does "elderspeak" work? The effect of intonation and stress on comprehension and recall of spoken discourse in old age. *Language and Communication*, *6*, 91-98.

Committee on Hearing, Bioacoustics, and Biomechanics. (CHABA). (1998). Speech understanding and aging. *Journal of the acoustical Society of America*, *83*, 859-895.

Corso, F. (1963). Age and sex differences in pure-tone thresholds. *Archives of*

*Otolaryngology*, *77*, 385-405.

Dubno, J. R., Ahlstrom, J. B., & Horwitz, A. R. (2000). Use of context by young and aged adults with normal hearing. *Journal of The Acoustical Society of America*, *107*, 538-546.

Dugan, M. (2003). *Living with hearing loss*. Washington, DC: Gallaudet University Press.

Edwards, H. T., & Strattman, K. H. (1996). *Accent modification manual: Materials and activities; Instructor's Text*. San Diego, CA: Singular Publishing Group.

Federmeier, K. D. (2006). Thinking ahead: The role and roots of prediction in language comprehension. *Psychophysiology*, *44*, 491-505.

Federmeier, K. D., & Kutas, M. (2005). Aging in context: Age-related changes in context use during language comprehension. *Psychophysiology*, *42*, 133-141.

Garstecki, D. D., & Erler, S. F. (1997). Hearing in older adults. In B. B. Shadden & M. A. Toner (Eds.), *Aging and communication: For clinicians by clinicians* (pp. 97-116). Austin, TX: Pro-Ed.

Gass, S., & Varonis, E. M. (1984). The effect of familiarity on the comprehensibility of nonnative speech. *Language Learning*, *34*, 65-86.

Goodglass, H., Kaplan, E., & Barresi, B. (2001). *Boston Diagnostic Aphasia Examination* (3rd ed.). Philadelphia: Lippincott Williams & Wilkins.

Gordon-Salant, S. (2005). Hearing loss and aging: New research findings and clinical implications. *Journal of Rehabilitation Research and Development*, *42*, 9-24.

Gordon-Salant, S., & Fitzgibbons, P. J. (1993). Temporal factors and speech recognition performance in young and elderly listeners. *Journal of Speech and Hearing Research*, *36*, 1276-1285.

Gordon-Salant, S., & Fitzgibbons, P. J. (1995). Comparing recognition of distorted speech using an equivalent signal-to-noise ratio index. *Journal of Speech and Hearing Research*, *38*, 706-713.

Gordon-Salant, S., & Fitzgibbons, P. J. (1999). Profile of auditory temporal processing in older adults. *Speech, Language, and Hearing Research*, *42*, 300-301.

Gordon-Salant, S., & Fitzgibbons, P. J. (2004). Effects of stimulus and noise rat variability on speech perception by younger and older adults. *Journal of the Acoustical Society of America*, *115*, 1808-1117.

Helfer, K., & Wilber, L. A. (1990). Hearing loss, aging and speech perception in reverberation and noise. *Journal of Speech and Hearing Research*, *33*, 149-155.

Helm-Estabrooks, N. (1992). *Aphasia diagnostic profiles*. New York: Riverside.

Humes, L. E. (1996). Speech understanding in the elderly. *Journal of the American Academy of Audiology*, *7*, 161-167.

Keenan, J. S., & Brassell, E. G. (1975). *Aphasia language performance scales*. Murfreesbort, TN: Pinnacle.

Kemper, S., & Harden, T. (1999). Experimentally disentangling what's beneficial about elderspeak from what's not. *Psychology and Aging*, *14*, 656-670.

Kertesz, A. (2006). *The western aphasia battery-revised*. San Antonio, TX: Pearson.

Kjelgaard, M. M., Titone, D. A., & Wingfield, A. (1999). The influence of prosodic structure on the interpretation of temporary syntactic ambiguity by young and elderly listeners. *Experimental Aging Research*, *25*, 187-207.

Light, L. L., Valencia-Laver, D., & Davis, D. (1991). Instantiation of general terms in young and older adults. *Psychology and Aging*, *6*, 337-351.

Little, D. M., Prentice, K. J., Darrow, A. W., & Wingfield, A. (2005). Listening to spoken text: Adult age differences as revealed by self-paced listening. *Experimental Aging Research*, *31*, 313-330.

Lipsky, M., & King, M. (2005). *Blueprints family medicine* (2nd ed.). Malden, MA: Lippincott Williams & Wilkins.

Major, R. C., Fitzmaurice, S. F., Bunta, F., & Balasubramanian, C. (2002). The effects of non-native accents on listening comprehension: Implications for ESL assessment. *TESOL Quarterly*, *2*, 173–190.

Markowitz, J. (2008). Evidence-based psychotherapies for depression. *Journal of Occupational and Environmental Medicine*, *50*, 437–440.

Martin, F. N., & Greer Clark, J. (2006). *Introduction to audiology* (9th ed.). boston, MA: Pearson.

Mehrotra, C., Wagner, L. (2008). *Aging and diversity: An active learning experience* (2nd ed.). New York: CRC Press.

Meyers, P. S. (1999). *Right hemisphere damage: Disorders of communication and cognition*. San Diego, CA: Singular Publishing Group.

Munro, M. J., & Derwing, T. M. (1995a). Foreign accent, comprehensibility and intelligibility in the speech of second language learners. *Language Learning*, *45*, 73–97.

Munro, M. J., & Derwing, T. M. (1995b). Processing time, acccent, and comprehensibility in the perception of native and foreign-accented speech. *Language and Speech*, *38*, 289–306.

Nabelek, A. K., & Robinson, P. K. (1982). Monaural and binaural speech perception in reverberation for listeners of various ages. *Journal of the Acoustical Society of America*, *71*, 1242–1248.

Nejime, Y., & Moore, B. C. (1998). Evaluation of the effect of speech-rate slowing on speech intelligibility in noise using a simulation of cochlear hearing loss. *Journal of the Acoustical Society of America*, *103*, 572–576.

Pichora-Fuller, M. K. (2008). Use of supportive context by younger and older adult listeners: Balancing bottom-up and top-down information processing. *International Journal of Audiology*, *47*, S72–S82.

Pichora-Fuller, M. K., Schneider, B. A., & Daneman, M. (1995). How young and old adults listen to and remember speech in noise. *Journal of the Acoustical Society of America*, *97*, 593–608.

Powell, J. A., Hale, M. A., & Bayer, A. J. (1995). Symptoms of communication breakdown in dementia: Careers' perceptions. *European Journal of*

*Disorders of Communication*, *30*, 65-75.

Salthouse, T. A. (1993). Effects of aging on verbal abilities: Examination of the psychometric literature. In L. L. Lights & D. M. Burke (Eds.), *Language, memory, and aging* (pp. 17-35). New York: Cambridge University Press.

Santo Pietro, M. J., & Ostuni, E. (2003). *Successful communication with Alzheimer's disease patients: An in-service manual* (2nd ed.). Newton, MA: Butterworth-Heinemann.

Schmitt, J. F., & Moore, J. R. (1989). Natural alteration of speaking rate: The effect of passage comprehension by listeners over 75 years of age. *Journal of Speech and Hearing Reseasrch*, *32*, 445-450.

Schneider, B. A., Daneman, M., & Murphy, D. R. (2005). Speech comprehension difficulties in order adults: Cognitive slowing or age-related changes in bearing? *Psychology and Aging*, *20*, 261-271.

Schneider, B. A., Daneman, M., Murphy, D. R., & Kwong-See, S. (2000). Listening to discourse in distracting settings: The effects of aging. *Psychology and Aging*, *15*, 110-125.

Schneider, B., Daneman, M., & Pichora-Fuller, M. K. (2002). Listening in aging adults: From discourse comprehension to psychoacoustics. *Canadian Journal of Experimental Psychology*, *56*, 139-152.

Soederberg Millr, L. M., Stine-Morrow, E. A. L., Kirkorian, H. L., & Conroy, M. L. (2004). Age differences in knowledge-driven reading. *Journal of Educational Psychology*, *96*, 811-821.

Thornton, R., & Light, L. L. (2006). Language comprehension and production in normal aging. In J. E. Birren & K. W. Schaie (Eds.), *Handbook of the psychology of aging* (6th ed., pp. 261-287). San Diego, CA: Elsevier.

Tun, P. A. (1998). Fast noisy speech: Age differences in processing rapid speech with background noise. *Psychology and Aging*, *13*, 424-434.

Tye-Murray, N. (2004). *Foundations of aural rehabilitation: Children, adults, and their family members* (2nd ed.). Clifton Park, NY: Delmar Learning.

van Rooij, J. C. G. M., & Plomp, M. (1990). Auditive and cognitive factors in speech perception in elderly listeners. II: Multivariate analyses. *Journal of the Acoustical Society of America*, *88*, 2611-2624.

Wennerstrom, A. (2001). *The music of everyday speech: Prosody and discourse analysis*. New York: Oxford Press.

Willott, J. F. (1991). *Aging and the auditory system: Anatomy, physiology, and psychophysics*. San Diego, CA: Singular.

Wingfield, A., Alexander, A. H., & Cavigelli, S. (1994). Does memory constrain utilization of top-down information in spoken word recognition? Evidence from normal aging. *Language and Speech*, *37*, 221-235.

Wingfield, A., Lahar, C. J., & Stine, E. A. L. (1989). Age and decision strategies in running memory for speech: Effects of prosody and linguistic structure. *Journal of Gerontology: Psychological Sciences*, *44*, P106-P113.

Wingfield, A., Lindfield, K., & Goodglass, H. (2000). Effects of age and hearing sensitivity on the use of prosodic information in spoken word recognition. *Journal of Speech, Language, and Hearing Research*, *43*, 915-925.

Wingfield, A., Poon, L. W., Lombardi, L., & Lowe, D. (1985). Speed of processing in normal aging: Effects of speech rate, linguistic structure, and processing time. *Journal of Gerontology*, *40*, 579-585.

Wingfield, A., Wayland, S. C., & Stine, E. A. L. (1992). Adult age differences in the use of prosody for syntactic parsing and recall of spoken sentences. *Journal of Gerontology: Psychological Sciences*, *47*, P350-P356.

Yonan, C. A., & Sommers, M. S. (2000). The effects of talker familiarity on spoken word identification in younger and older listeners. *Psycholigy and Aging*, *14*, 88-99.

Yorkston, K. M., & Beukelman, D. R. (1984). *Assessment of intelligibility of dysarthric speech*. Austin, TX: Pro-Ed.

Yost, W. (2007). *Fundamentals of hearing: An introduction* (5th ed.). Burlington, MA: Academic Press.

# 4장

# 독해력

Angela N. Burda & Jill L. Champley

# 1. 도입

우리는 독서를 통해 지식을 습득하며, 독서는 많은 사람에게 즐거운 여가 활동이 될 수 있다(McEvoy & Vincent, 1980). 특히 노인은 독서를 즐긴다(Boulton-Lewis, Buys, & Kitchin, 2006; Peppers, 1976). 독해 기술의 폭은 넓으며, 일련의 글자들에 체계적으로 의미를 부여하는 일이 필요하다(Beeson & Hillis, 2008). 예를 들어, 책이나 잡지, 메뉴판의 음식이나 음료, 약 복용법 등과 같은 다양한 종류의 자료에서 정보를 읽고 그것을 이해할 수 있다. 노인들에게 있어서 적절한 독해력은 점차 더 필요해지는데, 이는 새로운 기술 장비를 배워서 사용하고, 건강 관련 정보나 복잡한 재무 관리 체계를 접할 상황이 많아지기 때문이다(De Beni, Palladino, Borella, & Lo Presti, 2002; Harris, Rogers, & Qualls, 1998). 독해를 위해서는 의미와 철자적 입력 자극에 대한 빠른 인식이 필요하다(Carlisle, 2003; Kamhi & Catts, 1999; Nagy, Anderson, Schommer, Scott & Stallman, 1989; Napps, 1989). 인지적 요소 역시 독해력에 관여한다(Daneman & Carpenter, 1980; Qualls & Harris, 2003; 2장의 '인지' 부분 참조). 이러한 사실은 놀라운 것이 아니다. 만약 개개인이 자신이 읽은 내용을 기억하지 못한다면 이해력이 줄어들 것이기 때문이다. 노화 관련 이해력 변화를 다루는 이론적 관점은 많다(1장의 이론적 관점 참조). 사람들은 문제가 생기기 전까지는 일반적으로 읽기 과정에 대해 깊이 생각하지 않는다.

이 장에서는 노년층의 독해력이 어떠해야 하는지, 독해력에 부정적으로 작용하는 요소는 무엇인지, 언어재활사나 의료 전문가에게 의뢰해야 하는 징후는 무엇인지, 독해력을 유지하거나 증진하는 데 도움이 되는 전략으로는 어떠한 것이 있는지 알아볼 것이다. '핵심 요약'에 수록된 내용은 이 장에서 다룬 중요점을 요약해 준다.

## 2. 노인의 일반적인 독해력

성인 환자들을 대상으로 하는 언어재활사는 언어 이해력과 표현력을 평가해야 한다. 언어평가는 하위 검사(예: 청각적 이해력, 쓰기)를 포함하며, 각 하위 검사의 문항은 위계적으로 배열된다. 하위 검사는 지시문과 반응이 짧고 간단한 문항부터 길고 복잡한 문항까지로 구성된다(LaPointe & Horner, 1998). 시판되는 성인 언어 검사 도구의 읽기 이해력 과제는 일반적으로 단어와 문장을 그림과 짝짓기, 올바른 단어를 선택하여 문장 완성하기, 적절한 정보를 선택하여 질문지에 답하기, 글로 제시된 명령 수행하기, 문장이나 이야기를 읽은 후 질문에 답하기, 기능적인 읽기 자료(예: 약통에 쓰인 복용법)를 제시하는 질문에 답하기 등을 포함한다(Bayles & Tomoeda, 1993; Helm-Estabrooks, 1992; Kertesz, 2006; LaPointe & Horner, 1998; Schuell, 1973).

신경학적으로 정상인 노인의 독해력에 대한 정보는 많지 않다. 왜냐하면 많은 연구가 언어병리학적 검사에서 사용되는 임상 과제(예: 단어와 그림을 짝짓기)를 연구과제로 포함하고 있지는 않기 때문이다. 또한 검사 도구들에서는 표준화 과정에 노년층을 포함하지 않았을 뿐만 아니라 검사 지침서에 정상 성인의 나이를 구체적으로 제시하지도 않았다(Schuell, 1973). 어떤 경우에는 제시한 정상 노인 집단의 기준이 보편타당하지 않다. 예컨대, 3장에서 논의한 ALPS의 경우에는 정상 규준화 표본에 죄수들만을 포함하였다(Keenan & Brassel, 1975). 이 검사 도구의 저자들은 퇴역 군인 환자들의 능력을 대략적으로 측정하기 위해 교육 연수나 지적 수준이 낮은 참여자를 포함하길 원했다고 보고하였다. 사회경제적 지위와 지적 수준이 다양한 성인을 포함하는 것은 검사의 표준화에 도움이 될 수 있다. 그러나 형벌체계에 놓인 사람들은 언어문제를 보일 수 있으므로(Blanton & Degenais, 2007) 죄수들을 연구에 포함하는 것은 정상 언어 수행력을 보이는 좋은 예가 될 수 없다. 만약 정상 노년층을 포함한다면 군이 이러한 사람들을 통제군으로 삼을 필요는 없다. 물론 예외가 있기는 하지만, 이것들 역시 검사 지침서 상에서는 기존 선행연구들을 인용하여 신경학적 정상 노인의 독해력이 무엇인지에 대한 일반적인 정보만을 제공하였다.

3장에서 설명한 것처럼, ADP와 ABCD를 포함한 2개의 검사는 노인들을 표준화 과정에 포함하였다. ADP는 20~99세에 해당하는 40명의 정상 성인을 포함하였다. 이 중 11명은 60~99세에 해당하였으나 연령에 따른 집단의 규준을 제시하지는 않았다. ADP의 읽기 하위 검사는 개인이 환자 정보지를 읽고 반응하는 과정을 요한다. 이 하위 검사의 첫 부분은 빈칸 채우기 방식으로 이름이나 주소 등의 신상정보를 묻고, 두 번째 부분은 환자의 연령대나 결혼 상태, 자녀 수와 같은 내용을 포함한다. 이때 환자들은 적절하게 반응해야 한다. ADP 검사 지침서에서는 표준화 연구를 할 때 정상 성인이 평균 22.4점(표준편차 13.1, 총 30점 만점) 혹은 75%의 정반응률을 기록하였다. ADP의 여러 가지 하위 검사는 다차원적 점수 체계를 사용하고 있으며, 반응의 즉각성 또한 점수 체계에 포함하였다. 검사 지침서에 보고된 내용은 아니지만, 피험자들이 읽은 것을 이해하고 정확한 대답을 고르되, 반응이 느린 경우에는 낮은 점수로 기록하는 방식도 가능하다.

ABCD는 표준화 과정에서 노년층을 독립된 통제군으로 포함하는 많지 않은 연구 중 하나다. 독해 하위 검사는 단어와 문장 수준의 이해를 평가한다. 단어 수준에서 사람들은 4개의 그림 중 제시한 글자(예: 벌레, 경찰, 기다림)와 일치하는 것을 찾고, 문장 수준에서는 문장(예: "소년이 공을 던진다.")을 읽고 간단한 질문(예: "소년이 무엇을 던지나요?")에 정확한 대답을 선택한다. 여기서는 사지선다형 보기가 제시된다(예: 종[bell], 몇 개의 공[some balls], 한 개의 공[a ball], 소년[the boy]). 단어-그림 짝짓기 과제에서 표준화 자료(평균 나이 70.44세, 표준편차 17.07)에 포함된 노년층은 8개 문항 중 평균 7.9개(표준편차 0.7) 혹은 99%의 정반응률을 기록하였다. 이 점수는 표준화 자료에 포함된 청년층의 수행과 비슷했다. 문장 검사에서 노년층은 평균 점수 6.4점(표준편차 0.5, 총 7개 문항) 혹은 91%의 정반응률을 보였다. 이 점수는 청년층의 평균 점수 6.9점(표준편차 0.3) 혹은 99%의 정반응률과 비교하면 약간 낮은 수치다.

표준화 검사에서의 정보 외에도 노년층의 독해력에 대한 연구가 진행되었다. 단어 수준의 이해력은 노화에 따라 감소하지 않지만(Stine-Morrow, Milinder, Pullara, & Herman, 2001), 문장 수준의 이해력은 애매한 결과를 보인다. 읽기 이해력과 문장 회상력은 양호하였으나 그러한 과제에 어려움을 보이기도 하였다(Stine-Morrow, Milinder, et al., 2001). 읽기 속도에 관한 연구에서는 일반적으로 노년층이 청년층에 비해 인쇄물이나 온라인 정보를 더 느리게 읽었다(Connelly, Hasher, & Zacks, 1991; Hartley, Stojack, Mushaney, Kiku Annon, & Lee, 1994).

노년층의 읽기 관련 능력을 측정한 최근의 연구로는 65세 이상 노인의 해독, 어휘, 음운 인식, 형태론적 인식 능력을 측정한 것이 있다(Champley, 2005). 해독 능력은 피험자들에게 개정된 우드콕 읽기 숙련 검사(Woodcock Reading Mastery Tests; Woodcock, 1998)의 Word Attack 과제(역자 주: 복잡성이 점차 증가하는 비단어를 제시한 후 큰 소리로 읽게 함으로써 음운 해독 기술을 평가하는 과제)와 Word Identification 과제(역자 주: 단어에 대한 참여자의 선행 지식과 상관없이, 점차 어려워지는 목록에서 단어만 분리하여 읽고 발음해 보도록 하는 과제)를 시행함으로써 측정할 수 있다. Word Identification 과제는 단어의 의미 지식과 상관없이 주어진 단어에 대한 "자연스러운 읽기(natural reading)"가 가능한지 알아본다. 또한 Word Attack 과제는 비단어나 저빈도어를 읽어 보도록 한다. 이 두 가지 하위 검사의 정상 평균 점수는 100점(표준편차 15)이다. 노년층은 Word Identification 하위 검사에서 평균 106.78점(표준편차 10.26), Word Attack 하위 검사에서는 평균 102.27점(표준편차 11.02)을 얻었다. 이 두 가지 점수는 보고된 평균 점수보다 약간 높았다. Champley(2005)는 넬슨 데니 읽기 검사(Nelson Denny Reading test; Brown, Fishco, & Hanna, 1993)의 어휘 하위 검사를 통해 어휘 읽기 능력을 측정하였다. 참여자들은 주어진 단어의 뜻을 적합하게 설명한 것을 15분 이내에 선다형 문항 중에서 선택해야 한다. 정규분포 점수가 사용되었고, 노인들은 총 258점 중 평균 241.98점(표준편차 18.96)을 보였다.

음운 인식이란 운 맞추기나 단어를 각각의 소리로 나누는 것과 같은 다양한 활동을 통해 개개의 소리나 단어를 활용하는 능력이다(National Institute for Literacy, 2003). Champley(2005)는 음운 인식 능력을 측정하기 위해 Moran과 Fitch(2001)가 고안한 두 가지 비표준화된 방법을 사용하였다. 음소변환(phoneme-switching) 과제에서는 각 단어의 초성이 뒤바뀐 2개의 단어를 듣고, 7초 안에 목표 구를 말해야 한다(예: 참여자는 "dasta pish"를 듣고 "pasta dish"로 말해야 함). 음운전환(phonetic-reversal) 과제는 거꾸로 발음하면 다른 단어로 바뀌는 단어들로 구성되어 있다. 여기서 노인들은 문항을 듣고 3초 내에 정확한 단어를 말하게 된다(예: "kiss"를 거꾸로 하면 "sick"). 각각의 하위 과제는 총 20점이고 원점수를 사용한다. 노년층은 음소변환 과제에서 평균 9.15점(표준편차 6.54), 46%의 정반응률을 기록했으며, 음운전환 과제에서는 평균 6.42점(표준편차 5.68), 32%의 정반응률을 보였다. 참여자들은 일반적으로 이 두 가지 과제에 대한 수행력에서 상당히 변이적이었다. 특히 두 가지 과제를 시행하면서 시간적 제약을 주는 경우 수행력은 전반적으로 낮아졌다.

Champley(2005)는 의미 지식을 이용한 두 가지 방법을 사용하여 단어의 철자를 쓰고 이해하기 위한 목적의 형태적 인식 능력 평가를 실시하였다. 첫 번째 방법은 형태구조검사(Test of Morphological Structure: TMS; Carlisle, 2000)의 수정판이다. 여기서는 참여자에게 목표 단어(예: rely, major)와 불완전한 문장을 제시한 후, 3초 안에 문장을 완성하기 위해 목표 단어에서 파생된 형태(예: reliably, majority)를 만들도록 한다. 두 번째 형태적 과제인 Comes From 과제(Katz, 2004; Nagy, Berninger, Abbott, Vaughan, & Vermeulen, 2003)는 기본 단어와 목표 단어 사이에 자소 그리고(또는) 음소 변화가 가능한 단어짝 목록을 포함한 비표준화된 측정 방법이다. 참여자들은 단어짝 내의 첫 번째 단어가 두 번째 단어에서 유래되었는지(예: teacher-teach, single-sing) 여부를 말한다. 그리고 음운인식 평가 방법처럼 두 가지 과제(각각 20점까지 가능)의 원점수를 산출한다. TMS에서 노인들은 평균 18.28점(표준편차 2.82), 91%의 정반응률을 보였다. Comes From 과제에서는 평균 19.06점(표준편차 1.12), 95%의 정반응률을 보였다.

3장에서 언급한 Burda의 2007년 연구(65세 이상 31명을 연소노인, 중노인, 고령노인의 세 가지 연령 범주로 나눔)에서는 참여자들에게 임상적으로 평가할 수 있는 다양한 독해 과제를 제시했다. 과제들은 단어-그림 짝짓기, 문장-그림 짝짓기, 문장을 가장 잘 완성시키는 단어 고르기, 청소하는 남자에 대한 짧은 이야기(7문장 길이)를 듣고 육하원칙 질문에 대답하기 등을 포함한다. 참여자들은 마트 광고(예: "햄버거 1파운드는 얼마인가?"), 가스 요금 고지서(예: "납기일은 언제인가?"), 그리고 엄마를 찾는 전화(예: "이 전화는 누구에게 걸려 온 것인가?") 등을 읽은 후에 육하원칙 질문에 대답해야 한다. 〈표 4-1〉에서는 연령군에 따라 나뉜 이 연구의 결과를 제시하였다.

〈표 4-1〉 **독해력 과제 수행의 평균 점수**

| 과제 | 총점* | 연소노인 | | | 중노인 | | | 고령노인 | | |
|---|---|---|---|---|---|---|---|---|---|---|
| | | 평균 | 표준편차 | %** | 평균 | 표준편차 | %** | 평균 | 표준편차 | %** |
| 단어와 그림 짝짓기 | 10 | 10.0 | 0.0 | 100 | 10.0 | 0.0 | 100 | 10.0 | 0.0 | 100 |
| 문장과 그림 짝짓기 | 10 | 10.0 | 0.0 | 100 | 9.8 | 0.6 | 98 | 9.9 | 0.3 | 99 |
| 문장 완성 | 10 | 8.2 | 1.2 | 82 | 8.7 | 1.5 | 87 | 8.9 | 1.4 | 89 |
| 짧은 이야기 육하원칙 질문 | 10 | 9.7 | 0.5 | 97 | 9.5 | 0.8 | 95 | 9.6 | 0.7 | 96 |
| 마트 광고 | 10 | 9.7 | 0.7 | 97 | 8.8 | 1.5 | 88 | 9.8 | 0.4 | 98 |
| 가스 요금 고지서 | 10 | 8.4 | 1.1 | 84 | 7.6 | 1.5 | 76 | 7.2 | 1.8 | 72 |
| 엄마를 찾는 전화 | 10 | 8.8 | 1.1 | 88 | 8.6 | 1.0 | 86 | 8.6 | 1.2 | 86 |

*가능한 점수의 총점을 의미함. **정반응률(%)을 의미함.

출처: Burda (2007).

〈표 4-1〉에서 제시한 것과 같이, 참여자들은 대부분의 과제에서 높은 정반응률을 보였다. 노년층은 단어와 문장을 그림과 짝짓거나 짧은 이야기를 읽고 질문에 답하거나, 마트 광고와 관련된 내용에 답하는 것에서 가장 높은 점수를 얻었다. 그러나 문장 완성 과제와 엄마를 찾는 전화에 대답하기 그리고 가스 요금 고지서와 관련된 질문에 답하기에서는 가장 점수가 낮았다. 가스 요금 고지서와 관련된 내용에서 수행력이 낮은 이유는 문서의 전반적인 가독성(역자 주: 인쇄물이 얼마나 쉽게 읽히는가 하는 능률의 정도로, 보고 지각하는 과정의 성공도를 의미하기도 함)과 관련이 있다. 가스 요금 고지서의 정보는 찾기가 쉽지 않았고, 글자의 크기도 마트 광고보다 작았다. 가스 요금 고지서를 제외하고는 연령군 간 차이가 없었다. 실제로 문장 완성 및 마트 광고 과제에서 고령노인 집단이 더 젊은 두 집단보다 높은 평균 점수를 얻었다. 게다가 세 연령 집단 간의 수행 능력은 통계적으로 유의한 차이가 없었다. 그러나 이 선행연구의 경우 표본의 크기가 작다는 것을 유념할 필요가 있다.

요약하면, 성인 언어 검사에서의 규준 자료와 연구 정보를 종합해 볼 때 노년층은 단어와 문장을 정확하게 그림과 맞추거나 하나의 문장 혹은 짧은 이야기를 읽고 난 후 육하원칙 질문에 대답할 수 있다. 개인적인 정보에 대한 질문에 답을 하거나 주어진 문장을 완성하는 데 필요한 단어를 고를 수도 있으며, 기능적인 읽기 자료와 관련된 질문에 대답할 수도 있다. 하지만 이러한 과제에서의 점수는 앞서 언급한 과제들에 비해 낮거나 더 변이적이다. 노년층은 인쇄된 글이나 온라인 자료들을 읽을 때 청년층보다 읽는 속도가 느리다. 음운 인식 과제에서는 수행력이 낮고 상당히 변이적인데, 시간적 제약 때문에 수행력이 낮아질 수 있다. 해독, 어휘 읽기 그리고 형태적 인식과 관련된 측정에서는 수행력이 양호하였다. 신경학적으로 정상인 성인들은 여기서 보고된 것보다 더 많이 잘할 수 있다는 사실을 명심하는 것이 중요하다(이 정보는 가능한 자료 중 일부를 바탕으로 한 정보임). 이들의 능력을 더 잘 알기 위해서는 많은 연구가 필요하다.

## 3. 노인의 독해력에 영향을 미치는 요인 및 어려움의 징후

독해력에 부정적인 영향을 미치는 몇 가지 요인이 있다. 이러한 요인들은 노인을 대상으로 흔히 사용하는 MMSE 같은 과제에서 수행력을 낮게 한다. 이런 쟁점들은 중첩된다. 예를 들어, 75세 이상의 노인들은 65~74세 연령대의 사람들보다 책을 덜 읽는다. 읽는 습관이 감소하는 것은 건강이 감퇴하고 감각이 저하되며, 교육 수준에 차이를 보이는 것과 관련이 있다(Fisher, 1986). 시력에도 많은 변화가 생긴다. 노화 과정에서 눈의 렌즈가 불투명해지고 노랗게 변하면서 각막에 빛이 덜 도달한다(Smith, 1993). 그 결과, 노인들은 시각적 예리함과 원근조절에서 많은 어려움을 보인다. 시각적 예리함은 작은 활자처럼 섬세한 것을 구별하는 능력인 반면, 원근 조절력은 멀리 있는 사물을 보기 위해 초점에 맞춰 렌즈의 모양을 조절하는 능력을 의미한다(Smith, 1993). 노인들은 대비 민감도(contrast sensitivity)가 떨어지고(Rubin, Roche, Prasada-Rao, & Fried, 1994) 노안(presbyopia)이 발생하며, 가까이 있는 것을 보는 능력에서 노화 관련 감퇴를 보인다. 시야 또한 감소하여 빛의 조도가 낮은 경우 적절하게 보지 못한다(Fozard, Wolf, Bell, McFarland, & Podolsky, 1997). 이러한 시각 변화는 읽기를 더욱 어렵게 한다.

인지 기능과 말하기 기술이 독해력에 미치는 영향에 대한 연구도 있어 왔다. 작업기억 용량이 더 크거나 높은 수준의 어휘를 가진 사람들은 그들 자신이 읽은 정보를 더 많이 회상할 수 있다(Stine-Morrow, Loveless, & Soederberg, 1996; Stine-Morrow, Miller, & Leno, 2001). 독해력이 좋은 노인들은 구어 능력이 좋으며(Meyer, Young, & Barlett, 1989), 읽기 전략까지 구비한다면 노화와 관련된 독해의 어려움은 줄어든다(Stine-Morrow, Milinder et al., 2001). 그런데 작업기억력이 감소하면 복잡한 구문 형태를 이해하는 과제(Kemper, 1987)에서 독해력이 좀 더 저하된다(De Beni et al., 2002; Meyer, Marsiske, & Willis, 1993; Smiler, Gagne, & Stine-Morrow, 2003; Waters & Caplan, 2001). 85세 이상의 노인은 작업기억력이 가장 떨어진다(De Beni et al., 2002). 글로 쓴 정보를 빠르게 처리하는 능력은 노화 과정에서 감소하며(Gausman Benson & Forman, 2002), 노년층은 청년층에 비해 일반적으로 주의집중이 잘 되지 않는다(Meyer, Marsiske, & Willis, 1993). 따라서 읽는 과정에서 시간이 많이 걸리고 더 많은 노력을 요한다(Smiler et al., 2003).

독해력에 영향을 주는 요인으로는 건강, 교육 수준, 취업 상태 등이 있다. 건강이 좋지 않은 사람은 읽기에 더 어려움을 보이고(Dewalt, Berkman, Sheridan, Lohr, & Pignone, 2004; Weuss, Hart, McGee, & D'Estelle,

1992) 건강한 동년배 노인들에 비해 책을 덜 읽는다(Fisher, 1986). 교육 수준이 높은 사람은 독해력이 뛰어난 반면(Gausman & Forman, 2002), 책을 잘 읽지 못하거나 안 읽는 사람(즉, 최근 6개월 이내에 책이나 신문, 잡지를 읽지 않은 사람)은 교육을 덜 받은 경향이 있다(De Beni et al., 2002; Gazmararian et al., 1999; McEvoy & Vincent, 1980). 현 노년층은 후세대보다 정규 교육을 덜 받았는데(McEvoy & Vincent, 1980), 이는 많은 사람이 젊은 나이에 입대하기 위해 학교를 떠났기 때문이다(Elder, 1986). 독해력은 재직 중이거나 자원봉사 활동을 열심히 하는 노년층에서 또한 높은 경향을 보인다(National Center for Education Statistics, 1999).

읽기 자료의 유형과 단락 구성은 독해력에 영향을 미친다. 의료 시술에 대한 설명서나 저소득 의료보장 신청서, 약병 설명서, 동의서와 같은 건강 관련 정보는 이해하기 어려워서(Gausman Benson & Forman, 2002) 이에 따라 처방대로 약을 복용할 수 없다. 노인들은 이야기체의 문단(narrative passage)보다는 설명문체의 문단(expository passage, 예: 신문)을 더 잘 이해한다(Champley, Scherz, Apel, & Burda, 2008; Harris et al., 1998; Zelinski & Gilewski, 1988). 이는 노인들이 사전 지식(Leslie & Caldwell, 2001)이 있고 설명문체의 문단을 자주 접하는 것(Smith, 1993, 1996)과 부분적으로 관련된다. 노년층의 독해력을 살펴본 최신 연구에서는 초음파에 대한 설명문체 문단과 기업인 앤드류 카네기에 대한 이야기체 문단(Champley et al., 2008)을 사용하였다. 참여자들은 설명문체 문단에서 점수가 더 높았는데, 그 이유는 참가자들 중 일부가 초음파를 찍어 본 적이 있기 때문이다. 또한 신문과 잡지를 종종 읽기 때문에 이러한 장르에 더 익숙하게 된다(Champley et al., 2008; Smith, 1993, 1996). 그러나 모든 연구 결과가 동일한 것은 아니다. 한 연구는 70세 이상의 노인들이 이야기체 문단은 잘 이해하나 설명문체 문단은 잘 이해하지 못한다고 보고했다(De Beni et al., 2002). 읽기 문단이 쉽게 인식할 수 있게 혹은 잘 읽을 수 있게 구성되지 않는다면 이해력과 회상력이 떨어질 것이다(Meyer, 1987; Yussen & Glysch, 1993). 특정 유형의 읽기 자료들은 특정한 형태의 구성 형식을 지닌다. 예를 들어, 역사를 기술하는 문단은 시간 순서대로 서술하는 경향이 있고, 과학적인 내용을 다룬 기사는 문제의 배경지식과 해결책을 제시한다(Meyer, 1987).

노화에 따라 인지 및 지각 능력이 감소함에도 대다수의 노인은 독해 과정에서 크게 어려움을 겪지 않으며 매일 무언가를 읽는다(De Beni et al., 2002; Smith, 1993). 그런데 읽기 장애를 갖고 있음을 알려 주는 징후들이 보이면 언어재활사나 기타 의료 전문가에게 의뢰하여야 한다. 만약 읽은 내용을 기억하지 못하거나 보지 못하는 문제 혹은 읽지 못하는 문제를 호소한다면, 의사, 가능하다면 언어재활사 및 검안사에게 의뢰하는 것이 좋다. 어려움을 호소하지 않더라도 읽기 상의 문제를 시사하는 소견들이 있다. 예를 들어, 최근에 읽은 정보(예: 신문이나 잡지 기사, 책)에 대해 대답하는 데 어려움이 증가한다면 앞서 언급한 건강 관련 전문가를 만나는 것이 도움이 된다. 소리 내어 읽거나 단어를 발음하는 데 문제가 생기는 것은 신경학적 손상이 있음을 알려 주는 징후다(Hills & Tuffiash, 2002). 읽는 습관이 어떠한 방식으로든 변화한다면 이 또한 읽기 문제를 암시할 수 있다. 만약 노인이 책 읽는 것을 중단한다면, 그것은 시력 문제가 있다는 신호이거나 우울하여 전에 즐겼던 활동들에 더 이상 흥미를 갖지 않음을 의미하는 것일 수 있다(Smith, 1993).

## 4. 노인의 독해력을 향상시킬 수 있는 전략

독해력을 향상시킬 수 있는 전략들이 있다. 무엇보다도 시력 문제가 우선시되어야 하며, 읽기 환경 또한 최적화되어야 한다. 특히 주의 분

산이 최소화되어야 하고(Connelly et al., 1991), 책 읽는 장소에는 적당한 불빛이 있어야 한다(Smith, 1993). 빛이 너무 적으면 도움이 되지 않지만, 너무 많을 경우에는 눈부심 증상을 보인다(Smith, 1993). 이때 돋보기를 사용하거나 크게 인쇄된 내용물을 제공하는 것이 도움이 된다(Becker, Hans-Werner, Schilling, & Burmedi, 2005). 충분한 시간을 갖고 책을 읽도록 함으로써 읽고자 하는 자료를 충분히 이해할 수 있다(De Beni et al., 2002; Meyer, 1987).

특정한 전략을 사용하도록 교육하는 것이 독해력을 향상시킬 수 있다. 잠재적으로 효과적인 전략들로는 다음과 같은 것이 있다. 자신이 갖고 있는 사전 지식과 읽은 내용을 연관시키기, 특정 자료를 읽는 목적을 미리 정하고 읽기, 읽는 내용에 대해 예측해 보기, 단락 전체에 걸친 개념의 일관성을 확인하기, 모르는 단어의 의미를 파악하기 위해 문단의 다른 단어들을 살펴보기 등이다(Miholic, 1994). 글의 구조를 알고 사용하는 방법을 배우는 것은 이해와 회상에 도움을 줄 수 있다(Meyer, 1987). 앞서 언급한 내용의 예로, 역사를 기술하는 문단을 읽는다면 시대 순으로 정보가 서술된다는 것을 알 수 있고, 과학적인 내용을 다룬 기사는 문제의 배경지식과 해결책을 제시한다는 것을 알 수 있다(Meyer, 1987). 신문기사를 읽을 때는 '누가' '언제' '어디서' '어떻게'에 대한 자세한 내용을 제공할 것으로 예상하고 읽어야 한다(Meyer, 1987). 노인들은 정보를 명확히 하기 위해 전체 단락을 다시 읽는 경향이 있다(Champley et al., 2008). 이러한 방법이 유용하기는 하지만 시간적 관점에서는 비효율적이다(Zabrucky & Moore, 1994). 그러므로 이해하거나 기억하기 어려운 부분을 선택적으로 다시 읽도록 권고받는다(Zabrucky & Moore, 1994). 기억전략 또한 도움이 된다(Smith, 1993). 예컨대, 자신이 읽은 내용의 주제나 세부 사항을 적을 수 있고, 회상하고자 하는 정보를 머릿속에서 시연해 볼 수 있다.

독해력에 도움이 되는 다른 전략은 지속적으로 읽는 것이다. 지속적으로 읽음으로써 정신적으로 활발하고 기민한 상태를 유지할 수 있고 노화 관련 감퇴의 속도를 늦출 수 있다(Harvey & Dutton, 1979; Smith, 1993). 이는 노인들이 다양한 읽기 활동에 참여할 때 이루어진다. 일부 노인은 정보량은 많으나 상대적으로 짧으면서도 빨리 읽을 수 있는 신문 및 보도성 잡지와 같은 설명문체 문단을 선택한다(Champley, 2005). 다른 사람들은 소설이나 종교 서적을 읽는 것을 선호한다(Herzog, Kahn, Morgan, Jackson, & Antonucci, 1989). 컴퓨터를 사용하는 것도 도움이 되는데, 온라인으로 읽은 정보는 인쇄물로 제시되는 내용보다 회상하기 쉽거나 본문 내 비일관성을 확인할 수 있기 때문이다(Moore & Zabrucky, 1995). 또 다른 방법으로는 노인들이 계속 교육받게 하는 것이다. 수업을 듣거나 엘더호스텔(역자 주: 미국과 캐나다 등지에 있는 대학 조직망으로서 55세 이상을 대상으로 한 비영리 노인 교육기관) 및 평생교육원(Burda & Kuker, 2008; Jamieson, 2007)의 활동에 참여함으로써 다양한 읽기 자료와 활동에 노출될 수 있다(Smith, 1993).

### 핵심 요약

- 신경학적 정상 노인의 일반적 독해력
  - 단어와 문장을 그림에 정확히 짝지을 수 있음
  - 하나의 문장을 읽거나 짧은 이야기를 읽고 육하원칙 질문에 답할 수 있음
  - 다음 사항을 질문받았을 때 수행력이 낮고 변이적임
    - ㅇ개인 정보에 관한 질문을 완성하는 답 고르기
    - ㅇ문장을 완성하는 단어 고르기
    - ㅇ기능적인 읽기 자료와 관련된 질문에 답하기
  - 청년층에 비해 인쇄된 내용이나 온라인상의 내용을 더 천천히 읽음
  - 시간적 제약이 주어지는 음운 인식 과제에서 수행력이 낮고 변이적임

- 해독, 단어 읽기, 형태론적 인식과 관련한 수행은 좋은 편임
- 일반적으로 매일 읽을 수 있음

• 노년층의 독해력에 부정적인 영향을 주는 요인은 다음과 같다.
  - 시력 변화: 다음을 포함함
    - ○ 시각적 예리함과 원근 조절의 어려움
    - ○ 노안의 발생
    - ○ 빛이 어두울 때 보기 어려움
  - 작업기억 용량의 감소
  - 글로 쓰인 정보를 처리하는 능력의 감퇴
  - 잦은 주의 분산
  - 낮은 구어 능력
  - 건강 악화
  - 낮은 교육 수준
  - 실업 상태 또는 자원봉사 활동에 열심히 참여하지 않는 것
  - 특정한 유형의 읽기 자료: 다음을 포함함
    - ○ 대부분 건강 관련 정보를 어려워 함
    - ○ 설명문체 문단(예: 신문, 잡지)은 이야기체 문단보다 이해하기 쉬움
  - 잘 구성되지 않은 읽기 내용

• 언어재활사나 기타 의료 전문가에게 의뢰해야 하는 징후
  - 읽은 내용을 기억하지 못하거나 보지 못하는 문제 혹은 읽지 못하는 문제를 공공연히 호소하는 것
  - 읽은 내용과 관련된 질문에 답할 때 종종 어려움을 느끼는 것
  - 소리 내어 읽거나 단어를 발음할 때 오류가 나는 것
  - 더 이상 책을 읽지 않거나 눈에 띄게 전보다 적게 읽는 등 읽기 습관이 바뀌는 것(시력 제한이 의심되면 환자를 검안사에게 의뢰할 것)

• 노인의 독해력에 도움이 될 수 있는 전략
  - 시야 관련 문제를 고려하기
  - 읽는 환경에서 주의 분산을 줄이기

–적당한 불빛 만들기(너무 밝으면 눈이 부실 수 있음)

–돋보기 제공하기

–큰 글씨로 인쇄된 읽기 자료 제공하기

–읽는 데 필요한 시간을 충분히 주기

–독해력을 향상시키기 위해 다음의 기술을 사용하도록 훈련하기

○읽은 내용을 사전 지식과 연관시키기

○특정한 자료를 읽는 목적을 미리 정하고 읽기

○읽는 내용에 대해 예측해 보기

○단락 전체에 걸친 개념의 일관성을 확인하기

○모르는 단어를 알기 위해 문단의 다른 단어를 살펴보기

○글의 구성을 인식하는 방법 배우기

· 역사를 기술하는 문단은 시대 순으로 정보가 서술됨

· 과학적인 내용을 다룬 기사는 문제의 배경지식과 해결책을 제시함

· 신문기사는 '누가' '언제' '어디서' '어떻게'에 대한 자세한 내용을 제공함

○이해하거나 기억하기 어려운 부분을 선택적으로 다시 읽거나 전체 단락을 다시 읽기

○글로 쓰거나 읽는 내용의 주제 혹은 세부 사항을 적기, 또는 회상하고자 하는 정보를 머릿속에서 시연해 보기

○온라인으로 글 읽기

○지속적으로 읽기에 관여하기

–수업을 듣거나 엘더호스텔 및 유사한 평생교육원에 참여하는 등 노인들이 교육 기회에 노출되도록 유도하기

## 논의할 문제

1. 인지의 어떤 측면이 노인의 독해에 영향을 주는가?
2. 컴퓨터 사용이 노인의 읽기에 왜 도움을 주는가?
3. 노후에 문해력을 갖게 된 노인들에 대해 이야기할 때 어떠한 측면을 논의해 볼 수 있는가?
4. 건강 관련 정보를 이해하기 어려우면 심각한 결과를 초래할 수 있다. 이러한 어려움을 극복하려면 어떻게 해야 하는가?

## 참고문헌

Bayles, K. A., & Tomoeda, C. K. (1993). *Arizona Battery for Communication Disorders of Dementia*. Tucson, AZ: Canyonlands Publishing.

Becker, S., Hans-Werner, W., Schilling, O., & Burmedi, D. (2005). Assistive device use in visually impaired older adults: Role of control beliefs. *Gerontologist*, *45*, 739-746.

Beeson, P. M., & Hillis, A. E. (2008). Comprehension and production of written words. In R. Chapey (Ed.), *Language intervention strategies in aphasia and related neurogenic communication disorders* (5th ed., pp. 654-688). Baltimore, MD: Lippincott, Williams, & Wilkins.

Blanton, D. J., & Degenais, P. A. (2007). Comparison of language skills of adjudicated and nonadjudicated adolescent makes and females. *Language, Speech, and Hearing Services in Schools*, *38*, 309-314.

Boulton-Lewis, G. M., Buys, L., & Kitchin, J. L. (2006). Learning and active aging. *Educational Gerontology*, *32*, 271-282.

Burda, A. N. (2007). *Communication changes in healthy aging adults*. Adele Whitenack Davis Research in Gerontology Award, University of Northern Iowa.

Burda, A. N., & Kuker, L. M. (2008). Communication changes in aging adults: Impact for lifelong learning. *Conference Proceeding of the Hawaii*

*International Education Conference*, *6*, 4656–4662.

Brown, J. I., Fishco, V. V., & Hanna, G. (1993). *Nelson-Denny Reading Test*. Tiasca, IL: Riverside.

Carlisle, J. F. (2000). Awareness of the structure and meaning of morphologically complex words: Impact on reading. *Reading and Writing: An Interdisciplinary Journal*, *12*, 169-190.

Carlisle, J. F. (2003). Morphology matters in learning to read: A commentary. *Reading Psychology*, *24*, 291-322.

Champley, J. L. (2005). *An analysis of reading materials and strategies used by older adults*. Unpublished doctoral dissertation, Wichita State University, Kansas.

Champley, J., Scherz, J. W., Apel, K., & Burda, A. (2008). A preliminary anlysis of reading materials and strategies used by older adults. *Communication Disorders Quarterly*, *29*, 131-140.

Connelly, L. S., Hasher, L., & Zacks, R. T. (1991). Age and reading: The impact of distraction. *Psychology and Aging*, *6*, 533-541.

Daneman, M., & Carpenter, P. A. (1980). Individual differences in working memory and reading. *Journal of Verbal Learning and Verbal Behavior*, *19*, 450-460.

De Beni, R., Palladino, P., Borella, E., & Lo Presti, S. (2002). Reading comprehension and aging: Does an age-related difference necessarily mean impairment? *Aging Clinical and Experimental Research*, *15*, 67-76.

Dewalt, D. A., Berkman, N. D., Sheridan, S., Lohr, K. N., & Pignone, M. P. (2004). Literacy and health outcomes: A systematic review of literature. *Journal of General Internal Medicine*, *19*, 228-239.

Elder, G. H. (1986). Military times and turning points in men's lives. *Developmental Psychology*, *22*, 233-245.

Fisher, J. (1986). Literacy usage among older adults. In K. Landers (Ed.), *Proceedings for the Annual Adult Educational Research Conference* (pp. 94-99). Syracuse, Ny: ERIC Document Reproduction Service, NO. ED 269 -571.

Folstein, M. F., Folstein, S. E., & Fanjiang, G. (2001). *Mini-mental state examination: Clinical guide*. Lutz, FL: Psychological Assessment Resources, Inc.

Fozard, J. L., Wolf, E., Bell, B., McFarland, R. A., & Podolsky, S. (1977). Visual perception and communication. In J. E. Birren & K. W. Schaie (Eds.), *Handbook of the psychology of aging* (pp. 497-534). New York: Van Nostrand Reinhold.

Gausman, Benson, J., & Forman, W. B. (2002). Comprehension of written health care information in an affluent geriatric retirement community: Use of the Test of Functional Health Literacy. *Gerontology*, *48*, 93-97.

Gazmararian, J. A., Baker, D. W., Williams, M. V., Parker, R. M., Green, D., Scott, T. et al. (1999). Health literacy among Medicare enrollees in managed care organization. *Journal of the American Medical Association*, *281*, 545-551.

Harris, J. L., Rogers, W. A., & Qualls, C. D. (1998). Written language comprehension in younger and older adults. *Journal of Speech, Language, and Hearing Research*, *41*, 603-617.

Hartley, J. T., Stojack, C. C., Mushaney, T. J., Kiku Annon, T. A., & Lee, D. W. (1994). Reading speed and prose memory in older and younger adults. *Psychology and Aging*, *9*, 216-223.

Harvey, R. L., & Dutton, D. (1979). Reading interests of older adults. *Educational Gerontology*, *4*, 209-214.

Helm-Estabrooks, N. (1992). *Aphasia Diagnostic Profile*. Dedham, MA: AliMed.

Herzog, A., Kahn, R., Morgan, J., Jackson, J., & Antonucci, T. (1989). Age differences in productive activities. *Journal of Gerontology*, *44*, S129-S138.

Hillis, A. E., & Tuffiash, E. (2002). Neuroanatomical aspects of reading. In A. Hillis (Ed.), *The handbook of adult language disorders: Integrating cognitive neuropsychology, neurology, and rehabilitation* (pp. 15-25). New York: Psychology Press.

Jamieson, A. (2007). Higher education in later life: What is the point? *Aging and Society*, *27*, 363-384.

Kamhi, A. G., & Catts, H. W. (1999). Language and reading: Convergences and divergences. In H. W. Catts & A. G. Kamhi (Eds.), *Language and reading disabilities* (pp. 1-24). Boston, MA: Allyn & Bacon.

Katz, L. A. (2004). *An investigation of morphological awareness to reading comprehension in fourth and sixth graders*. Unpublished doctoral dissertation, University of Michigan, Ann Arbor, MI.

Keenan, J. S., & Brassell, E. G. (1975). *Aphasia Language Performance Scales*. Murfreesboro, TN: Pinnacle Press.

Kemper, S. (1987). Syntactic complexity and elderly adults' prose recall. *Experimental Aging Research*, *13*, 47-52.

Kertesz, A. (2006). *Western Aphasia Battery-Revised*. San Antonio, TX: Harcourt Assessment, Inc.

LaPointe, J. L., & Horner, J. (1998). *Reading Comprehension Battery for Aphasia* (2nd ed.). Austin, TX: Pro-Ed.

Leslie, L., & Caldwell, J. (2001). *Qualitative Reading Inventory-3*. New York: Longman.

Mayeaux, E. J. Jr., Davis, T. C., Jackson, R. H., Henry, D., Patton, P., Slay, L., & Sentell, T. (1995). Literacy and self-reported educational levels in relation to Mini-Mental Stated Examination scores. *Family Medicine Journal*, *27*, 658-662.

McEvoy, G., & Vincent, C. (1980). Who reads and why. *Journal of Communication*, *30*, 134-140.

Meyer, B. J. F. (1987). Reading comprehension and aging. *Annual Review of Gerontology and Geriatrics*, *7*, 93-115.

Meyer, B. J. F., Marsiske, M., & Willis, S. L. (1993). Text processing variables predict the readability of everyday documents read by older adults. *Reading Research Quarterly*, *28*, 234-249.

Meyer, B. J. F., Young, C. J., & Bartlett, B. J. (1989). *Memory improved: Reading and memory enhancement across the life span through strategic text structures*. Hillsdale, NJ: Lawrence Erlbaum Associates.

Miholic, V. (1994). An inventory to pique students' metacognitive awareness of reading strategies. *Journal of Reading*, *38*, 84-86.

Moore, D., & Zabrucky, K. (1995). Adult age differences in comprehension and memory for computer-displayed and printed text. *Educational Gerontology*, *21*, 139-150.

Moran, M. J., & Fitch, J. L. (2001). Phonological awareness skills of university students: Implications for teaching phonetics. *Contemporary Issues in Communication Sciences and Disorders*, *28*, 85-90.

Nagy, W., Anderson, R. C., Schommer, M., Scott, J. A., & Stallman, A. C. (1989). Morphological families in the internal lexicon. *Reading Research Quarterly*, *24*, 262-282.

Nagy, W., Berninger, V., Abbott, R., Vaughan, K., & Vermeulen, K. (2003). Relationships of morphology and other language skills to literacy skills in at-risk second-grade readers and at-risk fourth-grade writers. *Journal of Educational Psychology*, *95*, 730-742.

Napps, S. E. (1989). Morphemic relationships in the lexicon: Are they distinct from semantic and formal relationships? *Memory and Cognition*, *17*, 729-739.

National Center for Education Statistics. (1999). *Executive summary*. Retrieved March 22, 2004, from http://nces.ed.gov

National Institute for Literacy. (2003, June). *Put reading first: The research building blocks for teaching children to read*. Jessup, MD: Author.

Peppers, L. (1976). Patterns of leisure and adjustment to retirement. *Gerontologist*, *16*, 441-446.

Qualls, C. D., & Harris, J. L. (2003). Age, working memory, figurative language type, and reading ability: Influencing factors in African American adults' comprehension of figurative language. *American Journal of Speech-Language Pathology*, *12*, 92-102.

Rubin, G. S., Roche, K. B., Prasada-Rao, P., & Fried, L. P. (1994). Visual impairment and disability in older adults. *Optometry and Visual Science*, *71*, 750-760.

Schuell, H. (1973). *Minnesota Test for the Differential Diagnosis of Aphasia* (2nd ed., revised by J. W. Sefer). Minneapolis: University of Minnesota Press.

Smiler, A. P., Gagne, D. D., Stine-Morrow, E. A. L. (2003). Aging, memory load, and resource allocation during reading. *Psychology and Aging*, *18*, 203-109.

Smith, M. C. (1993). The reading abilities and practices of older adults. *Educational Gerontology*, *19*, 417-432.

Smith, M. C. (1996). Differences in adults' reading practices and literacy proficiencies. *Reading Research Quarterly*, *31*, 196-219.

Stine-Morrow, E. A. L., Loveless, M. K., & Soederberg, L. M. (1996). Resource allocation in on-line reading by younger and older adults. *Psychology and Aging*, *11*, 475-486.

Stine-Morrow, E. A. L., Milinder, L., Pullara, O., & Herman, B. (2001). Patterns of resource allocation are reliable among younger and older readers. *Psychology and Aging*, *16*, 69-84.

Stine-Morrow, E. A. L., Miller, L. M. S., & Leno, R. (2001). Patterns of on-line resource allocation to narrative text by younger and older adults. *Aging, Neuropsychology, and Cognition*, *8*, 36-53.

Waters, G. S., & Caplan, D. (2001). Age, working memory, and on-line syntactic processing in sentence comprehension. *Psychology and Aging*, *16*, 128-144.

Weiss, B., Hart, G., McGee, D., & D'Estelle, S. (1992). Health status among illiterate adults: Relation between literacy and health status among persons with low literacy skills. *Journal of the American Board of Family Medicine*, *5*, 257-264.

Woodcock, R. W. (1998). *Woodcock Reading Mastery Tests-Revised*. Circle Pines, MN: American Guidance Service.

Yussen, S. R., & Glysch, R. L. (1993). Remembering stories: Studies of the limits of narrative coherence of recall. In S. R. Yussen & M. C. Smith (Eds.), *Reading Across the lifespan* (pp. 293-321). New York: Springer-Verlag.

Zabrucky, K., & Moore, D. (1994). Contributions of working memory and evaluation and regulation of understanding adults' recall of texts. *Journal of Gerontology*, *49*, 201-212.

Zelinski, E. M., & Gilewski, M. J. (1988). Memory for prose and aging: A meta-analysis. In M. L. Howe & C. J. Brainerd (Eds.), *Cognitive Development in Adulthood* (pp. 135-158). New York: Springer-Verlag.

# 5장

# 구어 표현력

Angela N. Burda

## 1. 도입

우리는 매일 많은 일을 하기 위해 말로써 자신의 생각을 표현한다. 학교에 보내기 위해 아이를 깨우고, 배우자에게 배웅 인사를 건네고, 직장에서 회의를 주재하고, 향후 프로젝트에 대한 동료의 질문에 답하고, 가게에서 물건 가격을 묻고, 음식점에서 저녁을 주문한다. 말하기는 여러 활동을 빠르고 효과적으로 통합해야 가능하다. 예를 들어, 그림 이름 대기(picture naming)는 해당 그림을 인식한 후 단어의 음운 또는 철자 형태에 접근해서 선택하고 그 단어를 발음해야 한다(Nicholas, Barth, Obler, Au, & Albert, 1997). 말은 노화 과정에서 변화하는데, 이는 작업기억과 같은 인지적인 요소의 영향을 종종 받으며(Kemper & Sumner, 2001; 2장의 인지 참조), 이러한 변화는 미미하다(Mortensen, Meyer, & Humphreys, 2006). 다양한 이론적 관점이 문헌에 제시되어 있는데, 특히 노화 관련 표현 능력의 변화는 유념할 필요가 있다(1장의 이론적 관점 참조).

이 장에서는 노인의 구어 표현력과 이에 부정적인 영향을 미칠 수 있는 요인, 언어재활사나 다른 의료 전문가에게 의뢰가 필요한 징후 그리고 구어 표현을 도울 수 있는 전략들로는 어떠한 것이 있는지를 다룰 것이다. 이 장의 마지막에 수록된 '핵심 요약'에서는 중요점을 요약하였다.

## 2. 노인의 일반적인 구어 표현력

환자의 언어 기능을 평가할 수 있는 방법은 다양하다. 성인용 언어 검사로 시판되는 검사들은 하위 검사들(예: 이름 대기, 따라 말하기)로 나뉘어 있다. 대부분의 문항은 위계적이며, 짧고 간결한 것에서 점차 길고 복잡한 문항으로 진행된다(Bayles & Tomoeda, 1993; Helm-Estabrooks, 1992). 대면 이름 대기(confrontation naming)는 특정한 사람이나 물건, 장소, 행동의 이름을 명명하며(Nicholas, Barth et al., 1997), 흔히 사진이나 사물이 사용된다. 다른 하위 검사에서는 따라 말하게 하거나 사물 및 그림으로 그려진 문항(예: 손톱, 빗; Bayles & Tomoeda, 1993)을 설명 혹은 정의하게 한다. 생성 이름 대기(generative naming)로 대변할 수 있는 구어 유창성을 평가하기 위해서는 환자들에게 1분 안에 가능한 한 많은 동물의 이름을 이야기하도록 하여 특정 시간 내에 정해진 범주 안에서 항목을 산출하도록 한다(Bayles & Tomoeda, 1993). 담화 자료는 질문에 반응하게 하거나 보스톤 실어증 진단 검사(Boston Diagnostic Aphasia Examination: BDAE, 이하 BDAE; Goodglass, Kaplan, & Barresi, 2001; Helm-Estabrooks, 1992; Kertesz, 2006; Schuell, 1973)의 '쿠키 도둑(Cookie Theft)'과 같이 여러 행동으로 채워진 그림 과제를 통해 모을 수 있다.

신경학적으로 정상인 노인의 구어 표현력에 대한 정보는 많지 않다. 몇몇 연구에서 노인들의 구어 표현력을 조사하였지만 실시한 과제들이 언어병리 검사 도구들에서 사용할 수 있는 과제를 충분히 반영하지는 못하였다. 2~4장에서 설명했듯이, 검사 도구들의 표준화 과정에 노년층을 포함하지 않았을 뿐만 아니라 검사 지침서에 정상 성인들의 나이를 구체적으로 제시하지도 않았다(Schuell, 1973). 정상 노년층을 포함하지 않은 검사 도구들은 그들을 별도의 통제군으로 삼지도 않았다. 검사 지침서에서 관찰된 정보와 문헌의 실증적 자료를 종합함으로써 신경학적 정상 노인의 구어 표현력이 무엇인지 알려 주는 일반적인 정보만을 제공할 뿐이다.

3장에서 설명한 ADP는 20~99세에 해당하는 40명의 정상인을 포함하였다. 이 중에 11명은 60~99세에 해당하였으나 연령에 따른 집단의 규준을 제시하지는 않았다. ADP에서 구어 표현력을 평가하기 위한 영역들로는 다음과 같은 것이 있다. 우선, 유창성 하위 검사(fluency subtest)에서는 환자에게 "당신에게 무슨 일이 일어났는지 말씀해 보세요." "케네디 대통령에 대해 이야기해 보시겠어요?" 같은 질문을 한 후 담화 자료를 얻는다. 또한 마트에서 발생할 수 있는 다양한 활동을 묘사하고 있는 그림을 설명해 보도록 한다. 이 과제에서는 "정확한 정보 단위(CIU)"와 "총 단어 수(total number of words: TNW)"로 점수를 기록한다. "평균 절의 길이(average phrase length: APL)"는 가장 긴 절의 길이를 점수화한다. 이러한 하위 검사의 최대 점수가 정해져 있지는 않지만, 정보 단위나 평균 절의 길이에 대한 평균적인 정보는 알 수 있다. 총 단어 수는 정해져 있지 않다. 이름 대기 하위 검사는 단어 빈도, 음절 수, 음소적 복잡성 등이 다양한 12개의 그림문항으로 이루어져 있다(Helm-Estabrooks, 1992, p. 16). 연습 문항으로는 열쇠나 체온계 등이 있다. 이 하위 검사는 총 36점 만점이다. 따라 말하기 하위 검사(repetition subtest)는 단어의 빈도나 길이, 복잡성이 다양한 12개의 자극문항을 포함한다. 연습 문항으로는 '돈' '피자' '무서운 태풍' 등이 있다. 이 하위 검사는 총 36점 만점이다. 마지막으로 노래하기 하위 검사에서는 환자들에게 '미국 국기'나 '생일 케이크'와 같은 해당 그림과 관련된 노래를 부르게 한다. 이 하위 검사는 총 9점 만점이다. 유창성 하위 검사를 제외한 나머지 검사들은 정확도나 반응 속도 등을 고려한 다차원적 체계(multidimensional system)로 평정한다.

ADP의 검사 지침서에서는 규준 자료에 포함된 신경학적 정상 성인들이 유창성 하위 검사에서 평균 14.7개(표준편차 5.2)의 단어로 이루어진 절과 21.6개(표준편차 8.8)의 정보 단위를 보였다. 이름 대기 하위 검사에서는 총 36점 중 평균 35.4점(표준편차 1.8)을 보였고, 따라 말하기 하위 검사에서는 총 36점 중 평균 35.9점(표준편차 0.5)을 기록하였으며, 노래하기 하위 검사에서는 총 9점 중 평균 9점(표준편차 1.1)을 보였다. 20~99세의 정상 성인들은 유창성 하위 검사에서 전반적으로 긴 절과 많은 수의 정확한 정보 단위를 산출하였다. 또한 이름 대기, 따라 말하기,

노래하기 하위 검사에서도 적어도 98% 이상의 정반응률을 보였다.

2~4장에서 설명한 ABCD는 노년층(평균 연령 70.44세, 표준편차 17.07)을 독립된 통제군으로 포함하였다. 구어 표현력은 따라 말하기, 사물 묘사하기, 의미 범주 생성 이름 대기, 대면 이름 대기, 개념 정의하기와 같은 하위 검사들로 평가하였다. 따라 말하기 하위 검사에서 환자들은 6음절 혹은 9음절 길이의 의미 없는 절(예: incapable top spoons)을 따라 말한다. Bayles와 Tomoeda(1993)의 표준화 자료에서는 총 75개 문항 중 평균 67.9개(표준편차 7.0)를 정반응하였다(91%의 정반응률). 표준화 자료에는 정상 청년층이 포함되었는데, 이들은 평균 73.7개(표준편차 2.1)를 정반응하였다(98%의 정반응률). 사물 묘사하기 하위 검사에서는 참여자들에게 못을 자세히 묘사해 보도록 한다. 이 검사에서 가능한 총 개수는 주어지지 않지만 노년층은 평균 9.1개(표준편차 2.4), 청년층은 평균 10.9개(표준편차 2.1)의 기술어(descriptors, 단어)를 산출하였다. 의미 범주 생성 이름 대기 하위 검사에서는 1분 안에 가능한 한 많은 종류의 교통수단에 대해 말하게 한다. 사물 묘사하기 하위 검사에서는 총점을 제공하지 않는다. 그러나 노년층은 전체 문항 중 평균 11.4개(표준편차 3.4), 청년층은 평균 13.4개(표준편차 3.2)개의 문항을 기술하였다. 대면 이름 대기 하위 검사는 치약, 청진기, 빗자루와 같은 20개의 사물 그림에 해당하는 이름을 말하게 하는 것이다. 노년층은 20개 문항 중 평균 18.1개(표준편차 2.3)를 정반응하였고(91%의 정반응률) 청년층은 평균 18.6개(표준편차 1.1)를 정반응하였다(93%의 정반응률). 개념 정의하기 하위 검사는 그림에 대해 정의하는 것으로(예: "머리빗을 정의해 보세요.") 노년층은 총 60점 중 평균 56.6점(표준편차 5.0)을 얻은 반면(94%의 정반응률), 청년층은 평균 57.8점을 받았다(표준편차 2.9, 96%의 정반응률).

노인의 구어 표현력에 관한 연구 또한 시행되어 왔다. 고유명사를 기억해 내는 것은 노인들에게 특히 어려우며(Burke, Kester Locantore, Austin

& Chae, 2004; Evrard, 2002), 가장 짜증나고 당혹스럽게 하는 기억장애다(Lovelace & Twohig, 1990). 노인들은 특정 순간에 이름을 산출할 수 없을지라도 충분한 시간을 갖거나 다른 상황에 놓일 경우 대부분 회상이 가능하다(Cohen & Faulkner, 1986). 이런 문제는 대부분 친구나 지인의 이름을 말하려 할 때 발생하며, 이는 이들의 이름을 말해야 하는 상황이 많기 때문이다(Cohen & Faulkner, 1986). 특정 이름은 산출하기 쉬운데, 그 이름이 상당히 묘사적이거나(예: 백설공주) 사람의 특성을 지칭하거나(예: 스크루지), 또는 특정 상품(예: 크리넥스, 제록스)을 대표하기 때문이다(Burke, Kester Locantore et al., 2004).

고유명사의 회상은 어렵지만 어휘 산출(word retrieval)이 실무율 과정(all-or-none process)은 아니다(Cohen & Faulkner, 1986; Schwartz, 2002). 그러므로 말하고자 했던 이름을 부분적으로는 산출할 수 있다. Cohen과 Faulkner(1986)는 노년층의 고유명사 회상에 대한 연구에서 참여자들이 종종 목표어의 명확한 이미지를 형성할 수 있고, 신체적 특성, 같은 맥락에서 마주치는 사람의 이름 그리고 외모가 비슷한 사람의 이름과 같은 그 사람에 대해 알려진 특성을 떠올린다는 사실을 발견했다. 이러한 정보들은 이름의 음운적 자질, 즉 첫 글자나 주요 모음, 음절 수 또는 목표어의 소리와 부분적으로 일치하는 것 등보다 더 빈번히 회상된다. 목표어와 유사한 이름을 떠올리면 노인들은 종종 이것이 부정확하다고 인식한다. 노인들은 때때로 이름 중에서 성만 기억하고, 혹은 성만 기억하지 못하기도 하며, 이름 자체가 구식이거나 특이하거나 이국적이라는 등의 이름에 대한 특색은 잘 기억하지 못한다. 이름을 회상하는 것을 어려워하지만 개인의 직업이나 취미, 장소의 이름은 더 쉽게 떠올리는 편인데, 이러한 정보들은 입력하거나 회상하기 쉽도록 더 생생한 이미지를 전달하기 때문이다(Cohen & Faulkner, 1986).

고유명사의 회상과 관련하여 Brown과 McNeil은 그들이 처음 명명한 설단현상(tip-of-the-tongue, 단어를 회상할 때 '산출이 될 듯 말 듯한' 상황)을 연구하였다(1966, p. 325). 이와 유사하게 Schwartz는 "설단현상은 비록 회상되지 못했지만 이미 알고 있고, 곧 목표 단어가 반드시 회상될 것 같은 느낌이다."라고 하였다(2002, p. 5). 설단현상은 나이가 들면서 증가하는데, 고유명사나 저빈도 단어를 산출할 때 더욱 빈번하다(Brown & Nix, 1996; Burke, MacKay, Worthley, & Wade, 1991; Cohen & Faulkner, 1986; Mortensen et al., 2006; Rastle & Burke, 1996; Schwartz, 2002). 설단현상은 종종 단어가 '불쑥 생각나면서' 해결된다. 이는 산출하려고 시도하지 않았는데도 목표어가 갑자기 자기도 모르게 산출되는 것이다(Cohen & Faulkner, 1986). 노인은 설단현상을 해소하는 데까지 더 오래 걸린다. Heine, Ober와 Shenaut(1999)는 80~92세 노년층에게 충분한 시간이 주어졌을 때 설단현상이 대부분 해결되지만, 몇몇의 경우에는 수시간이 걸린다고 하였다. 그러므로 설단현상이 나타날 때는 그 단어를 잊어버린 것이 아니라 회상하는 데 더 오랜 시간이 걸리는 것이다(Heine et al., 1999).

그림 이름 대기에서 노년층은 청년층에 비해 정확성과 유창성이 떨어지고 반응이 느렸다(Au, Joung, Nicholas, Obler, Kaas, & Albert, 1995; Barresi, Nicholas, Connor, Obler, & Albert, 2000; Mortensen et al., 2006). 70대는 60대와 그 이전 연령대보다 질적으로 낮은 수행 및 반응을 보였는데(Feyereisen, 1997; Nicholas, Obler, Albert, & Goodglass, 1985), 가령 70~80대 노년층은 청년층보다 더 에둘러 말하는 경향이 있었다(Albert, Heller, & Milberg, 1988; Hodgson & Ellis, 1998). 고빈도 단어는 저빈도 단어보다 더 빠르게 인출되었다(Allen, Madden, & Crozier, 1991; Gerhard & Barry, 1999). 목표어를 산출하지 못할 때는 의미적 오류나 에두르기, 단어의 범주나 의미자질을 이야기하면서 낱말을 산출하려는 시도가 있었다(Hodgson & Ellis, 1998; Nicholas, Obler, et al., 1985; Nickels & Howard, 1994). 게다가 그

림 이름 대기를 할 때는 장황하게 말하지 않았고 주제에서 벗어나지도 않았는데(James, Burke, Austin, & Hulme, 1998), 이는 이름 대기가 상당히 쉽고 제한된 과제였기 때문이다(Arbuckle, NoharaLeClair, & Pushkar, 2000).

노인의 이름 대기 능력을 측정하기 위해 보스톤 이름 대기 검사(Boston Naming Test: BNT, 이하 BNT; Kaplan, Goodglass, & Weintraub, 1983)를 사용하기도 한다. BNT는 친숙도가 다양한 60개 사물(예: 침대, 주판)의 선화로 이루어져 있다. Nicholas 등(1997)은 노년층이 청년층에 비해 개인 간 수행의 차이가 크다고 보고하였다. Connor, Spiro, Obler와 Albert(2004)는 20년간 BNT에 대한 성인들의 수행을 측정하였다. 참여자들은 30~39세, 50~59세, 60~69세, 70~80세의 연령 집단으로 나뉘었다. 만약 그림을 인식하는 데 어려움이 있어서(오류 예: "그것은 고층 빌딩입니다.") 문항(예: 아코디언)의 이름을 말하지 못하면 의미적 단서(예: "이것은 악기입니다.")가 주어졌다. 의미적으로 관련이 있지만(예: "피아노") 부정확한 답을 하면 촉구 단서가 주어졌으며(예: "다른 단어가 또 있나요?"), 그래도 참여자가 대답하지 못하거나 오답을 말하는 경우 음소 단서(예: '아코디언'의 경우 "아")가 주어졌다. 노년층의 수행은 10년마다 평균 2%씩 감소하였다. 연령이 증가함에 따라 그 감퇴 정도는 미미했고, 감퇴 속도에 개인차가 있었다. 또한 60~69세와 70~79세 집단이 음소 단서는 가장 많이 제공받았으나 단서의 효과는 모든 연령 집단에서 동일했다.

Mayr와 Kliegl(2000)은 노년층(평균 연령 69세)과 청년층(평균 연령 24세)의 구어 유창성을 측정하였는데, 다양한 난이도의 의미 범주가 사용되었다. 쉬운 범주의 예로는 의복, 음식, 네발 동물 등이 있었고, 중간 난이도 범주로는 주방도구, 어류, 날씨 현상 등이 있었으며, 어려운 범주의 예로는 직물, 교통 표지판, 곤충 등이 있었다. 오류 현상은 드물게 관찰되었다. 노년층은 보속을 보이는 경우가 드물었으나, 오류가 발생하더라도 대부분 범주 내 보속(perseveration, 예: 네발 동물과 관련하여 '개'를 두 번 말함)이 빈번하였다. 노년층은 청년층과 비교하여 명백하게 시간이 부족했고, 특히 어려운 범주의 수행에서는 후반부로 갈수록 단어를 생각해 내기 어려워했다.

노인의 따라 말하기 능력도 연구되었다. Kemper(1986)는 노년층(70~89세)과 청년층(30~49세)에게 내포문(embedded clause)이 포함된 문법적·비문법적으로 복잡한 문장들을 따라 말하도록 하였다. 제시된 문장들은 쿠키 굽기, 전자매장에서 일하기, 올림픽 게임 시청하기, 꽃 키우기 등의 네 가지 주제였다. 문법적인 정확성, 내포문의 길이, 내포문의 위치(문장의 시작이나 끝) 및 종류 등에 따라 문장을 다양화하였다. 네 가지 종류의 내포문이 사용되었는데, "Baking tires me out(빵 굽기는 나를 지치게 해)."와 같은 동명사, "What I did interested my grandchildren(손주들의 관심을 끌려고 내가 한 행동)."과 같은 Wh-절, "that the cookies were brown surprised me(쿠키가 갈색으로 변해서 깜짝 놀랐다)."와 같은 that절, "My grandchildren enjoyed the cookies I baked(내 손주들은 내가 구운 쿠키를 좋아했다)."와 같은 관계절을 사용하였다. 참여자들은 문법적으로 틀린 문장을 판단하여 수정할 수 있었고, 두 집단 모두 일반적으로 짧은 내포문을 가진 문장을 따라 말할 수 있었다. 노년층은 문법적으로 틀린 문장을 수정할 수는 있었지만 청년층에 비해 더 많은 오류를 보였다. 또한 긴 구성을 따라 말하거나 다른 말로 바꾸어 표현하는 것을 제대로 못하였는데, 특히 내포문이 문장의 앞 부분에 위치하거나 문법적으로 맞지 않는 문장인 경우(예: "Baking ginger cookies for my grandchildren am tires me out.") 수행력이 더 저하되었다. 이런 경우에 노년층은 일반적으로 비문법적인 문장을 구사하거나 판단적 평가를 하거나, 혹은 개인적 연관성에 비추어 설명하였다. 보통 단문을 정확하게 모방하거나 다른 말로 바꾸어 이야기할 수 있었지만 길고 복잡한 구문 구조를 따라 말하거나 다른 말로 바꾸어 말하는 데는 현저한 어려움이 있었다.

노년층의 담화 능력은 발화 자료를 유도할 수 있는 다양한 과제를 사용함으로써 폭넓게 연구되어 왔다. BDAE의 '쿠키 도둑(Cookie Theft)'과 같은 그림 설명하기 과제에서 노인들은 '…것(thing)' 등의 불명확한 단어를 더 많이 사용하였다(Cooper, 1990; Obler, 1980). 최근 두 편의 연구에서도 담화 평가를 위해 그림을 사용하였다. Juncos-Rabadán, Pereiro와 Soledad Rodríguez(2005)는 다양한 연령대의 성인들에게 여러 가지 활동을 묘사하는 연재만화(예: "Walking a dog, burning dinner")를 보여 주고 설명해 보도록 하였다. 노년층은 중장년층에 비해 이야기의 양은 같았으나 더욱 많은 단어를 사용하였고, 명확한 참조물이 있는 대명사의 사용 비율이 낮았으며, 관련 없는 이야기를 많이 하였다. Marini, Boewe, Caltagirone과 Carlomagno(2005)는 20~84세 사이의 참여자들에게 웨스턴 실어증 검사(Western Aphasia Battery: WAB, 이하 WAB; Kertesz, 1982)의 '소풍(picnic)' 그림과 다른 2개의 만화를 설명하게 하였다. 노년층(75~84세)의 수행은 변이적이었고, 착어나 관련 없는 발화가 더 많이 산출되었으며, 구문적 복잡성은 상당히 감소하였고 산출한 발화를 유기적으로 연결하는 데 어려움을 보였다(Marini et al., 2005). 나이가 듦에 따라 정보량은 점차 감소하였지만 모든 연령 집단은 그림의 핵심 주제에 맞추어 설명할 수 있었다. 또한 노년층은 주제 대 세부 사항의 비율이 1대1이었다. 저자들은 노인들이 주제를 구성하고 관련된 세부 사항들을 강조하는 것을 더 잘하기 때문에 더욱 효과적인 설명과 이야기를 한다고 가정하였다. 흥미롭게도 착문법증(paragrammatism), 의미착어(semantic paraphasia), 모호한 설명(ambiguous referencing)과 같이 흔히 병리적이라고 간주되는 발화 특징이 건강한 노인에게서도 관찰되었다.

몇몇 연구자는 자전적 인터뷰를 통해 담화 연구를 진행하였다. James 등(1998)은 노인들이 자전적 담화를 할 때 말을 더 많이 하고, 비록 주제에서 벗어난 이야기를 하긴 하지만 청년층에 비해 발화가 더 흥미롭고 유익하다고 하였다. 이런 장황함은 노인들이 다른 대화 목적을 가지고 있기 때문에 나타나는 것이다. 노년층은 특히 사실의 보고보다 개인적 경험의 묘사에 더 초점을 두는 경향이 있다(James et al., 1998). 최근에 Kemper, Marquis와 Thompson(2001)은 노인들이 7~17세 시기에 겪은 자전적 담화를 산출하도록 하였는데, 초기 평가는 65~75세에, 최종 평가는 79~83세에 시행하였다. 평가 질문은 "자신의 삶에 가장 영향을 준 사람들에 대해 말해 보세요."와 "자신에게 일어난 예상치 못한 일에 대해 말해 보세요."였다. 측정은 명제발화 밀도(propositional density)와 문법적 복잡성(grammatical complexity)으로 이루어졌다. 명제발화 밀도는 발화된 단어에 비해 얼마나 많은 정보를 전달했는지를 일컫는다(Kemper & Sumner, 2001). 문법적 복잡성과 명제발화 밀도(예: 메시지를 전달하기 위해 단어를 더 사용하는 것)에서 가장 두드러진 감퇴는 74~78세에 관찰되었고, 74~78세의 전-후 구간에서는 점진적 감퇴가 나타났다. 그러나 문법적 복잡성과 명제발화 밀도의 초기 수준뿐만 아니라 감퇴의 정도에서도 노인 간 상당한 개인차가 있었다.

절차적 담화(procedural discourse) 또한 연구되었다. North, Ulatowska, Malacuso-Haynes와 Bell(1986)은 노년 여성 집단(평균 연령 76.2세)과 중년 여성 집단(평균 연령 45.6세)을 대상으로 세 가지 절차적 담화를 실시하였다. 우선 참여자들에게 편지 보내기, 신발에 광내기, 인근 가게에서 쇼핑하기와 관련된 모든 절차를 설명하게 하였다. 그 결과 각 과제의 절차를 배열하는 데서는 두 집단 모두 정확히 산출하였으나, 노년 여성 집단이 중년 여성 집단만큼 많은 단계를 설명하지는 않았다(North et al., 1986).

언어학적 분석 결과를 보면 노인들이 좌분지 구성보다 우분지 구성의 문장 산출을 선호하는 경향이 있음을 알 수 있다. 좌분지 구성(예: "The gal who runs a nursery school for our church is awfully young[우리 교회 어린이집을 운영하는 여자는 너무 어리다].")에서 내포문은 주절의 좌측에 위치한다. 그러므로 '여자(The gal)'라는 주어는 유지되어야 하고, 내포문인 '우리 교회 어린이집을 운영하는(who runs a nursery school for our church)' 다음에 주절인 '…이다(is)'가 산출된 것으로 예상할 수 있다. 우분지 구성(예: "She's awfully young to be running a nursery for our church[그녀는 우리 교회 어린이집을 운영하기에는 너무 어리다].")에서는 각 절이 순차적으로 나타나고 내포문이 주절의 우측에 위치한다(Kemper, Marquis, & Thompson, 2001). 이러한 좌분지 · 우분지 구성의 차이는 작업기억력의 감소를 반영한다(Gibson, 1988).

3장에서 언급한 Burda의 2007년 연구는 65세 이상 성인 31명을 연소노인(평균 연령 69.3세), 중노인(평균 연령 81.1세), 고령노인(평균 연령 89.5세)의 세 연령 범주로 구분하였다. 참여자들은 그림 이름 대기(예: 거울, 펜), 사물 이름 대기(예: 호루라기, 숟가락), 물건의 기능을 설명하면 명칭을 말하는 반응적 이름 대기(responsive naming, 예: "어둠 속을 밝히는 것은 무엇인가?" [답: "손전등"]) 과제를 수행했다. 이들은 또한 주어진 범주 내에서 5개의 항목을 산출하는 확산 범주화 과제(divergent-categorization task, 예: 's'로 시작하면서 차가운 것을 의미하는 단어) 역시 완수했다. 총 10개 범주가 사용되었는데, 선택된 범주는 속성이 더욱 복잡한 것 대 더욱 명확한 것(예: 음식, 동물)이었다. 참여자들에게는 과제를 완수하기 위해 필요한 충분한 시간이 주어졌다. 이름 대기 및 설명하기 과제의 문항들은 Language Activities Resource Kit 2판(Dressler, 2001)에서 발췌하였고, 확산 범주화 과제는 Speech and Language Rehabilitation 4판(Keith & Schumacher, 2000)에서 발췌하였다. 결과는 연령 집단에 따라 세분화되어 〈표 5-1〉에서 제시하고 있다.

〈표 5-1〉의 내용과 같이 참여자들은 모든 과제에서 높은 정반응률을 보였다. 이때 연령 집단에 따라 명확한 차이는 없었고, 세 연령 집단 간

의 수행에서도 통계적으로 유의한 차이는 없었다. 그러나 이 예비연구의 경우, 표본의 크기가 작았다는 점을 유념해야 한다.

요약하면, 성인 언어 검사에서의 규준 자료와 연구 조사에 포함된 정보를 바탕으로 볼 때 노인들은 대면 이름 대기, 반응적 이름 대기, 따라 말하기, 사물 묘사하기, 확산 범주화 그리고 노래하기 등의 과제에서 최소 90%의 정반응률을 보였다. 다양한 과제에서의 높은 정반응률에도 불구하고 노년층의 이름 대기 능력은 청년층에 비해 정확성과 유창성이 떨어지고 느렸다. 노인의 BNT 수행력은 10년당 평균 2% 정도 감소하고, 이름을 떠올리는 데서 어려움을 경험하거나 더 많은 설단현상을 보인다. 하지만 시간이 충분히 주어진다면(간혹 수시간이 걸릴 수 있지만) 원하는 이름이나 단어를 대부분 떠올릴 수 있다. 단어 유창성 과제에서는 주어진 범주 내에서 어떠한 오류도 없이 평균 11개의 항목을 생성할 수 있어야 한다. 범주가 어려울 경우에는 시간이 부족할 수 있다. 오류가 발생할 경우에는 이전 반응을 반복하는 경향이 있다. 특히 짧은 문장을 따라 말하거나 짧은 문장으로 바꾸어 표현하는 것은 가능하지만, 길고 복잡한 문장에서는 어려움이 있다.

〈표 5-1〉 **구어 표현력 과제 수행의 평균 점수**

| 과제 | 전체* | 연소노인 | | | 중노인 | | | 고령노인 | | |
|---|---|---|---|---|---|---|---|---|---|---|
| | | 평균 | 표준 편차 | %** | 평균 | 표준 편차 | %** | 평균 | 표준 편차 | %** |
| 그림 이름 대기 | 10 | 10.0 | 0.0 | 100 | 9.7 | 0.6 | 97 | 9.8 | 0.4 | 98 |
| 사물 이름 대기 | 10 | 10.0 | 0.0 | 100 | 10.0 | 0.0 | 100 | 10.0 | 0.0 | 100 |
| 반응적 이름 대기 | 10 | 9.9 | 0.3 | 99 | 10.0 | 0.0 | 100 | 9.7 | 0.5 | 97 |
| 확산 범주화 | 50 | 49.8 | 0.4 | 99 | 49.4 | 0.8 | 99 | 49.2 | 1.4 | 98 |

*각 과제별 전체 총점을 의미함. **정반응률(%)을 의미함.

출처: Burda (2007).

담화 연구에서는 노년층이 청년층보다 많은 단어를 사용하고, 관련 없는 이야기를 더욱 많이 하였다. 가령, 익숙하지 않은 주제에 대해 이야기하거나 이야기의 내용에서 몇 가지의 제약을 받는 등 과제가 어려운 경우 더욱 비유창해진다. 또한 대화 중 주제에서 쉽게 벗어난다. 그러나 익숙한 주제를 이야기할 때는 비유창함이나 장황함을 보이지 않으며, 절차적 담화 과제에서는 일련의 순서 중 몇 개의 단계만을 설명할지라도 적절하게 완수한다. 65~80세의 건강한 노년층이 문법적 형태나 구문 구조, 동사 시제를 적게 만드는 등 언어 능력이 감소한다는 증거도 있다. 명제발화 밀도나 문법적 복잡성의 가장 급속한 감퇴는 70대 중반에 일어난다. 게다가 70대나 80대 노년층은 50대나 60대보다 덜 복잡한 발화를 산출한다. 노년층은 담화 중 어휘 산출에서도 어려움을 보인다. 따라서 단어가 떠오르지 않는 문제를 숨기거나 목표 단어를 찾기 위한 시간을 벌려는 목적으로 "음, 너도 알다시피…"와 같은 삽입어(filler word)나 "어" "음"과 같은 비어휘적 간투사(non-lexical filler) 그리고 단어 반복(repeated word)을 더 많이 산출한다. 또한 착문법증, 의미착어증, 모호한 설명 등 병리적인 것으로 간주되는 발화 특성을 보인다. 이처럼 연령과 관련된 말의 차이에도 불구하고 다음과 같은 몇 가지 긍정적인 경향이 보고되었다. ① 노년층은 청년층에 비해 풍부한 어휘를 갖고 있다(larger vocabulary; Verhaegen, 2003 참조). ② 노인의 언어 기술 대부분은 평생 보존되거나 매우 점진적으로 감퇴한다. ③ 대화 능력 또한 대부분 잘 보존된다. ④ 언어적 이상이 나타난다고 해서 발화가 불명료해지는 것은 아니다(Marini et al., 2005, Shadden, 1997). 건강한 노인은 이 장에서 언급한 내용보다 훨씬 더 잘 수행할 수 있고, 이를 좀 더 잘 이해하기 위해서는 추후 연구가 필요하다.

## 3. 노인의 구어 표현력에 영향을 미치는 요인 및 어려움의 징후

인지 기능은 구어 표현에 영향을 미친다. 65~80세 사이에 언어 능력이 감소한다면 이는 부분적으로 제한된 작업기억에 의해 발생하는 것이라고 볼 수 있다(Kemper, Marquis, & Thompson, 2001). 감소된 작업기억과 주의력은 단어와 이름을 떠올리는 데서의 어려움(Cohen & Burke, 1993), 구문적 복잡성의 저하 그리고 더욱 장황한 발화를 초래한다(Kemper, 1986; Kemper & Sumner, 2001; Kemper, Marquis, & Thompson, 2001; Kynette & Kemper, 1986; Marini et al., 2005). 시간적 제약이 있거나 스스로 말하거나, 또는 길고 복잡한 발화를 따라 말하거나 친숙하지 않은 주제에 대해 논의하는 것과 같이 많은 인지적 자원을 요하는 구어 과제들은 더욱 느리고 장황하며 비유창한 발화로 이끌 수 있다(Bortfeld, Leon, Bloom, Schober, & Brennan, 2001; Kemper, Herman, & Lian, 2003; Spieler & Griffin, 2006). MMSE에서 높은 점수를 받은 노인들은 자전적 발화 산출 시 낮은 점수를 받아 짧고 간단한 문장을 만들었고, 단편(fragments, 역자 주: 음조상으로는 문장의 특징을 갖고 있지만, 구조상으로는 독립절 없이 접속사가 들어가거나 바른 주어 혹은 동사가 빠져 완전한 문장의 특징을 갖지 못하는 언어 형식)이 많은 노인에 비해 어휘가 덜 변하였고, 길게 말하였으며, 발화당 절의 수가 많고 단편이 적었다(Mitzner & Kemper, 2003). 게다가 숫자 외우기(digit-span; 예: 일련의 숫자를 따라 말하기)에서 높은 점수를 보인 노인들은 문법적 복잡성이 증가한 편이었지만 이 능력은 숫자 외우기 점수가 낮은 노인들보다 빨리 감소하였다(Kemper, Marquis, & Thompson, 2001). 이와 유사하게 어휘 점수(vocabulary score)가 높은 노인들은 명제발화 밀도가 높았지만 어휘 점수가 낮은 노인들에 비해 이 능력이 빨리 감소하였다(Kemper, Marquis, & Thompson, 2001). 그런데 Connor 등(2004)은 초기 BNT(Kaplan et al., 1983) 평가에서 높은 수행을 보인 사람들의 경우 시간이 흘러도 그 능력이 덜 감소한다고 하였다. 그 이유는 높은 수준의 지식과 교육 그리고 인지적인 활동의 특징을 지닌 사람들은 대부분 뇌 용량이 더 크거나 수행 능력의 변화를 잘 보상할 수 있었기 때문이다. 처리 효율성(processing efficiency) 역시 나이가 듦에 따라 감소하는데, 이는 장기기억에서 빠르게 접근하거나 정보(예: 목표 단어)를 인출하는 것을 더 어렵게 만든다(Kemper & Sumner, 2001).

건강, 신체 상태, 교육 수준, 단어 습득 연령도 노인의 구어 표현력에 영향을 미친다. 앞서 언급한 것과 같이, 70대는 말할 때 덜 복잡한 문장을 산출하고 더 많은 단어를 사용한다. 이러한 변화는 건강이 나빠지는 것과 관련이 있다(Kemper, Marquis, & Thompson, 2001; Small & Backman, 1999). 건강 상태가 더 좋은 노인들은 그렇지 않은 노인들보다 우분지 절을 더 많이 사용하고, 발화당 절의 수도 더 많으며, 긴 발화와 문법적으로 더 복잡한 발화를 사용한다(Mitzner & Kemper, 2003). 또한 피곤하고 스트레스를 받거나 몸이 아프다고 느낄 때 어휘 산출 어려움의 빈도와 정도는 증가한다(Cohen & Faulkner, 1986). 더불어 따라 말하기나(Kemper, 1986) 자전적 발화 산출에서(Mitzner & Kemper, 2003) 교육 수준의 영향은 거의 없지만, 교육 수준이 낮은 노년층의 이름 대기 능력은 저조한 편이다(Conor et al., 2004; Neils, Baris, Carter, Dell'aira, Nordloh, Weiler, & Weisiger, 1995). 이름 대기 능력은 사물의 이름을 습득한 연령에 따라서도 영향을 받는다(Gerhard & Barry, 1999; Hodgson & Ellis, 1998). 습득 연령은 단어를 배운 시기 및 해당 단어가 기억에 있었던 기간과 관련된다(Hodgson & Ellis, 1998). Poon과 Fozard(1978)는 노년층과 청년층에게 독특한 오래된 물건(예: 요강), 독특한 현대적 물건(예: 계산기), 흔하면서 오래된 물건(예: 구식 전화기), 흔한 현대적 물건(예: 최신 전화기) 등의 문항에 대해 이름을 말하도록 하였다. 이때 노년층은 현대적 물건보다 오래된 물건을 더 빨리 말한 반면, 청년층은 현대적 물건을 더 빨리 말하였다. 마지막으로 노년층은 혼자 있는 시간이 더 많기 때문에 수다가 증가한다는 한 가지 가설이 있지만 지지받지는 않는다(Mortensen et al., 2006).

몇 가지 징후는 노인들이 구어 표현에 어려움을 지닌다는 것을 의미하는데, 이런 징후가 있는 경우 언어재활사나 다른 의료 전문가에게 의뢰해야 한다. 그리고 말의 어려움을 호소하거나 구어로 의사소통하는 능력에서의 변화를 자각하면 의사나 언어재활사를 만나 봐야 한다. 갑자기 말이 어눌해지면 이것은 뇌졸중이나 일과성 허혈 발작(transient ischemic attack: TIA, 이하 TIA; Al-Wabil, Smith, Moye, Burgin, & Morgenstern, 2003)의 증상일 수 있다. TIA는 종종 작은 뇌졸중으로 불리는데, 이는 일반적으로 증상이 나타난 지 24시간 안에 없어지기 때문이다. 어눌한 말이 갑작스럽게 발생한다면, 가족이나 보호자는 911(한국의 경우 119)을 즉시 불러야 한다. 뇌졸중을 치료하는 데 있어 시간이 가장 중요하기 때문이다(Zerwic, Young Hwang, & Tucco, 2007).

구어 표현 문제의 다른 징후로는 낱말 찾기의 어려움이 있다. 단어 산출 시 어느 정도의 어려움은 정상적일 수 있지만, 때로는 신경학적 문제의 증상일 수도 있다. 특히 이러한 증상이 시간이 흐르면서 지속되거나 악화된다면 문제가 된다. 사전에 언급한 내용을 자주 반복하는 노인은 반드시 언어재활사나 의사를 만나 봐야 한다. 단어 산출의 어려움과 함께 노인들은 때때로 특정한 이야기나 사건을 반복해서 말한다. 그런데 잦은 반복 증상 역시 기저에는 신경학적 문제가 있을 수 있다. 치매 환자들은 문장을 문법적으로 잘 구성할 수 있고 낱말 찾기나 기억에 문제가 있더라도 많은 정보를 전달할 수 있지만(Kemper, Marquis, & Thompson, 2001), 문법적 복잡성에서의 변화는 인지장애를 시사하는 징후일 수 있다. 게다가 건강한 노인들은 나이가 들면서 구문적 복잡성이 감소하는 경향이 있다. 그렇기 때문에 의사나 언어재활사를 만나 자신의 구어 표현의 변화가 단순히 노화로 인한 결과인지 신경학적 손상에 기인한 것인지를 결정하는 것은 중요하다. 구어 표현에 문제가 있는 노인들은 사회활동과 자신이 전에 즐기던 활동에 대한 시도로부터 멀어진다. 전에 즐기던 활동에 참여하지 못하는 것은 우울증의 징후로서 철저한 의학적 검사가 요구된다(Markowitz, 2008). 이러한 징후가 나타난다면 노인들은 적절한 의료 전문가를 만나는 것이 도움이 될 것이다.

## 4. 노인의 구어 표현력을 향상시킬 수 있는 전략

노인의 구어 표현력을 향상시킬 수 있는 몇 가지 전략이 있다. 대부분은 이름과 단어를 산출하는 데 도움을 주기 위한 전략에 초점이 맞춰져 있다. 시도할 수 있는 전략들로는 다음과 같은 것이 있다. 즉, 에두르기(circumlocution), 유사어(synonyms), 알파벳 훑기를 통한 정신 작용(mentally running), 하나의 문맥에 속한 이름(예: 모든 이웃의 이름) 산출하기, 사람에 대한 설명을 증진시킬 수 있는 과거의 경험 불러오기, 개개인의 이름을 검색하기 또는 다른 사람에게 단어를 알려 달라고 요청하기 등이다(Cohen & Faulkner, 1986; Heine et al., 1999). 정신적 심상(이미지)을 생성하는 것은 특정한 단어를 그 의미와 연결시켜 주어 상호적인 심상을 만들어 낼 수 있다(Begg, 1983; Einstein & McDaniel, 2004). 가령, '고든(Gordon)'이라는 이름을 '정원(garden, 역자 주: '가든'으로 발음함)'의 이미지와 연결하거나(Cohen & Faulkner, 1986) '에지몬트(Edgemont)'라는 거리 이름을 산의 가장자리에(on the edge of a mountain) 서 있는 사람의 이미지와 연관 짓는 것이다. 기억하고자 하는 단어를 연습해서 말하는 것은 도움이 될 수 있다(Connor et al., 2004). 왜냐하면 이러한 단어의 산출은 뇌

안에서의 연결을 강화하고 연속적인 산출을 촉진하기 때문이다(Rastle & Burke, 1996). 노인들은 설단현상이 발생했을 때 목표 단어를 떠올리는 데 필요한 충분한 시간을 가져야 한다. 왜냐하면 종종 자동적인 해결(예: 불쑥 생각남; Heine et al., 1999)이 발생하기 때문이다. 이처럼 말할 때 충분한 시간을 가지면 더 유창하고 정확하게 말할 수 있게 된다(Spieler & Griffin, 2006).

점화와 단서가 주어졌을 때의 이름 대기 능력에 대한 연구도 있다. 점화란 이름을 말해야 할 문항에 선행하여 말 또는 글로 제시되는 단어를 의미한다(Mortensen et al., 2006). 반대로 단서는 사람들이 단어를 인출하기 위한 시도를 한 후 제공된다. 노인들은 여러 유형의 단서뿐만 아니라 음운적 점화로부터도 도움을 받는다(Mortensen et al., 2006). 이런 예들로는 음운 단서(phonological cue, 예: 단어의 첫소리), 철자 단서(orthographic cue, 예: 처음에 단어의 첫 글자가 오고 뒤이어 단어의 나머지 글자를 나타내는 '-[dash]'가 오는 것) 그리고 의미 단서(semantic cue, 예: 관련된 단어)가 있다(Bowles & Poon, 1985; Gruneberg & Monks, 1974; Heine et al., 1999; Woo & Schmitter-Edgecombe, 2009). 이러한 전략이 실용적이지 않은 이유는 이것이 노인을 당혹스럽게 하거나, 무엇보다도 대화 상대자들이 노인이 무엇을 말하고자 했는지 알 수 없기 때문이다. 그러나 대화 상대자들은 노인이 단어나 이름을 산출하지 못할 때 유용한 질문을 할 수 있다(예: "그 사람은 당신의 골프 파트너 중 한 명인가요?").

### 핵심요약

- 신경학적 정상 노인의 일반적인 구어 표현력
  - 대면 이름 대기, 반응적 이름 대기, 따라 말하기, 사물 묘사하기, 확산 범주화, 노래하기 과제에서 최고 90% 이상의 정반응률을 보임

- 이름 대기를 할 때 청년층에 비해 정확성과 유창성이 감소하고 느려짐
- 보스톤 이름 대기검사(BNT)에서 10년마다 평균 2% 정도의 수행력 감소를 경험함
- 단어 산출의 어려움을 경험하고 설단현상이 더 많음
- 구어 유창성 과제에서 평균 11개의 항목을 말함
- 짧은 문장은 정확히 따라 말하거나 다른 말로 표현할 수 있지만, 길고 복잡한 발화에서는 어려움을 보임
- 담화 중 단어를 더 많이 사용하고, 관련 없는 발화를 산출하며, 주제에서 벗어남
- 친숙하지 않은 주제에 관해 이야기할 때 더욱 비유창함
- 절차적 담화 과제 시 일련의 단계를 적게 제시하기는 하지만 적절히 완성함
- 명제발화 밀도나 문법적 복잡성이 70대에 가장 급격히 감소하면서 문법 형태, 구문 구조 그리고 동사 시제를 적게 산출함
- 병리적인 것으로 판단되는 문제(착문법증, 의미착어, 모호한 설명)를 산출함
- 다음과 같은 긍정적인 경향을 보임
  - 노년층은 청년층보다 풍부한 어휘를 지님
  - 대부분의 언어 기술은 평생 보존되거나 아주 점진적으로 감소함
  - 언어적 비정상성이 있다 하더라도 이야기를 불명료하게 만들지는 않음

• 노인의 구어 표현력에 부정적인 영향을 주는 요인
- 감소된 작업기억, 주의력 그리고 처리 효율성
- 시간적 제약이 있는 구어 과제이거나 스스로 산출하기 또는 길고 복잡한 발화를 따라 말하기, 친숙하지 않은 주제에 대해 논의하기와 같이 인지적 자원이 많이 필요한 경우
- 건강이 나빠지거나 신체 상태가 나쁜 경우 또는 피곤하거나 스트레스를 받거나, 우울하다고 느끼는 경우
- 낮은 교육 수준

–늦은 단어 습득 연령

- 노인을 언어재활사나 의료 전문가에게 의뢰해야 하는 징후
  - –말하기의 어려움이나 변화를 표면적으로 호소함
  - –갑작스럽게 어눌해진 발화를 보임(이때는 의료적 도움을 즉시 받아야 함 [예: 119에 전화하기])
  - –낱말 찾기에서 어려움을 보임
  - –앞서 언급한 정보를 자주 반복함
  - –말의 문법적 복잡성이 변함
  - –사회 활동이나 이전에 즐겼던 활동들을 하지 않음
- 노인의 구어 표현력 향상을 도울 수 있는 전략
  - –어휘 산출에 어려움이 있을 때 에둘러 말하거나 유사어를 사용하도록 하기
  - –노인에게 단어나 이름을 떠올릴 수 있는 다음과 같은 전략을 제공하기
    - ○알파벳 훑기를 통한 정신작용하기
    - ○문맥에 속한 이름(예: 모든 이웃의 이름) 산출하기
    - ○사람에 대한 설명을 증진시킬 수 있는 과거의 경험 불러오기
    - ○개개인의 이름 검색하기
    - ○다른 사람에게 단어를 알려 달라고 요청하기
    - ○특정 단어나 이름과 관련된 정신적 심상 만들기
  - –목표 단어를 떠올리거나 말할 때 충분한 시간을 주기
  - –목표 단어를 말하는 것을 연습하도록 격려하기
  - –어휘 산출의 어려움이 발생할 때 질문하기

## 논의할 문제

1. 노년층이 왜 청년층과는 다른 의사소통 목적을 갖는지 알려 주는 이론이 있는가?
2. 노인의 정신적 안녕(예: 스트레스나 우울증의 출현)이 구어 표현에 어떠한 영향을 미치는가?
3. 노화 과정에서 개인이 이야기하고자 하는 주제는 어떻게 바뀌는가?
4. 노년층의 담화 자료는 더욱 흥미로운 것으로 보고된다. 자신의 삶에서 이것이 사실임을 발견한 예로는 어떠한 것이 있는가?

## 참고문헌


Al-Wabil, A., Smith, M. A., Moyé, L. A., Burgin, W. S., & Morgenstern, L. B. (2003). Improving efficiency of stroke research: The Brain Attack Surveillance in Corpus Christi study. *Journal of Clinical Epidemiology*, *56*, 351-357.

Albert, M. S., Heller, H. S., & Milberg, W. (1988). Changes in naming ability with age. *Psychology Aging*, *3*, 173-178.

Allen, P. A., Madden, D. J., & Crozier, L. C. (1991). Adult age differences in letter-level and word-level processing. *Psychology and Aging*, *6*, 261-271.

Arbuckle, T. Y., Nohara-LeClair, M., & Pushkar, D. (2000). Effect of off-target verbosity on communication efficiency in a referential communication task. *Psychology and Aging*, *15*, 65-77.

Au, R., Joung, P., Nicholas, M., Obler, L., Kass, R., & Albert, M. L. (1995). Naming ability across the adult life span. *Aging and Cognition*, *2*, 302-311.

Barresi, B. A., Nicholas, M., Connor, L. T., Obler, L. K., & Albert, M. L. (2000). Semantic degradation and lexical access in age-related naming failures. *Aging, Neuropsychology, and Cognition*, *7*, 169-178.

Bayles, K. A., & Tomoeda, C. K. (1993). *Arizona Battery for Communication Disorders of Dementia*. Tucson, AZ: Canyonlands Publishing.

Begg, I. (1983). Imagery instructions and the organization of memory. In J. C. Yuille (Ed.), *Imagery, memory, and cognition: Essays in honor of Allan Paivio* (pp. 91-115). Hillsdale, NJ: Erlbaum.

Borfeld, H., Leon, S. D., Bloom, J. E., Schober, M. F., & Brennan, S. E. (2001). Disfluency rates in conversation: Effects of age, relationship, topic, role, and gender. *Language and Speech*, *44*, 123-147.

Bowles, N. L., & Poon, L. W. (1985). Aging and retrieval of words in semantic memory. *Journal of Gerontology*, *40*, 71-77.

Brown, A. S., & Nix, L. A. (1996). Age-related changes in the tip-of-the-tongue experience. American *Journal of Psychology*, *109*, 79-91.

Brown, R., & McNeill, D. (1966). The "tip-of-the-tongue" phenomenon. *Journal of Verbal Learning and Verbal Behavior*, *5*, 325-337.

Burda, A. N. (2007). *Communication changes in healthy aging adults*. Adele Whitenack Davis Research in Gerontology Award, University of Northern Iowa.

Burke, D. M., Kester Locantore, J., Austin, A. A., & Chae, B. (2004).Cherry pit primes Brad Pitt: Homophone priming effects on young and older adults' production of proper names. *Psychological Science*, *15*, 164-170.

Burke, D. M., MacKay, D. G., Worthley, J. S., & Wade, E. (1991). On the tip of the tongue: What causes word finding failures in young and older adults? *Journal of Memory and Language*, *30*, 542-579.

Cohen, G., & Burke, D. M. (1993). Memory for proper names: A review. *Memory*, *1*, 249-263.

Chhen, G., & Faulkner, D. (1986). Does "elderspeak" work? The effect of intonation and stress on comprehension and recall of spoken discourse in old age. *Language and communication*, *6*, 91-98.

Connor, L. T., Spiro, A., III, Obler, L. K., & Albert, M. L. (2004). Change in object naming ability during adulthood. *Journal of Gerontology: Psychological Sciences*, *59B*, P203-P209.

Cooper, P. V. (1990). Discourse production and normal aging performance on oral picture description tasks. *Journal of Gerontology: Psychological Sciences*, *45*, 210-214.

Dressler, R. A. (2001). *Language Activities Resource Kit* (2nd ed.). Dedham, MA: AliMed.

Einstein, G. O., & McDaniel, M. A. (2004). *Memory fitness: A guide for successful aging*. New Haven, CT: Yale University Press.

Evrard, M. (2002). Ageing and lexical access to common and proper names in picture naming. *Brain and Language*, *81*, 174-179.

Feyereisen, P. (1997). A meta-anaytic procedure shows an age-related decline in picture naming. *Journal of Speech, Language, and Hearing Research*, *40*, 1328-1333.

Folstein, M. F., Folstein, S. E., & McHugh, P. R. (1975). Mini-Mental State: A practical method for grading the cognitive state of patients for the clinician. *Journal of Psychiatric Research*, *12*, 189-198.

Gerhard, S., & Barry, C. (1999). Age of acquisition, word frequency, and the role of phonology in the lexical decision task. *Memory and Cognition*, *27*, 592-602.

Gibson, E. (1988). Syntactic complexity: Locality of syntactic dependencies. *Cognition*, *68*, 1-76.

Goodglass, H., & Kaplan, E. (1983). *The Boston Diagnostic Aphasia Examination*. Philadelphia: Lea & Febiger.

Goodglass, H., Kaplan, E., & Barresi, B. (2001). *Boston Diagnostic Aphasia Examination* (3rd ed.). Philadelphia: Lippincott Williams & Wilkins.

Gruneberg, M. M., & Monks, J. (1974). "Feeling of knowing" and cued recall. *Acta Psychologica*, *38*, 257-265.

Heine, M. K., Ober, B. A., & Shenaut, G. K. (1999). Naturally occurring and experimentally induced tip-of-the-tongue experiences in three adult age groups. *Psychology and Aging*, *14*, 445-457.

Helm-Estabrooks, N. (1992). *Aphasia Diagnostic Profile*. Dedham, MA: AliMed.

Hodgson, C., & Ellis, A. W. (1998). Last in, first to go: Age of acquisition and naming in the elderly. *Brain and Language*, *64*, 146-163.

James, L. E., Burke, D. M., Austin, A., & Hulme, E. (1998). Production and perception of "verbosity" in younger and older adults. *Psychological Aging*, *13*, 355-367.

Juncos-Rabadán, O., Pereiro, A. X., & Soledad Rodríguez, M. (2005). Narrative speech in aging: Quantity, information content, and cohesion. *Brain and Language*, *95*, 423-434.

Kaplan, E. F., Goodglass, H., & Weintraub, S. (1983). *The Boston Naming Test* (2nd ed.). Philadelphia: Lea & Febiger.

Keith, R. L., & Schumacher, J. G. (2000). *Speech and Language Rehabilitation* (4th ed.). Austin, TX: Pro-Ed.

Kemper, S. (1986). Imitation of complex syntactic constructions by elderly adults. *Applied Psycholinguistics*, *7*, 277-288.

Kemper, S., Herman, R. E., & Lian, C. H. (2003). The costs of doing two things at once for young and older adults: Talking while walking, finger tapping, and ignoring speech or noise. *Psychology and Aging*, *18*, 181-192.

Kemper, S., Marquis, J., & Thompson, M. (2001). Longitudinal changes in language production: Effects of aging and dementia on grammatical complexity and propositional content. *Psychology and Aging*, *16*, 600-614.

Kemper, S., & Sumner, A. (2001). The structure of verbal abilities in young and older adults. *Psychology and Aging*, *16*, 312-322.

Kertesz, A. (1982). *Western Aphasia Battery*. New York: Grune & Stratton.

Kertesz, A. (2006). *Western Aphasia Battery-Revised*. San Antonio, TX: Harcourt Assessment, Inc.

Kynette, D., & Kemper, S. (1986). Aging and the loss of grammatical forms: A cross-sectional study of language performance. *Language and Communication*, *6*, 65-72.

Lovelace, E. A., & Twohig, P. T. (1990). Healthy older adults' perceptions of their memory functioning and use of mnemonics. *Bulletin of the Psychonomic Society*, *28*, 115-118.

Marini, A., Boewe, A., Caltagirone, C., & Carlomagno, S. (2005). Age-related differences in the production of textual descriptions. *Journal of Psycholinguistic Research*, *34*, 439-463.

Markowitz, J. (2008). Evidence-based psychotherapies for depression. *Journal of Occupational and Environmental Medicine*, *50*, 437-440.

Mayr, U., & Kliegl, R. (2000). Complex semantic processing in old age: Does it stay or does it go? *Psychology and Aging*, *15*, 29-43.

Mitzner, T. L., & Kemper, S. (2003). Oral and written language in late adulthood: Findings from the Nun Study. *Experimental Aging Research*, *29*, 457-474.

Mortensen, L., Meyer, A. S., & Humphreys, G. W. (2006). Age-related effects on speech production: A review. *Language and Cognitive Processes*, *21*, 238-290.

Neils, J., Baris, J. M., Carter, C., Dell'aira, A. L., Nordloh, S. J., Weiler, E., & Weisiger, B. (1995). Effects of age, education, and living environment on Boston Naming Test performance. *Journal of Speech and Hearing Research*, *38*, 1143-1149.

Nicholas, M., Barth, C., Obler, L. K., Au, R., & Albert, M. L. (1997). Naming in normal aging and dementia of the Alzheimer's type. In H. Goodglass & A. Wingfield (Eds.), *Anomia: Neuroanatomical and cogi correlates* (pp. 166-188). San Diego, CA: Academic Press.

Nicholas, M., Obler, L., Albert, M., & Goodglass, H. (1985). Lexical retrieval in healthy aging. *Cortex*, *21*, 595-606.

Nickels, L., & Howard, D. (1994). A frequent occurrence? Factors affecting the production of semantic errors in aphasic naming. *Cognitive Neuropsychology*, *11*, 289-320.

North, A. J., Ulatowska, H. K., Macaluso-Haynes, S., & Bell, H. (1986). Discourse performance in older adults. *International Journal of Aging and Human Development*, *23*, 267-283.

Obler, L. K. (1980). Narrative discourse style in the elderly. In L. K. Obler & M.

L. Albert (Eds.), *Language and communication in the elderly* (pp. 75-90). Lexington, MA: D. C. Health.

Poon, L. W., & Fozard, J. L. (1978). Speed of retrieval from long-term memory in relation to age, familiarity, and datedness of information. *Journal of Gerontology*, *33*, 711-717.

Rastle, K. G., & Burke, D. M. (1996). Priming the tip of the tongue: Effects of prior processing on word retrieval in young and older adults. *Journal of Memory and Language*, *35*, 586-605.

Schuell, H. (1973). *Minnesota Test for the Differential Diagnosis of Aphasia* (2nd ed., revised by J. W. Sefer). Minneapolis: University of Minnesota Press.

Schwartz, B. L. (2002). *Tip-of-the-tongue states: Phenomenology, mechanism, and lexical retrieval*. Mahwah, NJ: Lawrence Erlbaum Associates.

Shadden, B. B. (1997). discourse behaviors in older adults. *Seminars in Speech and Language*, *18*, 143-156.

Small, B. J., & Backman, L. (1999). Time to death and cognitive performance. *Current Directions in Psychological Sciences*, *8*, 168-172.

Spieler, D. H., & Griffin, Z. M. (2006). The influence of age on the time course of word preparation in multiword utterances. *Language and Cognitive Processes*, *21*, 291-321.

Verhaegen, P. (2003). Aging and vocabulary scores: A meta-analysis. *Psychology and Aging*, *18*, 332-339.

Woo, E., & Schmitter-Edgecombe, M. (2009). Aging and semantic cueing during learning and retention verbal episodic information. *Aging, Neuropsychology, and Cognition*, *16*, 103-119.

Zerwic, J., Young Hwang, S., & Tucco, L. (2007). Interpretation of symptoms and delay in seeking treatment by patients who have had a stroke: Exploratory study. *Heart and Lung*, *36*, 25-34.

# 6장

# 쓰기 능력

Angela N. Burda

# 1. 도입

대부분의 사람은 법률 문서에 서명하거나 마트에서 구매할 물품 목록을 적거나, 이메일을 쓰는 등 문자 언어를 사용하여 의사소통할 수 있다. 쓰기는 상대적으로 효율적이면서도(Almargot & Chanquoy, 2001) 사람들이 어떻게 생각하고 느끼고 행동하는지를 반영해 주는(Wellingham-Jones, 1989) 복잡한 정신운동 활동이다(Andersen, 1969; Longstaff & Health, 1997). 쓰는 과정에서 자신이 전달하고자 하는 것을 더 잘 반영하기 위해 내용을 수정하며(Tynjälä, Mason, & Lonka, 2001), 목적에 따라 그것을 바꿀 수도 있다(Mitzner & Kemper, 2003). 가령, 근무를 시작하면서 그날 해야 할 일을 급하게 적을 때보다는 가족 구성원에게 감사의 글을 쓸 때 더 주의를 기울이고 확연히 다른 내용을 쓴다.

쓰기는 적절한 인지-언어 및 운동 능력을 요한다는 점에서 특징적이다. 일반적으로는 온전한 의미적 · 구문적 · 어휘적 · 음운론적 체계(Graham & Weintraub, 1996)와 충분한 기억 능력을 가지고 있어야만 한다(Hoskyn & Swanson, 2003). 말하기와 쓰기는 운동학적 측면에서 보면 최소의 의식적 조절에 기반을 둔 자동화되고 연속적인 움직임이다(Huber & Headrick, 1999; Longstaff & Health, 1997). 이것은 변이성이 적은 숙련된 활동인데(Longstaff & Health, 1997), 이런 자동화된 움직임은 일상생활의 많은 다른 예에서도 발생한다. 가령, 키보드를 치거나 전화번호를 누르거나, 식료품점의 통로를 걷는 활동은 운동학적으로 익숙해지면서 우리의 장기기억에 자리 잡는다. 이로써 실제적인 운동 행위에는 신경을 덜 쓰고 타이핑한 문서의 내용이나 전화를 거는 것, 가게에서 사려고 하는 특정 물품을 찾는 것에 더 주의를 기울일 수 있다. 중앙 운동 프로그램(centralized motor program)에서 하위 수준의 처리 과정(lower-level processes)은 고차원(higher-order)적인 처리 과정이 구체화될 때까지 시작되지 않는다(Graham & Weintraub, 1996). 즉, 글을 쓸 때는 장기기억 속에서 운동 프로그램을 산출하기 전에 먼저 무엇을 쓸 것인지 결정해야 한다(Graham & Weintraub, 1996). 이처럼 쓰기에는 많은 요소가 관련되어 있다. 문헌에서 다양한 이론적 관점을 제시하고 있는데, 특히 노화 관련 표현 능력의 변화는 유념할 필요가 있다(1장의 이론적 관점 참조).

이 장에서는 노인의 일반적인 쓰기 능력과 이것에 부정적인 영향을 미칠 수 있는 요인, 언어재활사나 다른 의료 전문가에게 의뢰가 필요한 징후, 쓰기를 도울 수 있는 전략 등을 다룰 것이다. 이 장의 마지막에 수록된 '핵심 요약'의 목록에는 중요점이 요약되어 있다.

## 2. 노인의 일반적인 쓰기 능력

쓰기 능력은 언어재활사에게 체계적으로 평가받는 영역 중 하나다. 글씨 쓰기(handwriting)는 다소 평가하기 어려운 영역이다. 언어재활사는 내용의 정확성뿐만 아니라 글자를 알아볼 수 있는 정도와 문법적 정확성도 같이 보아야 하기 때문이다. 가독성(legibility, 역자 주: 개개의 글자 형태를 식별하고 인지하는 과정을 일컬음)이란 글씨 자료를 읽을 수 있는 정도를 말하며, 글씨의 크기, 기울어진 정도, 띄어쓰기, 쓰기의 균일성과 같은 특징을 포함한다(Andersen, 1969; Rubin & Henderson, 1982; Tomchek & Schneck, 2005). 가독성이 나쁜 내용은 알아보기 어렵다. 언어재활사는 철자 오류가 명백한지, 혹은 구두점이 생략되었는지 등을 유념할 필요가 있다. 잘못 쓰인 글자나 띄어쓰기의 일관성 유무에도 주의를 기울여야 한다. 글씨 쓰기는 사용한 손에 따라 다르기 때문에(Wright, 1990), 임상가들은 글씨를 쓸 때 사용하는 주된 손의 방향과 검사 시 사용한 손이

달랐는지 여부를 알고자 한다. 주로 쓰는 손으로 글을 적지 않으면 능숙하지 않고 글자의 모양이 정확하지 않으므로 이 정보는 매우 중요하다(Kopeenhaver, 2007; Wright, 1990). 평소 어떤 쓰기 활동을 했는지 파악하는 것도 중요한데, 특히 최근의 것이 더 그렇다. 언어재활사는 개인의 평소 쓰기 문제의 정도와 스스로를 '잘 쓰는 사람' 혹은 '잘 쓰지 못하는 사람'으로 생각하는지, 그리고 쓰기가 생활의 일부분인지 알아야 한다. 일상생활에서 늘 심각한 쓰기 문제가 있어 거의 쓰지 않는 사람도 있다. 언어재활사가 치료 영역을 결정할 때 이런 모든 요인이 영향을 미친다. 개인 정보(예: 주소, 생일; Helm-Estabrooks, 1992)를 쓰는 것뿐만 아니라 서명하는 것은 노인에게 중요하다. 다양한 의학 · 재정 · 법률 문서에서 이러한 정보를 종종 요구하므로 이 능력들을 평가해야 한다(Walton, 1997). 시판되는 성인 언어 및 인지 검사에서의 쓰기 과제로는 개인적인 정보 제공하기(앞서 언급한), 글자나 숫자 쓰기, 숫자 혹은 기하학적 모양을 베껴 그리거나 스스로 그리기, 단어나 문장 받아쓰기, 스스로 문장 쓰기, 단락 쓰기(예: 그림을 본 후; Bayles & Tomoeda, 1993; Helm-Estabrooks, 1992, 2001; Kertesz, 2006; Schuell, 1973) 등이 있다.

신경학적으로 정상인 노인의 쓰기 능력에 대한 정보는 많지 않다. 왜냐하면 앞서 언급한 것과 같이(예: 개인적 정보) 많은 연구가 언어병리학적 검사에서 사용되는 임상 과제를 연구과제로 포함하지는 않았기 때문이다. 검사 도구들에는 표준화 과정에 노년층을 포함하지 않았을 뿐만 아니라 검사 지침서에 정상 성인들의 나이를 구체적으로 제시하지도 않았다(Schuell, 1973). 특정한 경우에는 일부 연구에서 제시한 정상 노인 집단의 기준이 보편타당하지 않다. 예를 들어, 3장에서 언급한 것처럼 ALPS의 경우에는 정상 성인군에 죄수들만을 포함하였다. 일부 예외가 검사 지침서에서 관찰된 정보와 문헌의 실증적 자료를 종합함으로써 신경학적 정상 노인의 쓰기 능력이 무엇인지를 알려 주는 일반적 정보를 제공할 뿐이다.

3장에서 설명한 ADP는 표준화 과정에 노인들이 참여한 검사의 한 예다. 20~99세에 해당하는 40명의 정상 성인을 포함하는데, 이 중에서 11명은 60~99세에 해당하였으나 연령에 따른 집단의 규준이 제시되지는 않았다. ADP의 쓰기 하위 검사는 ① 자기 이름 적기, ② 도로명 주소, 도시, 주, 우편번호, 생일, 사회보장 번호(역자 주: 미국 사회보장국에서 미국 시민, 영주권자, 임시 거주자에게 발행하는 9자리 숫자로 사실상 우리나라의 주민등록번호의 성격을 띰) 적기, ③ 전화번호 적기, ④ 서명하기, ⑤ 질문지에 정확한 날짜 적기 등의 과제로 구성되어 있다. 다른 추가적인 과제들은 이 검사의 쓰기 문항에 포함되지 않는다. ADP 검사 지침서에서 규준자료에 포함된 정상 성인들은 총 30점 중 평균 24.4점(표준편차 12.4)을 받았다. 즉, 20~99세의 성인들은 쓰기 문항에서 대략 81%의 정반응률을 보였다. ADP의 많은 하위 검사는 다차원적 점수 체계를 사용하고, 이 점수 체계에는 반응의 즉각성도 포함된다. 검사 지침서에는 제시되어 있지 않지만, 규준 자료의 성인들이 쓰기 과제를 정확하게 수행하더라도 반응이 느릴 경우에는 낮은 점수를 받는다.

3장에서 설명한 것처럼 ABCD는 노년층을 독립된 통제군으로 포함하는 많지 않은 연구 중 하나다. 노년층의 평균 연령은 70.44세(표준편차 17.07)였다. 공식적으로 글씨 쓰기가 이 검사에 포함되어 있지는 않지만, 2개의 하위 검사는 그리기 과제(스스로 그리기와 도형 베껴 그리기)를 포함한다. 스스로 그리기 하위 검사는 '연'이나 '양동이' '시계'를 그리도록 하고, 도형 베껴 그리기 하위 검사는 3개의 추상적인 도형(예: 안쪽에 십자가 모양이 있는 원)을 베껴 그리도록 한다. 이 두 가지 과제는 모양, 선의 접근성 그리고 완성도 등을 평정하는 다차원적 점수 체계를 이용하여 평가한다. 표준화 샘플의 노인들은 스스로 그리기 하위 검사에서 총 14점 중 12.4점(표준편차 1.6)을 받았고(89%의 정반응률), 도형 베껴 그리기 하위 검사에서는 총 12점 중 평균 11.4점(표준편차 1.0, 95%의 정반응률)을 받았다. 또 다른 대조군인 청년층은 스스로 그리기 하위 검사에서 노년층보다 좀 더 잘했다(평균 점수 13.9점, 표준편차 0.4, 99%의 정반응률). 도형 베껴 그리기 하위 검사에서는 노년층과 청년층의 차이가 없었다(평균 점수 11.8점, 표준편차 0.8, 98%의 정반응률).

쓰기와 그리기 능력을 조사한 연구에서는 연령과 관련된 변화를 언급하였다. 가령, 단순한 기하학적 모양(예: 원, 사각형)을 베껴 그리는 능력은 나이가 들면서 약간 감소한다. 그러나 이런 단순한 그리기는 정확한 편이다(Ericsson, Forssel, Holmen, Viitanèn, & Winblad, 1996). 더 복잡한 모양을 베껴 그리거나 스스로 그릴 때 정확성은 크게 감소한다. 특히 오각형이나 마름모꼴, 정육면체를 그릴 때 어려움이 증가한다(Ericsson et al., 1996). 노년층은 MMSE의 문장 쓰기 과제에서 정확하게 쓸 수 있지만, 문장의 복잡성과 종속접속사의 사용이 감퇴된다(예: "We are going out for dinner **after** we finish painting the living room[거실 벽을 칠한 후에 저녁을 먹으러 갈 것이다]." "I enjoy reading **because** I feel I am learning new information[나는 새로운 것을 배우는 것 같아 책 읽는 것을 좋아한다]."; Bromley, 1991; Kemper, Greiner, Marquis, Prenovost, & Mitzner, 2001). 고빈도 단어라도 철자가 어려운 경우(예: restaurant, occasion)에는 철자 정확도가 떨어지지만, 노인들은 철자 능력이 나빠진 사실을 자각하지는 못한다(MacKay & Abrams, 1998). 노년층은 동음이의어를 쓸 때 문장의 의미에 더 의존하는 반면, 청년층은 가장 규칙적인 철자와 일치하는 글자를 선택한다(Cortese, Balota, Sergent-Marshall, & Buckner, 2003). 노인들은 인생 경험이 더 많기 때문에 쓰기를 할 때 어휘다양도가 증가하지만 이와 반대의 결과가 보고되기도 한다(Bromley, 1991). 어린 시기에 습득한 어휘나 고빈도 어휘는 어려운 어휘나 저빈도 어휘에 비해 더 잘 보존되므로 어휘 다양도는 감소할 수 있다(Bromley, 1991).

앞 장에서 언급한 Burda(2007)의 연구에서는 65세 이상의 노인들을 연소노인(평균 연령 69.3세), 중노인(평균 연령 81.1세), 고령노인(평균 연령 89.5세)의 세 가지 연령 범주로 나누고 있다. 이 중 10명의 참여자는 연소노인과 고령노인 집단이었고 11명은 중노인 집단이었다. 참여자들은 이름, 도로명 주소, 거주하는 시 · 군 · 구, 생일, 학교 졸업년도와 같은 일대기적 정보를 쓰는 것뿐만 아니라 임상 평가에서 사용하는 다양한 쓰기 과제를 완수하였다. 다른 문항들로는 단어 받아쓰기, 사물 그림의 이름 적기, 제시된 단어에 맞춰 문장 쓰기, 정확하게 수표 작성하기, 구매할 물품 목록 적기가 있었다. 이 연구의 결과는 연령 집단에 따라 구분하여 〈표 6-1〉에서 정리하였다.

**〈표 6-1〉 쓰기 능력 과제 수행의 평균 점수**

| 과제 | 총점* | 연소노인 | | | 중노인 | | | 고령노인 | | |
|---|---|---|---|---|---|---|---|---|---|---|
| | | 평균 | 표준편차 | %** | 평균 | 표준편차 | %** | 평균 | 표준편차 | %** |
| 개인 정보 | 9 | 9.0 | 0.0 | 100 | 9.0 | 0.0 | 100 | 8.3 | 1.3 | 92 |
| 단어 받아쓰기 | 10 | 9.9 | 0.3 | 99 | 9.8 | 0.4 | 98 | 9.9 | 0.3 | 99 |
| 사물 그림 이름 적기 | 10 | 10.0 | 0.0 | 100 | 9.9 | 0.3 | 99 | 9.9 | 0.3 | 99 |
| 문장 쓰기 | 10 | 9.1 | 1.2 | 91 | 9.5 | 1.0 | 95 | 9.6 | 0.7 | 96 |
| 수표 작성 | 15 | 15.0 | 0.0 | 100 | 14.5 | 1.8 | 97 | 14.8 | 0.6 | 99 |

*각 과제별 전체 총점을 의미함. **정반응률(%)을 의미함.

출처: Burda (2007).

〈표 6-1〉에서 볼 수 있는 것과 같이 참여자들은 모든 과제에서 정반응률이 높았다. 정반응률이 가장 낮은 과제는 연소노인 집단의 문장 쓰기 과제로, 정반응률은 91%였다. 대부분의 과제에서는 정반응률이 높았다. 연령에 따라 유의한 차이는 없었으나 고령노인 집단이 다른 두 집단보다 더 높은 점수를 받는 경우도 있었다. 게다가 세 집단 간 수행능력 비교에서 통계적으로 유의한 차이는 없었다. 그러나 이 예비연구의 경우

표본의 크기가 작았다는 점을 유념해야 한다.

노년층은 운동과 관련된 변화(motoric-related changes)가 있다. 그러나 문헌을 통해 일상적인 쓰기에서의 이런 변화를 발견하는 것은 어렵다. 악력(hand-grip strength, 손의 쥐는 힘)은 나이가 들면서 감소하고(Frederiksen, Hjelmborg, Mortensen, McGue, Vaupel, & Christensen, 2006) 움직임은 느려진다(Smith et al., 1999). 움직임의 개시, 조절, 힘, 공간적 협응은 감소하면서 더욱 변이적인 운동을 보인다(Contreras-Vidal, Teulings, & Stelmach, 1998). 변이성(variability)은 획을 그을 때 분명하게 나타나는데, 청년층에 비해 곧거나 부드럽지 않다(Contreras-Vidal et al., 1998).

전자통신의 사용은 모든 연령대의 사람들 사이에서 대폭 증가하였는데, 노인도 예외는 아니었다(Goodman, Syme, & Eisma, 2003). 노년층도 청년층과 동일한 이유로 컴퓨터를 많이 사용한다. 인터넷을 하고, 가족과 친구들에게 이메일을 보내고, 다양한 문서를 타이핑하고, 업무기반활동을 하며, 게임을 한다(Champley, Scherz, Apel, & Burda, 2008; Echt, Morrell, & Park, 1998; Elias, Elias, Robin, & Gage, 1987; Goodman et al., 2003). 노인들은 컴퓨터를 처음 사용할 때는 낯설어하지만 사용법을 배우고 나면 시간이 지나도 사용법을 안다(Elias et al., 1987; Morrel, Park, Mayhorn, & Kelley, 2000; Morris, 1994). 노년층은 청년층에 비해 문서를 타이핑하거나 편집하는 속도가 느리다(Czaja & Sharit, 1993; Elias et al., 1987). 마우스 커서를 움직이거나 화면에서 스크롤을 사용하거나, 탭 키를 쓰거나 혼동되는 명령어를 사용하는 것은 더욱 어렵다(Elias et al., 1987; Mayhorn, Stronge, McLaughlin, & Rogers, 2004; Morris, 1994). 그리고 많은 기기가 노인에게 도움이 될 수 있도록, 즉 사용하기 쉬운 메뉴나 도움말 또는 자신이 타이핑한 내용을 잘 볼 수 있을 만큼 큰 글자를 제공하지 않는다(Selwyn, Gorard, Furlong, & Madden, 2003).

요약하면, 성인 언어 검사에서의 규준 자료와 연구 조사에 포함된 정보를 바탕으로 볼 때 노인들은 이름, 주소, 생일, 사회보장 번호 등을 포함한 개인 정보를 쓸 수 있다. 게다가 단어를 정확하게 받아쓰고, 그림의 이름을 적고, 정확하게 수표를 작성하고, 문장을 스스로 쓰거나 단어가 제시될 때 쓸 수 있으며, 마트에서 구매할 물품 목록을 적을 수 있다. 한편, 단순한 기하학적 모양(예: 원, 직사각형)은 그릴 수 있지만 더 복잡한 모양(예: 오각형, 마름모, 정육면체)은 어려워한다. 손으로 쓰거나 타이핑을 할 때는 운동학적으로 느리다. 또한 철자를 적을 때 어려워하고 적은 내용의 복잡성은 감소한다. 노인들은 컴퓨터 사용법을 한번 배우고 나면 사용할 수 있지만, 자신이 타이핑하는 내용을 잘 보지 못하거나 복잡한 응용 프로그램 혹은 동작 중심 과제(예: 마우스 스크롤, 커서 이동)에서는 어려워한다. 쓰기 능력은 시간이 지나면서 변하지만, 쓰고 읽는 것을 훨씬 어려워하거나 적은 내용의 정확성이 크게 감소한다는 내용은 문헌상으로 발견하기 어렵다. 따라서 노인들은 쓰기를 통해 적절히 소통할 수 있다. 신경학적으로 정상인 성인은 이 장에서 언급한 내용보다 훨씬 더 잘 수행할 수 있고, 이를 좀 더 이해하기 위해서는 추후 연구가 필요하다.

## 3. 노인의 쓰기 능력에 영향을 미치는 요인 및 어려움의 징후

쓰기 능력에 영향을 미치는 몇 가지 요인이 있는데, 이러한 요인으로는 신체 상태, 교육 수준 그리고 인지 상태 등이 있다. Mitzner와 Kemper(2003)는 이런 요인들을 연구했다. 수녀를 대상으로 한 연구(Snowdon, Kemper, Mortimer, Greiner, Wekstein, & Markesbery, 1996)는 78~91세 여성들의 수녀원 입소 전 삶에 대한 자전적 진술을 기록하였다. 또한 건강 상태가 좋고 교육을 더 많이 받았으며 MMSE가 높은 참여자들의 쓰기 자료는 건강 상태가 나쁘고 교육 수준이 낮으며 MMSE가 낮은 참여자들의 쓰기 자료에 비해 어휘가 다양하였다(역자 주: 이는 10개 단어당 산출된 명제[예: 동사, 형용사, 부사, 전치사구]의 평균 숫자를 의미하는 개념 밀도[idea density]를 통해 유추해 볼 수 있는데, 개념 밀도는 교육 수준 및 어휘 지식과 관련성이 높은 것으로 간주함). 또한 발화 역시 더 길었고, 발화당 절의 수도 더 많았으며, 문법적으로 더 복잡한 구조를 보였고, 단편이 더 적었다. 이 연구는 흥미롭게도 연령과 측정된 언어적 변인 간에 유의한 상관관계를 보이지 않았다. Mitzner와 Kemper(2003)는 연령과 관련된 쓰기 변화는 노년기에 느려지거나 정체를 보인다고 하였다.

교육과 인지 기능이 쓰기에 미치는 영향을 알아본 연구도 있다. 원 또는 직사각형을 베껴 그리거나 자신의 이름을 적거나, 문장을 받아쓰는 능력은 교육 연수에 따라 달라지지 않았다(Ericsson et al., 1996). 하지만 오각형 또는 정육면체 베껴 그리기나 스스로 문장 쓰기와 같이 복잡한 과제는 교육 수준과 관련되었다(Ericsson et al., 1996). 즉, 교육을 더 많이 받은 사람이 적게 받은 사람에 비해 이러한 특정 과제를 더 잘 수행하는 것으로 나타났다.

인지와 쓰기에 대한 연구는 작업기억과 주의력에 초점을 맞추고 있다. 쓰기를 위해서는 작업기억이 많이 필요하다(Hoskyn & Swanson, 2003; Olive, 2004). 그러나 노인들은 작업기억의 감퇴로 인해 저장과 처리 용량이 감소한다(Hoskyn & Swanson, 2003). 따라서 생각한 것을 글로 적는 데 더 많은 자원이 필요하게 되므로 쓰기 시 복잡성이 감소된 구조를 보인다(Hoskyn & Swanson, 2003). 가령, 이야기 쓰기(written narratives)는 현재 일어난 일이 아니거나 원인이 있는 사건들을 포함한다(Hoskyn & Swanson, 2003). 주의력의 감소는 철자 오류의 원인이 된다(Neils, Roeltgen, & Greer, 1995). 언어장애가 철자 쓰기장애의 일차적 원인으로 간주된다는 점에서 이러한 사실은 중요하다.

쓰거나 타이핑한 내용을 보기 위해 적절한 시력은 필수적이다. 나이가 듦에 따라 시각적 예리함(visual acuity)과 대비 민감도(contrast sensitivity, 예: 조도의 차이를 감지함)가 감소하고, 노안이 발생하며, 가까운 사물을 보기 위해 초점에 맞춰 렌즈의 모양을 조절하는 능력이 점차 손실된다(Glasser & Campbell, 1998). 눈부심(Hagerstrom-Portnoy, Schneck, & Brabyn, 1999)은 컴퓨터 사용 시 특히 문제가 된다. 시력의 감소는 임상적으로 더 복잡한 문제를 야기한다. 가령, 손상된 시력으로 인해 의료 현장에서 선별도구로 사용하는 MMSE에서 낮은 점수를 받게 되고, 건강관리 전문가들은 노인의 인지 능력이 손상되었다고 오판할 수 있다.

시력 변화 때문에 대부분의 노인은 교정 렌즈를 착용해야 한다(Desai, Pratt, Lentzner, & Robinson, 2001). 안경 또는 콘텍트렌즈를 갖고 있지 않거나 현재 사용하고 있는 안경 또는 렌즈만으로 충분하지 않다면 감소된 시력을 보충해 줄 수 있는 잘 다듬어진 운동 프로그램을 제공받아야 한다(Graham & Weintraub, 1996; Stelmach & Teulings, 1983). 어떻든지 간에, 쓰기와 가독성에 부정적인 영향을 미치지 않도록 노인의 시력 변화는 적절히 해결되어야 한다.

특정 과제에 대한 친숙성과 외부 시각 자극의 출현은 쓰기에 영향을 미친다. 쓰기 과제가 익숙하지 않거나 어려우면 움직임을 계획하고 수행하는 데 더 많은 시간이 소요된다(Dixon, Kurzman, & Friesin, 1993; Portier, van Galen, & Meulenbroek, 1990; Rogers, Meyer, Walker, & Fisk, 1998). 가령, 컴퓨터 사용법을 배우는 초기 단계에서는 타이핑을 하거나 이메일을 보내는 데 더 많은 시간이 걸린다. 이와 반대로 마트에서 구매할 물품 목록을 적는 일은 익숙하고 상대적으로 수행하기 쉽다. 외부의 시각적 자극은 쓰기 능력에 부정적인 영향을 미친다. 줄글을 쓸 때의 청년층과 노년층의 움직임을 측정한 연구에서 지면에 선이 있는 경우(줄쳐진 종이와 유사함) 노인의 움직임은 효율성이 감소하였다(역자 주: 글씨 쓰기 시 필요한 움직임에서 가속과 감속의 주기 회수를 고려하여 점수를 산정하는데, 해당 지표 [Phillips, Stelmach, & Teasdale, 1991]에서 점수가 높으면 쓰기 동작의 효율성이 감소하는 것으로 간주함; Slavin, Phillips, & Bradshaw, 1996). 움직임만 측정하고 내용의 정확도는 측정하지 않았지만, 선이 존재하는 것은 집중력을 감소시킨다는 것을 알 수 있다. 외부 시각 자극이 쓰기에 영향을 미치는지를 밝히기 위해서는 더 많은 연구가 필요하다.

쓰기 문제가 있는지 알려 주는 징후들도 있다. 쓰기장애(dysgraphia)는 쓰기와 철자법 그리고 타이핑을 하는 데 문제가 있는 것이다(N. Graham, 2000; Neils-Strunjas, Groves-Wright, Mashima, & Harnish, 2006). 노인들의 쓰기 능력이 상당히 변하여 글로 적거나 타이핑할 수 없음을 표면적으로 호소한다면, 또는 관절염으로 인해 타이핑할 때 통증을 느낀다면 반드시 의사를 만나야 한다(Kauranen, Vuotikka, & Hakala, 2005; Zhang, Niu, Kelly-Hayes, Chaisson, Aliabadi, & Felson, 2002). 쓰기 또는 철자법, 타이핑에서 어려움을 보이거나 일반적인 수행과 비교하여 다른 것을 그린다면 이는 잠재적인 신경병리적 징후일 수 있다(Longstaff & Heath, 1997). 쓰기 문제는 알츠하이머병(Harnish & Neils-Strunjas, 2008; Neils et al., 1995)이나 루게릭병(Weber, Eisen, Stewart, & Hirota, 2000), 다발성 경화증, 파킨슨병(Longstaff & Heath, 1997)과 같은 운동 장애의 출현처럼 인지-언어장애를 암시할 수도 있다.

특히 파킨슨병 또는 치매가 있는 경우 쓰기장애가 발생하기 쉽다. 소자증(micrographia)이나 비정상적으로 작은 손 글씨는 파킨슨병에서 흔하다(Ondo & Satija, 2007; Yorkston, Miller, & Strand, 2004). 기저핵의 손상은 근육을 뻣뻣하게 만들고, 전반적인 운동 범위를 감소시킨다(Olivera, Gurd, Nixon, Marshall, & Passingham, 1997). 따라서 소자증은 가독성을 감소시켜 읽는 사람이 무엇이 쓰여 있는지를 판단하기 어렵게 한다.

치매 환자들은 다양한 쓰기, 철자 혹은 그리기 장애를 보인다. 가령, 원을 제외한 특정한 기하학적 모양을 베껴 그리지 못하는 경우, 치매의 초기 증상이 된다(Ericsson et al., 1996). 오각형이나 정육면체를 베껴 그리는 것은 인지적 퇴행을 가장 잘 반영해 주며, 원을 베껴 그리거나 자신의 이름을 쓰는 것이 덜 민감한 과제로 사용될 수 있다(Ericsson et al., 1996). 치매 환자의 쓰기 능력은 유의한 다양성을 보인다. 경도 단계(초기 단계)는 스스로 쓰기를 완성하는 것에서 어려움을 보인다(Ericsson et al., 1996). 이와 반대로, 경도 단계 중 일부는 문단을 쓸 수 있지만 철자 오류가 종종 발생한다(Domenico, 1990). 긴 단어, 저빈도 단어, 동음이의어, 비단어를 포함한 일부 문항은 경-중도 치매 환자에게 어렵다(Harnish & Neils-Strunjas, 2008; Neils-Strunjas, 2006). 쓰기 수행은 치매 중증도가 심해질수록 악화된다(Groves-Wright, Neils-Strunjas, Burnett, & O'Neill, 2004). Groves-Wright 등(2004)은 치매가 진행되면 쓰기 대면 이름 대기 과제(written confrontation naming tasks)에서 의미착어(semantic paragraphia)가 증가한다는 사실을 발견하였다. 쓰기 유창성 검사(written fluency tasks, 예: 1분 안에 가능한 한 많은 동물의 이름을 쓰기)의 수행도 경도 치매 환자들보다 중도 치매 환자들에게서 더 저조하였다. 문장 받아쓰기와 이름 적기는 다른 쓰기 능력보다 오래 유지됐다(Ericsson et al., 1996). 이야기 수준(예: 그림 설명하기)에서 알츠하이머병 환자는 그림을 완전히 묘사하는 데 어려움을 보였으며, 의미착어(예: 항구를 암시하는 내용으로 '긴 역'이라고 적음; Groves-Wright et al., 2004; Horner, Heyman, Dawson, & Rogers, 1998)를 보이기도 했다. 이야기를 쓸 때 짧은 편이었고, 내용이 반복되고 어휘가 제한되었으며, 관련 없는 정보와 내용어(content word) 오류를 보였다(Harnish & Neils-Strunjas, 2008).

의사에게 의뢰해야 할 또 다른 쓰기 문제의 징후로는 쓰기를 할 때의 떨림, 경련, 약증 또는 쓰기 도구를 잡을 때의 어려움이 있다. 노인이 쓴 내용이 앞뒤가 맞지 않거나 주어진 과제와 일치하지 않거나, 완전한 문장보다는 단편으로 쓰는 것을 타인이 의식하게 된다면 반드시 의사에게 상담해야 한다(Small, Lyons, & Kemper, 1997). 쓰기를 마무리하지 못하거나 예전에 하던 쓰기 과제(예: 수표 작성)를 다른 사람에게 끝마쳐 달라고 부탁하는 경우 역시 의료 전문가를 반드시 만나야 한다. 때로는 시력을 평가받기 위해 검안사를 만나야 한다. 그러나 이후로도 쓰기에 호전이 없다면 기타 의료 전문가에게 피드백을 받아야 한다. 이 장에서 언급한 노인의 쓰기 문제 중 어떠한 것이라도 보고되거나 관찰된다면 담당 주치의뿐만 아니라 신경과 의사, 언어재활사, 작업치료사와 같은 기타 전문가들에게 추가적인 의뢰를 해야 한다.

## 4. 노인의 쓰기 능력을 향상시킬 수 있는 전략

쓰기에 도움이 될 수 있는 몇 가지 전략이 있다. 소근육 운동 능력과 작업기억은 나이가 듦에 따라 감소하므로 노인이 필요로 하는 시간을 충분히 주면 쓰기(Bromley, 1991; Jones & Bayen, 1998)와 컴퓨터 기반 활동(Elias et al., 1987)에 도움이 된다. 시간적 제약이 없으면 쓰거나 타이핑할 내용을 정확히 정한 후 쓰기 운동에 집중할 수 있기 때문이다. 연습은 쓰기 수행(Dixon et al., 1993; Portier et al., 1990) 및 컴퓨터 사용의 능숙함(Elias et al., 1987; Gist, Rosen, & Schwoerer, 1998)을 향상시키며, 특히 익숙하지 않은 과제일 때 더 유익하다(Portier et al., 1990). 쓰거나 타이핑한 내용을 보는 데 어려움이 있으면 시력 변화를 관리해 주어야 한다. 필기도구를 쥐는 데 어려움이 있다면 직경이 더 두꺼운 볼펜(예: 펜촉이 얇은 것 대신 두꺼운 것) 또는 연필을 사용하거나 고무 그리퍼(gripper, 집게, 물림)가 있는 도구를 사용하는 것이 좋다. 컴퓨터 사용법을 배우는 초기 단계에서는 기존의 타이핑 방법과 컴퓨터를 이용한 문서 작성의 차이 그리고 컴퓨터 장치에 대한 명확하고 포괄적인 설명을 노인에게 제공해야 한다. 이때는 글씨 자료와 오디오로 기록한 자료를 함께 제공한다(Elias et al., 1987). 노인들은 컴퓨터를 스스로 다루기보다 다른 사람이 과제를 시연하는 것을 먼저 보는 것이 도움이 된다(Gist et al., 1988). 컴퓨터를 사용할 때는 철자 및 문법을 점검해 주는 전략이 도움이 된다(MacKay & Abrams, 1998). 쓰기의 내용 면에서 쓰려고 했던 것을 기억하는 데 어려움이 있을 때는 기억 전략 방법을 사용하면 된다. 예를 들어, 마트에서 구매할 물품을 기억하지 못하는 사람은 한 주간의 물품 목록을 만들어 본다.

### 핵심 요약

- 신경학적 정상 노인의 일반적인 쓰기 능력
  - 이름, 주소, 생일, 사회보장 번호와 같은 개인적인 정보를 쓸 수 있음
  - 단어를 받아쓸 수 있음
  - 사물 그림의 이름을 쓸 수 있음
  - 수표를 작성할 수 있음
  - 스스로 혹은 단어가 주어졌을 때 문장을 쓸 수 있음
  - 마트에서 구매할 물품 목록을 적을 수 있음
  - 단순한 기하학적 모양(예: 원, 직사각형)을 베껴 그릴 수 있음
  - 복잡한 기하학적 모양(예: 오각형, 마름모, 정육면체)을 베껴 그리는 데 어려움을 보임
  - 좀 더 느리게 씀
  - 철자를 적을 때 어려워하고, 적은 내용의 복잡성은 감소함
  - 컴퓨터를 일단 배우면 사용할 수 있지만, 동작 중심 과제(예: 마우스 스크롤, 커서 이동)에서는 어려워함
  - 타이핑하는 내용이 안 보이거나 응용 프로그램이 너무 복잡한 경우 컴퓨

터 사용에 어려움이 있음
- 쓰기를 통해 적절히 소통할 수 있음
- 쓰기에 부정적인 영향을 주는 요인
  - 나쁜 건강 상태
  - 낮은 교육 수준
  - 낮은 인지 기능
  - 시각적 예리함과 대비 민감도의 감소, 노안 등 나이와 관련된 시력 변화
  - 익숙하지 않은 쓰기 과제
  - 외부적 시각 자극(예: 종이에 있는 선)의 존재
- 언어재활사나 기타 의료 전문가에게 의뢰해야 하는 징후
  - 글로 적거나 타이핑할 수 없음을 표면적으로 호소함, 쓰기 능력이 상당히 변함, 또는 쓰거나 타이핑할 때 통증을 느낌
  - 기하학적 모양(예: 정육면체, 오각형)을 베껴 그리기 어려워함(원은 치매 환자도 베껴 그리기 쉬움)
  - 컴퓨터로 타이핑하는 데 어려움을 보임
  - 스스로 문장이나 단락을 쓰는 데 어려움을 보임
  - 긴 단어, 저빈도 단어, 비단어를 쓰는 데 어려움을 보임
  - 글을 쓸 때 경련, 떨림, 약화 또는 소자증이 출현함
  - 쓰기 도구를 잡는 데 어려움을 보임
  - 쓴 내용이 과제와 일치하지 않거나 앞뒤가 맞지 않음
  - 쓰기를 마무리하지 못하거나 예전에 할 수 있었던 쓰기 과제(예: 수표 작성)를 다른 사람에게 끝마쳐 달라고 부탁함(시각장애가 의심되는 경우 검안사에게 의뢰해야 함)
- 노인의 쓰기 향상을 도울 수 있는 전략
  - 쓰거나 타이핑할 때 충분한 시간을 제공할 것
  - 쓰기나 타이핑을 연습하도록 격려할 것
  - 컴퓨터 사용법을 배우는 초기 단계에서는 컴퓨터 장치에 대한 명확하고 포괄적인 설명과 함께 기존의 타이핑 방법과 컴퓨터를 이용한 문서 작성

의 차이에 대한 설명을 제공할 것(글씨 자료와 오디오로 기록한 자료를 함께 제공할 것)
–컴퓨터에서 철자 및 문법을 점검해 주는 기능을 사용하도록 알려 줄 것
–시각 변화를 관리할 것
–직경이 더 두꺼운 필기도구를 사용하거나 잡기 쉽게 필기도구 주위에 고무 그리퍼를 끼워 제공할 것
–쓰려고 했던 것을 기억하는 데 어려움이 있을 때, 한 주간의 물품 목록 작성하기 또는 동시에 모든 목록 작성하기와 같은 기억 전략 방법을 사용할 것

## 논의할 문제

1. 노년기에 철자 능력이 감소하는 이유는 무엇인가?
2. 시계 베껴 그리기 검사(clock-drawing test)에서 정상 노인과 신경장애 환자(예: 치매)의 수행력은 어떻게 다른가?
3. ASHA 웹사이트와 같이 노인들이 건강 관련 정보를 얻기 위해 방문하는 웹사이트를 검색해 보라. 경험상 어떤 웹사이트가 노인들이 찾기에 어려울 것 같은가? 노인들이 더 쉽게 찾아볼 수 있는 웹사이트는 무엇인가? 그렇게 생각하게 된 이유는 무엇인가?
4. 노인이 중요한 법률 문서나 금융 관련 서류에 서명하지 못한다면 법적으로 어떤 영향이 있겠는가? 이러한 문제는 어떻게 해결해야 하는가?

## 참고문헌

Alamargot, D., & Chanquoy, L. (2001). *Through the models of writing*. Dordrecht, Netherlands: Kluwer Academic Publishers.

Andersen, D. W. (1969). What makes writing legible? *Elementary School Journal*, *69*, 364-369.

Bayles, K. A., & Tomoeda, C. K. (1993). *Arizona Battery for Communication*

*Disorders of Dementia*. Tucson, AZ: Canyonlands Publishing.

Blanton, D. J., & Degenais, P. A. (2007). Comparison of language skills of adjudicated and nonadjudicated adolescent males and females. *Language, Speech, and Hearing Services in Schools*, *38*, 309-314.

Bromley, D. B. (1991). Aspects of written language production over adult life. *Psychology and Aging*, *6*, 296-308.

Burda, A. N. (2007). *Communication changes in healthy aging adults*. Adele Whitenack Davis Research in Gerontology Award, University of Northern Iowa.

Champley, J., Scherz, J. W., Apel, K., & Burda, A. (2008). A preliminary analysis of reading materials and strategies used by older adults. *Communication Disorders Quarterly*, *29*, 131-140.

Contreras-Vidal, J. L., Teulings, H. L., & Stelmach, G. E. (1998). Elderly subjects are impaired in spatial coordination in fine motor control. *Acta Psychologica*, *100*, 25-35.

Cortese, M. J., Balota, D. A., Sergent-Marshall, S. D., & Buckner, R. L. (2003). Sublexical, lexical, and semantic influences in spelling: Exploring the effects of age, Alzheimer's disease and primary semantic impairment. *Neuropsychologia*, *41*, 952-967.

Czaja, S., & Sharit, J. (1993). Age differences in the performance of computer-based work. *Psychology and Aging*, *8*, 59-67.

Desai, M., Pratt, L. A., Lentzner, H., & Robinson, K. N. (2001). Trends in vision and hearing among older Americans. *Aging Trends*, *No. 2*. Hyattsville, MD: National Center for Health Statistics.

Dixon, R. A., Kurzman, D., & Friesen, I. C. (1993). Handwriting performance in younger and older adults: Age, familiarity, and practice effects. *Psychology and Aging*, *8*, 360-370.

Domenico, R. A. (1990). Verbal communication impairment in dementia research frontiers in language and cognition. In T. Zandi & R. J. Ham (Eds.), *New directions in understanding dementia and Alzheimer's disease* (pp. 79-88). New York: Plenum Press.

Echt, K. V., Morrell, R. W., & Park, D. C. (1998). Effects of age and training format on basic computer skill acquisition in older adults. *Educational Gerontology*, *24*, 3-25.

Elias, P. K., Elias, M. F., Robin, M. A., & Gage, P. (1987). Acquisition of word-processing skills by younger, middle-age, and older adults. *Psychology and Aging*, *2*, 340-348.

Ericsson, K., Forssell, L. G., Holmén, K., Viitanen, M., & Winblad, B. (1996). Copying and handwriting ability in the screening of cognitive dysfunction in old age. *Archives of Gerontology and Geriatrics*, *22*, 103-121.

Folstein, M. F., Folstein, S. E., & McHugh, P. R. (1975). Mini-mental state: A practical method for grading the cognitive state of patients for the clinician. *Journal of Psychiatric Research*, *12*, 189-198.

Frederiksen, H., Hjelmborg, J., Mortensen, J., McGue, M., Vaupel, J. W., & Christensen, K. (2006). Age trajectories of grip strength: Cross-sectional and longitudinal data among 8, 342 Danes aged 46-102. *Annals of Epidemiology*, *16*, 554-562.

Glasser, A., & Campbell, M. C. W. (1998). Presbyopia and the optical changes in the human crystalline lens with age. *Vision Research*, *38*, 209-229.

Gist, M., Rosen, B., & Schwoerer, C. (1988). The influence of training method and trainee age on the acquisition of computer skills. *Personnel Psychology*, *41*, 255-265.

Goodman, J., Syme, A., & Eisma, R. (2003). Older adults' use of computers: A survey. *Proceedings of Human-Computer Interaction Conference: Designing for Society*, *2*, 25-28.

Graham, N. (2000). Dysgraphia in dementia. *Neurocase*, *6*, 365-376.

Graham, S., & Weintraub, N. (1996). A review of handwriting research: Progress and prospects from 1980 to 1994. *Educational Psychology Review*, *8*, 7-87.

Groves-Wright, K., Neils-Strunjas, J., Burnett, R., & O'Neill, M. J. (2004). A comparison of verbal and written language in Alzheimer's disease. *Journal of Communication Disorders*, *37*, 109-130.

Hagerstrom-Portnoy, G., Schneck, M. E., & Brabyn, J. A. (1999). Seeing into old age: Vision function beyond acuity. *Optometry and Vision Science*, *76*, 141-158.

Harnish, S. M., & Neils-Strunjas, J. (2008). In search of meaning: Reading and writing in Alzheimer's disease. *Seminars in Speech and Language*, *29*, 44-59.

Hawthorn, D. (2000). Possible implications of aging for interface designers. *Interacting With Computers*, *12*, 507-528.

Helm-Estabrooks, N. (1992). *Aphasia Diagnostic Profile*. Dedham, MA: AliMed.

Helm-Estabrooks, N. (2001). *Cognitive Linguistic Quick Test*. San Antonio, TX: The Psychological Corporation.

Horner, J., Heyman, A., Dawson, D., & Rogers, H. (1988). The relationship of agraphia to the severity of dementia in Alzheimer's disease. *Archives in Neurology*, *45*, 760-763.

Hoskyn, M., & Swanson, L. H. (2003). The relationship between working memory and writing in younger and older adults. *Reading and Handwriting: An Interdisciplinary Journal*, *16*, 759-784.

Huber, R. A., & Headrick, A. M. (1999). *Handwriting identification: Facts and fundatmentals*. Boca Raton, FL: CRC Press.

Jagger, C., Clarke, M., Anderson, J., & Battcock, T. (1992). Misclassifications of dementia by the Mini-Mental State Examination: Are education and social class the only factors? *Age and Ageing*, *21*, 404-411.

Jones, B. D., & Bayen, U. J. (1998). Teaching older adults to use computers: Recommendations based on cognitive aging research. *Educational Gerontology*, *24*, 675-689.

Kauranen, K., Vuotikka, P., & Hakala, M. (2005). Motor performance of the hand in patients with rheumatoid arthritis. *Annals of Rheumatology Disorders*, *59*, 812-826.

Keenan, J. S., & Brassell, E. G. (1975). *Aphasia Language Performance Scales*. Murfreesboro, TN: Pinnacle Press.

Kemper, S., Greiner, L. H., Marquis, J. G., Prenovost, K., & Mitzner, T. L. (2001). Language decline across the life span: Finding from the Nun Study. *Psychology and Aging*, *16*, 227-239.

Kertesz, A. (2006). *Western Aphasia Battery-Revised*. San Antonio, TX: Harcourt Assessment, Inc.

Kopeenhaver, K. (2007). *Forensic document examination: Principles and practices*. Totowa, NJ: Humana Press.

Longstaff, M. G., & Heath, R. A. (1997). Space-time invariance in adult handwriting. *Acta Psychologica*, *97*, 210-214.

Longstaff, M. G., & Heath, R. A. (2003). The influence of motor system degradation on the control of handwriting movements: A dynamical systems analysis. *Human Movement Science*, *22*, 91-110.

MacKay, D. G., & Abrams, L. (1998). Age-linked declines in retrieving orthographic knowledge: Empirical, practical, and theoretical implications. *Psychology and Aging*, *13*, 647-662.

Mayhorn, C. B., Stronge, A. J., McLaughlin, A., & Rogers, W. A. (2004). Older adults, computer training, and the systems approach: A formula for success. *Educational Gerontology*, *30*, 185-203.

Mitzner, T. L., & Kemper, S. (2003). Oral and written language in late adulthood: Findings from the Nun Study. *Experimental Aging Research*, *29*, 457-474.

Morrell, R. W., Park, D. C., Mayhorn, C. B., & Kelley, C. L. (2000). Effects of age and instructions on teaching older adults to use ELDERCOMM, an electronic bulletin board system. *Educational Gerontology*, *26*, 221-235.

Morris, M. J. (1994). Computer training needs of older adults. *Educational Gerontology*, *20*, 541-556.

Neils, J., Roeltgen, D. P., & Greer, A. (1995). Spelling and attention in early Alzheimer's disease: Evidence for impairment of the graphemic buffer.

*Brain and Language*, *49*, 27-49.

Neils-Strunjas, J., Groves-Wright, K., Mashima, P., & Harnish, S. (2006). Dysgraphia in Alzheimer's disease: A review for clinical and research purposes. *Journal of Speech, Language, and Hearing Research*, *49*, 1313-1330.

Olive, T. (2004). Working memory in writing: Empirical evidence from the dual-task technique. *European Psychologist*, *9*, 32-42.

Olivera, R. M., Gurd, J. M., Nixon, P., Marshall, J. C., & Passingham, R. E. (1997). Micrographia in Parkinson's disease: The effect of providing external cues. *Journal of Neurology, Neurosurgery, and Psychiatry*, *63*, 429-433.

Ondo, W. G., & Satija, P. (2007). Withdrawal of visual feedback improves micrographia in Parkinson's disease. *Movement Disorders*, *22*, 2130-2131.

Portier, S. J., van Galen, G. P., & Meulenbroek, R. G. (1990). Practice and the dynamics of handwriting performance: Evidence for a shift of motor programming load. *Journal of Motor Behavior*, *22*, 474-492.

Rogers, W., Meyer, B., Walker, N., & Fisk, A. (1998). Functional limitations to daily living tasks in the aged: A focus group. *Human Factors*, *40*, 111-125.

Rubin, N., & Henderson, S. E. (1982). Two sides of the same coin? Variations in teaching methods and failure to learn to write. *Special Education: Forward Trends*, *9*, 17-24.

Ryan, E. B., Anas, A. P., Beamer, M., & Bajorek, S. (2003). Coping with age-related vision loss in everyday reading activities. *Educational Gerontology*, *29*, 37-54.

Schuell, H. (1973). *Minnesota Test for the Differential Diagnosis of Aphasia* (2nd ed., revised by J. W. Sefer). Minneapolis: University of Minnesota Press.

Selwyn, N,. Gorard, S., Furlong, J., & Madden, L. (2003). Older adults' use of information and communications technology in everyday life. *Ageing and Society*, *23*, 561-582.

Slavin, M. J., Phillips, J. g., & Bradshaw, J. L. (1996). Visual cues and the handwriting of older adults: A kinematic analysis. *Psychology and Aging*, *3*, 521-526.

Small, J. A., Lyons, K. A., & Kemper, S. (1997). Grammatical abilities in Parkinson's disease: Evidence from written sentences. *Neuropsychologia*, *35*, 1571-1576.

Smith, C. D., Umberger, G. H., Manning, E. L., Slevin, J. T., Wekstein, D. R., Schmitt, F. A., et al. (1999). Critical decline in fine motor hand movements in human aging. *Neurology*, *53*, 1458-1461.

Snowdon, D. A., Kemper, S. J., Mortimer, J. A., Greiner, L. H., Wekstein, D. R., & Markesbery, W. R. (1996). Linguistic ability in early life and cognitive function and Alzheimer's disease in later life: Findings from the Nun Study. *Journal of the American Medical Association*, *275*, 528-532.

Stelmach, G., & Teulings, H. (1983). Response characteristics of prepared and restructured handwriting. *Acta Psychologica*, *54*, 51-67.

Tomchek, S. d., & Schneck, C. M. (2005). Evaluation of handwriting. In A. Henderson & C. Pehoski (Eds.), *Hand function in the child: Foundations for remediation* (pp. 293-320). St. Louis, MO: Elsevier Health Sciences.

Tynjälä, P., Mason, L., & Lonka, K. (2001). *Writing as a learning tool: Integrating theory and practice*. Dordrecht, Netherlands: Kluwer Academic Publishers.

Wlaton, J. (1997). Handwriting changes due to aging and Parkinson's syndrome. *Forensic Science International*, *88*, 197-214.

Weber, M., Eisen, A., Stewart, H., & Hirota, N. (2000). The split hand in ALS has a cortical basis. *Journal of the Neurological Sciences*, *180*, 66-70.

Wellingham-Jones, P. (1989). *The mind/body connection: Neurophysiological basis for handwriting* (2nd ed.). Tehama, CA: PJW Publishing.

Wright, E. (1990). Evaluating the special role of time in the control of handwriting. *Acta Psychologica*, *82*, 5-52.

Yorkston, K. M., Miller, R. M., & Strand, E. A. (2004). *Management of speech and swallowing disorders in degenerative disease* (2nd ed.). Austin, TX:

Pro-Ed.

Zhang, Y., Niu, J., Kelly-Hayes, M., Chaisson, C. E., Aliabadi, P., & Felson, D. T. (2002). Prevalence of symptomatic hand osteoarthritis and its impact on functional status among the elderly. *American Journal of Epidemiology*, *156*, 1021-1027.

# 7장

# 음성과 말운동 능력

Todd A. Bohnenkamp & Carlin F. Hageman

## 1. 도입

음성(voices)은 나이가 들면서 많이 변화한다. 비록 노년층에서 관찰되는 후두 변화에 관해 많은 연구가 이루어져 오긴 했으나, 그러한 변화가 왜 발생하는지에 대한 정확한 기전은 잘 알려져 있지 않다. 발성은 많은 측면에서 노화의 영향을 받는데, 이것은 청지각적 평정(perceptual ratings), 비디오스트로보스코프 평정(videostroboscopic ratings), 음향학적 측정(acoustic measures) 그리고 생리학적 측정(physiologic measures)을 통해 평가할 수 있다. 그동안 연구들은 발성의 조직학(histology), 신경학(neurology), 근육학(myology), 노인 화자 간의 성차(gender difference) 등을 중심으로 이루어져 왔다. 비록 많은 문헌이 음성에 초점을 맞추어 왔지만, 노인의 말운동 능력(motor speech abilities)에 대해서도 연구가 진행되었다. 말 산출 과정에서의 변화들은 나이뿐만 아니라 전 생애에 걸친 행동 양식, 이 중 특히 흡연과 관련이 있다.

이 장에서는 노인의 음성과 말운동 능력, 이 능력에 부정적인 영향을 주는 요인들, 언어재활사나 다른 의료 전문가들에게 의뢰가 필요한 징후, 음성과 말운동 능력에 도움이 될 수 있는 전략들을 다룰 것이다. 또한 평가와 치료 목적으로 활용할 수 있는 다양한 도구에 대해서도 논의하고자 한다. '핵심 요약'에서는 이 장에서 다룰 중요점을 요약하여 제시하였다.

## 2. 노인의 일반적인 음성과 말운동 능력

지금까지 다수의 연구자가 노화에 따른 음성 변화를 보고한 바 있다(Baken, 2005; Brown, Morris, & Michel, 1989; McGlone & Hollien, 1963; Ramig

& Ringel, 1983). 이 변화들로는 음량 감소, 기식음(breathiness), 상대적 고음도(high pitch), 유연성 저하, 음성 떨림 등을 들 수 있다. 기본주파수(F0)는 나이가 들면서 낮아지다가 노년층에서 높아진다. 또한 노인 화자들은 발성 범위가 줄어든다. 몇몇 학자는 주파수변동률(jitter)과 진폭변동률(shimmer)의 증가를 보고하기도 하였다. 이러한 변화는 화자의 생활연령적(chronological) 차이보다는 신체연령적(physiological, 생리학적) 차이에 더 관련될지 모르나, 일반적으로 노화가 진행됨에 따라 발성의 안정성이 감소한다는 것을 의미한다. Baken(2005)에 따르면, 노인의 발성은 젊은이에 비해 불안정하고 조절이 잘 되지 않는다.

성도(vocal tract) 자체의 전체 크기는 노화로 인해 변화하지 않고 인두강 역시 달라지지 않지만, 구강 크기는 어느 정도 커지는 경향을 보인다. 이로 인해 제1포먼트(F1)가 다소 낮아질 수도 있다. 문헌에 따르면 발성의 변이성(variability, 주파수변동률과 진폭변동률)은 노화가 진행되면서 증가하며, 남성 노인의 음도는 높아진다. 기식음은 여성 노인의 경우 스펙트럼 상단(higher spectrum)에서 집중적으로 나타나는데, 이는 성문 틈(glottal gap)이 후방에서 전방으로 이동했기 때문이다. 연인두 기능과 (낮아지는 제1포먼트를 제외한) 조음은 노화에 따라 변화하지 않는다. 나이만이 말운동 능력이나 음성에 변화를 일으키는 원인(즉, 노인성 음성, 연령관련 후두 변화 혹은 노인성 발성, 노인성 음성의 지각적 특성)이라는 견해는 연구 문헌에서 찾아보기 힘들다(Woo, Casper, Colton, & Brewer, 1992). 따라서 노인성 음성(presbylarynges)이라는 진단은 다른 병인들(etiologies)을 신중히 제외한 후에만 내려야 한다.

# 3. 노인의 음성과 말운동 능력에 영향을 미치는 요인 및 어려움의 징후

노화된 음성의 음향학적 신호(단서)는 기관(system)이 활동함으로써 발생하는 생리학적 산물이다. 이러한 변화들은 호흡, 후두, 조음, 공명 기관에서 관찰되며, 조직학적 · 행동적 변화의 결과다(Sataloff, 1998). 정상 노화 음성과 병리적 음성을 구별해 내는 데 도움이 될 음성의 음향학적 속성은 무엇인지, 그리고 그에 대한 신체적 병인은 무엇인지 제대로 설명할 수 있는 모델은 아직까지 없다. 그러나 노년층에서 나타날 수 있는 잠재적 발성 문제를 가리키는 징후들은 있다.

## 1) 호흡 요인

근골격계가 변화하면 호흡 기관은 뻣뻣해지고 근육은 약해진다. 이때 폐 조직 자체가 바뀌면서 공기 포획(air trapping, 역자 주: 공기를 내쉬는 것이 어려워 폐에 비정상적인 양의 공기가 저장된 상태를 일컬으며, 폐활량[vital capacity: VC]과 노력성 폐활량[forced vital capacity: FVC] 간의 차이로 측정함)이라는 이상 현상이 일어난다. 이러한 변화로 노인들은 한층 더 비효율적으로 숨쉬는(inefficient breather) 경향을 보인다. 이것은 특히 폐용량(lung volume)이 더 높은 상태에서 일어나는 평상 호흡(tidal breathing, 역자 주: 휴식 시 사용되는 자동적 기능으로서의 호흡)을 할 때 두드러진다. 그럼에도 불구하고, 질병 때문에 노화 관련 변화에 대한 보상 작용이 제대로 이루어지지 않는 상황을 제외하고는 (비효율적으로 숨을 쉰다고 할지라도) 말 기능에 그다지 영향을 주지 않는다.

여러 요인이 노년층의 호흡 기능에 영향을 준다. 일반적으로 노화에 따라 호흡 능력이 어떻게 변화하는지를 밝히는 일은 복잡하다. 호흡 문제는 노화 자체, 호흡 질환(예: 결핵, 폐기종, 울혈성 심부전)과 같은 질병, 흡연이나 산업적 · 환경적 독소 등에의 노출에 따른 호흡기 손상 등에 기인한다. 이러한 상황들이 호흡에 부정적인 영향을 끼치며, 건강한 성인일지라도 폐 기능은 나이가 들면서 저하된다(Ayres, 1990; Chan & Welsh, 1998; Janssens, Pache, & Nicod, 1999). 호흡 기관의 변화는 남성 노인보다는 여성 노인에게서 더 뚜렷하다(Burrows, Cline, Knudson, Taussig, & Lebowitz, 1983; Hoit & Hixon, 1987; Hoit, Hixon, Altman, & Morgan, 1989).

나이가 듦에 따라 관찰되는 호흡 기관의 가장 주된 변화는 탄성 반동(elastic recoil), 흉벽(즉, 흉곽, 횡격막, 복부)의 유연성, 호흡 근력 등이 저하된다는 점이다. 반동이 소실되는 이유는 늑골과 갈비뼈 및 척추 등이 석회화되고, 척추 사이의 공간이 좁아지기(Crapo, 1993; Murray, 1986) 때문이다. 석회화 이외에도 척추의 골다공증(osteoporosis)은 척추의 쐐기(wedging) 골절 또는 분쇄(crushing) 골절을 야기하며, 이로 인해 척추 후만증(dorsal kyphosis, '곱사등[hunchback]')이 생기거나 앞뒤 흉벽의 크기가 늘어난다(종형흉곽[barrel chest]). Kahane(1980) 역시 노화에 따른 골성 흉곽(bony thorax)의 경직을 관찰하였다.

폐 기관은 적절한 유연성과 탄성이 있어야만 말 호흡을 효율적으로 수행할 수 있다. Pierce와 Ebert(1965)는 나이가 들면서 흉막(pleural membranes)의 탄성력이 감소한다고 하였다. 화자는 호흡 근육 기관의 수동적 힘(passive forces, 반동력)과 호흡 근육 체계를 통한 근 노력(muscular effort)을 통합함으로써 말 산출에 필요한 설압(tongue pressure)을 유지할 수 있다(Hixon, Goldman, & Mead, 1973; Hixon, Goldman, & Mead, 1976). 즉, 폐용량이 증가하면 말 산출에 필요한 수동적 힘도 증가하는데, 폐용량이 낮을 경우에는 수동적 힘이 감소하기 때문에 적절한 성문하압을 유지하기 위해 근 노력(muscular effort)이 필요하게 된다.

기관 내의 탄성력(반동)이 저하되면 수동적 힘이 감소하고, 화자는 더 많은 노력을 해야 한다. 흉막의 탄성력이 저하되고 흉곽이 경직되면 노년층 화자는 말 산출 기제를 구동하기 위해 더 많은 수동적인 힘을 발생시킬 목적으로 더 높은 폐용량을 필요로 한다. 그럼에도 Dhar, Shastri와 Lenora(1976) 그리고 McKeown(1965)은 노년층의 화자들이 근육 약화를 보이기 때문에 높은 폐용량에서 말하는 것이 힘들 수 있다고 하였다. 다시 말해, 숨을 내쉬고 들이쉴 때 말 산출을 효율적으로 하기 위해서 더 많은 근육을 움직이려고 하지만 근육 자체가 약화되어 있거나 근 섬유(muscle fibers)의 수가 감소하여 그다지 효과를 보지 못하는 것이다. 가령, 노화에 따라 횡격막의 힘은 감소한다(Polkey, Harris, Hughes, Hamengard, Lyons, & Moxham, 1997). Tolep, Higgins, Muza, Criner와 Kelsen(1995)은 건강하다고 분류된 노년층 남성들조차도 횡격막의 힘이 저하되었다고 보고하였다.

또한 늑간(intercostal) 근육의 단면이 퇴화되면 근 위축(muscle atrophy)과 약증(weakness)이 야기된다(Brown & Hasser, 1996; Tolep & Kelsen, 1993). 근 위축이 생기면 호흡 기관의 탄력이 떨어지고 폐활량이 줄어들게 된다(Brown et al., 1989; Hoit & Hixon, 1987; Kahane, 1980, 1981, 1983, 1987, 1988, 1990; Kendall, 2007; Sperry & Klich, 1992). 더 많은 근 노력을 하다 보면 막상 질병에 걸렸을 때 대응할 신체적 힘이 부족하게 된다. 공기 포획, 근 약증, 구조적 유연성의 소실 등으로 인해 잔기량(residual volume)은 20세에서 70세 사이에 50% 정도 증가한다. 그리고 동시에 폐활량은 최대치의 75%까지 감소한다. 그 결과, 노년층은 높은 폐용량에서 숨을 쉬게 된다. 그 이유는 노년층의 기능적 잔기량이 청년층에 비해 증가하고(즉, 안정 내쉬기 수준의 증가) 말 산출에 필요한 수동적 힘이 저하되기 때문이다. 결과적으로 60대 남성은 평상 호흡 동안 20대보다 20%나 더 많은 힘을 쓴다(Janssens et al., 1999).

호흡 근력은 개인의 영양 상태나 몸무게와도 관련된다. 최대 흡기압 및 호기압은 체질량(body mass)이나 몸무게와 부적 상관관계를 보인다(Enright, Kronmal, Manolio, Schenker, & Hyatt, 1994). 더불어, 영양실조를 보이는 환자들에게서는 자발적인 최대 환기(ventilation)와 호흡 근력이 저하된다(Arora & Rochester, 1982).

호흡 기관의 근력 변화가 나타나는 이유는 나이가 들면서 말초 근력이 저하되기 때문이다(즉, >65세; Bassey & Harries, 1993; Lexell, 1997). 흥미롭게도 최대 흡기압과 호기압은 악력과 밀접한 상관관계가 있다(Enright et al., 1994). 근력이 저하되는 이유로는 근육량의 감소(근섬유 단면과 근섬유 수), Type II 또는 속근섬유(fast twitch fibers)의 감소, 신경근접합부(neuromuscular junction)의 변화 및 탈신경근섬유(denervated muscle fibers, 특히 Type II)의 변화 등을 들 수 있다.

호흡 기관의 말초 기도(peripheral airways)는 그 상태가 정상적으로 유지되어야만 최적의 가스 교환이 가능하다. 노년층 화자들에게 있어서는 기도의 지지 조직이 손실되어 기도의 상당 부분이 가스 교환에 쓰이지 못한다(Janssens, Pache, & Nicod, 1999). 기도 주위의 지지 조직이 감소하면서 2mm 이하의 작은 기도는 쪼그라들게 만들고 관내강을 협착시켜 숨을 내쉬는 동안 공기가 흐르는 속도를 감소시킨다. 숨을 내쉴 때는 종말 세기관지(경로)가 좁아지는 반면, 말단의 공기층은 부풀은 상태로 남아 있어 공기 포획 현상이 생긴다(Meyer, 2005). 이에 따라 평상 호흡 동안 기도가 조기에 닫혀 버릴 수 있다(Crapo, 1993). 또한 노인들의 허파꽈리(alveoli)의 수와 허파꽈리의 모세혈관은 줄어든다. 이에 따라 환기(ventilation) 또는 허파꽈리 내 관류(perfusion)가 감소하고, 동맥 기관에 걸쳐 산소압이 낮아진다. 앞서 언급한대로, 호흡에 어려움을 보이는 노년층은 질병이나 부상 때문에 추가적으로 야기되는 호흡 또는 집중력 장애로 호흡이 정상적이기 힘들다. 예컨대, 심각한 만성 폐쇄성 폐질환

(COPD)을 앓고 있는 사람은 숨이 차고 발화 길이가 짧으며, 목소리 크기를 조절할 수 있는 능력이 저하된다. 전체적으로 이러한 변화들은 '노인성 폐기종(senile emphysema)'으로 분류할 수 있다(Verbeken, Caubergshs, & Mertens, 1992).

노인들은 근육적 · 구조적 변화에 대응하는 데 어려움을 보일 뿐만 아니라, 과탄산혈증(hypercapnia, 과도한 혈중 이산화탄소)이나 저산소증(hypoxia, 과소한 혈중 산소)이 생기더라도 민감하게 느끼지 못한다. 이러한 증세가 생기면 심부전(heart failure)이나 만성 폐쇄성 폐질환(예: COPD; Janssens et al., 1999)을 겪을 때 혈액상(blood value)을 적절히 모니터링하지 못한다. 그런데 이러한 어려움에도 불구하고 대체로 휴식 중일 때나 활동 중일 때는 (산소를 체내에 받아들이고 이산화탄소를 배출하는) 가스 교환이 잘 이루어진다. 하지만 염증이나 심부전을 보인다면 특정 과제(예: 말 산출)를 수행할 때 어려움을 보일 수 있다.

또한 노인에게 있어서 천식(asthma)은 진단이 이루어지지 않은 채로 종종 지나치게 되는 질환이다. 흥미로운 점은, 천식으로 인한 입원이 65세 이상에서 가장 많이 이루어지기 때문에 이것은 평소에는 정상적이어야 하는 기능(예: 삼킴 기능)에 문제를 일으키는 또 다른 원인이 된다. 1980년대에는 65세 이상 노년층에서 천식으로 인한 사망률 증가, 특히 합병증을 겪는 사람들의 사망률 증가가 두드러졌다(Evans, Mullally, Wilson, Gergen, Rosemberg, Grauman et al., 1987; Moorman & Mannino 2001; Robin, 1988; Sly, 1984).

### 2) 후두 요인

후두는 노화에 따라 변한다. 후두 연골이 골화되고 근육이 퇴화되며, 폐경 후 변화 등이 생긴다(Boulet & Oddens, 1996; Hirano, Kurita, &

Nakashima, 1983; Ryan, McDonald, & Devine, 1956). 후두의 골화와 조직 퇴화는 여성보다는 남성에게서 두드러진다(Kahane, 1987, 1988, 1990).

청자가 청년층과 노년층의 음성을 구별하려면 말을 포함한 여러 가지 산출(productions)에 근거해야 한다(Gorham-Rowan & Laures-Gore, 2006; Linville & Fisher, 1985a; Linville & Korabic, 1986; Ptacek & Sander, 1966; Ptacek, Sander, Maloney, & Jackson, 1966; Ryan & Burk, 1974; Shipp & Hollien, 1969). 음성을 구별해 주는 단서들에는 음향학적인 것들뿐만 아니라 구절법(phrasing), 음성 끊김, 활력(vitality), 머뭇거림(hesitancy), 음성 진전, 부정확한 자음, 속도 감소, 조음 감소 등이 포함된다(Ryan & Burk, 1974). 또 다른 특징들로는 목 쉰 소리(hoarseness), 음도 저하 등이 있다(Benjamin, 1981; Ptacek & Sander, 1966; Ptacek et al., 1966; Ryan & Burk, 1974). 예컨대, 기본주파수는 50대에 이르기까지는 낮아지다가 그 이후로는 점차 높아진다(Sataloff, Rosen, Hawkshaw, & Spiegel, 1997).

Orlikoff(1990)는 청년층, 노년층, 동맥경화증 화자들 간의 음향학적 변수에서 차이를 보고하였으나 그중 기본주파수에는 차이가 없었다. 주파수변동률(jitter)과 진폭변동률(shimmer) 수치는 노년층과 동맥경화증 화자들에게서 유의하게 높았는데, 이는 사춘기 이전에 나타나는 변화와 유사하게 60대 이후에 나타나는 '노년층의 개인 성향(elderly individualism)' 시기를 반영한 것이다. Orlikoff와 다른 연구자들(Brown et al., 1989; Linville & Fisher, 1985a)에 따르면, 노화에 따른 음성을 이해하기 위해서는 음성에서 증가된 변이성을 음향학적으로 측정하는 것이 집단 간 평균치를 측정하는 것보다 더 좋은 접근법이다. 특히 목 쉰 소리만으로는 노년 음성을 나타내는 좋은 단서라고 할 수 없으며, (기본주파수 표준편차의) 변이성과 주파수변동률 및 진폭변동률 수치의 증가가 병리적인 목소리뿐 아니라 전형적인 노인의 목소리에서도 뚜렷하게 나타난다고 기술하였다(Davis, 1979; Iwata, 1972; Iwata & von Leden 1970; Kitajima& Gould,

1976; Kitajima, Tanabe & Isshiki 1975). Orlikoff는 노년층이 신체적 건강, 특히 심혈관계 건강으로 구별될 수 있다는 Ramig과 Ringel(1983)의 주장을 뒷받침하였다.

근 위축(atrophy)은 후두 기능에 많은 영향을 준다. Ramig, Gray, Baker, Corbin-Lewis, Buder, Luschei 등(2001)은 근전도(electromyography: EMG)를 사용한 연구에서 노년층 화자에게 있어 갑상피열근(thyroarytenoid muscles)과 측윤상피열근(lateral cricoarytenoid muscles)의 EMG 활동(강도와 발화율)이 감소한다고 보고하였다. 이러한 변화는 근 위축 또는 후두 운동 신경원 연합(motor neuron pool)에 대한 말초 및 중추 작용이 감소한 데에 기인한다(Baker, Ramig, Luschei, & Smith, 1998; Baker, Ramig, Sapir, Luschei, & Smith, 2001; Luschei, Ramig, Baker, & Smith, 1999). Jones(1994)는 내근(intrinsic muscle)이 변화되었을 뿐만 아니라 후두를 지탱하는(suspensatory) 근육(올림근과 내림근) 또한 후두를 제대로 올리지 못한다고 언급하였다.

후두 내 근육이 약화되면 음도 범위가 감소하기도 한다. Linville, Skarin과 Fornatto(1989)는 노화에 따라 음도 범위가 감소한다고 보고하였는데, 이러한 감소는 후두 내근이 약화되면서 내전이 잘 이루어지지 않기 때문인 것으로 보인다. 그 결과, 발성이 시작할 때 공기가 성문 사이로 샐 뿐만 아니라 윤상갑상근(cricothyroid muscle)이 약화되어 음도의 상부 범위가 감소하는 것이다(이후 기술한 성문 틈에 대한 부분 참조).

성별 또한 후두 변화에 있어서 중요한 역할을 한다. 즉, 남성과 여성은 노화에 따른 음성 변화가 서로 다르게 나타난다. 여성은 폐경으로 인해 성대 질량(vocal fold mass)이 증가하면서 성대의 역학적 특성(mechanical properties)이 변화한다. 반면에 남성은 노화하면서 성문 폐쇄가 불완전하여 기식성을 보이며, 불완전한 성문 폐쇄를 보완하기 위해 후두의 긴장을 증가시킨다.

기식성은 청년 및 노년층 여성 화자 모두에게서 뚜렷하게 관찰되나, 기식성을 일으키는 근원은 성문 위치 상 서로 다르다(Linville, 2002). 즉, 두 집단의 화자 모두 성문 틈(glottal gap)의 면적에서는 차이가 없지만, 성문 틈의 위치가 다르다. 청년층은 3,000Hz 영역에서 많은 스펙트럼 잡음(spectral noise)을 보이는데, 이는 피열연골(arytenoids)이 벌어져서 생기며 성문의 후방에 틈이 생기는 것을 나타낸다. 반면, 노년층 여성은 6,000Hz 영역에서 많은 스펙트럼 잡음을 보인다. 이는 성대 개방지수(open quotient)가 증가(즉, 성대가 진동하는 동안 열린 구간이 상대적으로 길어지는 것)하고 소음을 동반한 호흡(turbulent aspiration)이 나타나기 때문인데, 성문의 전방 부분에 틈이 있다는 것을 나타낸다.

Lanville(2001)은 이러한 결과에 의문을 갖고 있었는데, 그 이유는 노년층에서도 성문의 후방 폐쇄가 제대로 이루어지지 않는다는 충분한 증거가 있었기 때문이다. 후방 성문 틈의 변화는 여성이라는 성별 표지(gender marker)이고, 이 표지는 노화하면서 다양한 양태로 나타난다. 실질적으로 후방 성문 내전 양상이 증가하는 것은 전방 부분을 제대로 여닫을 수 없기 때문에 생기는 보상작용이라고 할 수 있다. 남성은 나이가 들면서 성문 틈이 더 커지고 개방지수도 증가한다. 그러나 청년층과 노년층 남성 간의 차이는 크지 않다. 따라서 남성에게서 관찰되는 성문 틈의 변화가 음성에 주는 영향은 거의 없는 것으로 보인다.

Sapienza와 Dutka(1996)는 최대성문호기류(peak glottal air flow) 측정치가 노년층과 청년층 화자들 사이에서 다르지 않다고 했다(역자 주: 이 연구에서는 노년층과 청년층 간의 최대성문호기류 수치 차이는 관찰하지 못했지만, 최대성문호기류의 변이성 차이를 확인함으로써 그 수치만으로는 노화의 예상 변인이 될 수 없다고 보고함). Titze(1989), Holmberg, Hillman, Perkell과 Guiod(1988)의 연구에서 주장한 것과 같이 이 수치로는 화자의 나이를 예상하기 힘들다. Kahane(1980)은 노년층 여성의 해부학적 증거에

기반하여 기류 차이를 예상할 수 있다고 하였으나, 이 연구 결과는 기존의 음향학적 연구 결과와는 상반된다(Awan, 2006; DePinto & Hollien, 1982; Ferrand, 2002; Harnsberger, Shrivastav, Brown, Rothman, & Hollien, 2008; Higgins & Saxman, 1991; Linville & Fisher, 1985b; Muller, Sweeney, & Baribeau, 1984; Russell, Penny, & Pemberton, 1995). 이에 따라 노화함으로써 후두가 구조적으로 변화한다고 해도 연령을 예상 가능하게 할 만한 기능적 변화를 늘 일으키지는 못한다.

Biever와 Bless(1989)는 두 연령 집단을 구성하는 42명의 여성 대상자를 연구하였다. 청년층 집단은 평균 25세였고, 노년층 집단은 평균 69세였다. 두 집단 간 기본주파수, 주파수변동률, 평균기류율의 차이는 관찰되지 않았으나, 노년층 화자에게는 각 측정치에서 변이성이 증가하였다. 또한 두 집단 간 평균 진폭변동률과 진폭변동률 변이성에서도 유의한 차이가 있었다. 저자들은 비디오스트로보스코프를 사용하여 노년층에서의 진동 양상이 다르다고 보고하였다(〈표 7-1〉 참조).

〈표 7-1〉 **청년층과 노년층 여성에게서 보이는 성대 진동의 특색**

| 관찰점 | 노년층 여성 | 청년층 여성 |
|---|---|---|
| 불완전한 성문 닫힘 | 90% | 80% |
| 비주기성 | 85% | 30% |
| 진폭의 변화 | 50~55% | 10% |
| 점막 파동의 변화 | 50% | 10% |
| 비대칭성 | 15% | 0% |
| 뻣뻣함 | 5% | 5% |

출처: Biever & Bless (1989), 허락을 받고 수정함.

Biever와 Bless(1989)에 따르면, 성문 폐쇄가 불완전한 이유는 근육 질량이 감소하고 점막 고유층(lamina propria)의 중간 점막층이 얇아지기 때문이다. 그들은 이러한 것이 노년층 여성 화자들에게서 관찰되는 것은 놀랍지 않다고도 하였다. 비주기성(aperiodicity)은 신경학적 조절 불능, 질병 관련 변화, 난류에 기인한다고 가정하였다. 또한 점막 파동의 변화는 성대 부종과 건조함 그리고 폐경기 여성에게서 보이는 점막 고유층 표층이 얇아지는 현상 때문이다. 더 최근의 연구에 따르면, 후두의 신경근육 기관이 신경학적으로 변화할 경우 근육이 불안정해지는데, 이는 Biever와 Bless가 설명한 비주기성과 관련된다(Baker, Ramig, Luschei et al., 1998; Baker, Ramig, Sapir et al., 2001; Luschei et al., 1999; Ramig, Gray et al., 2001).

남성의 발성 또한 연구되었다. Shipp, Qi, Huntley와 Hollien(1992)은 20대부터 90대까지의 남성 화자들의 음향학적 · 시간적 상관자(correlates)를 조사하였다. 그 결과, 노년층 남성들이 중년층 및 청년층과 비교하여 가장 높은 기본주파수를 보였고, 그 차이는 유의하였다. 또한 노년층은 발화 단위 동안 더 긴 휴지 시간을 가졌고, 같은 산출을 위해 더 자주 호흡하였으며, 발화 길이가 증가하였다.

Verdonck-de Leeuw와 Mahieu(2004)는 5년이라는 기간에 걸쳐 연령에 따른 발성의 변화를 연구하였다. 기본주파수가 높아졌고, '짜내기 소리(creaky)' 음성이 더 심해졌으며, 자가보고 상 나날이 음성이 변화되어 여러 사람과의 만남을 피한다는 결과를 발표하였다. 또한 청지각적으로 거칠었고 섭동(perturbation) 수치가 증가하였으며, 연성음성지수(soft phonation index: SPI)에서 차이가 관찰되었다. 증가된 연성음성지수는 후두 내근의 긴장 저하 또는 불완전한 성문 폐쇄를 반영하는 것일 수도 있다.

### 3) 구강인두 요인

성도 역시 노화 과정에서 변화를 겪는다. Xue와 Hao(2003)는 노화와 관련된 구강인두 구조를 연구하였는데, 38명의 청년층 남성과 여성 그리고 38명의 노년층 남성과 여성을 대상으로 성도의 길이 및 직경(diameter)을 조사하였다. 음향 반향(acoustic reflection: AR) 기법(Eccovision Acoustic Pharyngometer, Sensormedics, Yorba Linda, CA)을 사용한 결과, 남성과 여성은 노화하면서 유사하게 성도의 직경이 변화하는 것을 관찰하였다. Xue와 Hao는 또한 나이가 들수록 구강의 길이는 길어지는 경향을 보였지만, 인두강과 전반적인 성도의 길이는 그렇지 않다고 하였다. 이러한 변화들은 노년층 화자의 제1포먼트(F1) 값이 낮아지는 것과 관련될 수 있으나, 여기에는 입술의 원순화와 같은 요인도 작용한다고 보고하였다.

Watson과 Munson(2007)은 제1포먼트 값이 낮아지고 중모음이 좀 더 후방화되어 산출되는 것이 신체적 변화 때문은 아니라고 기술하였다. 대신 이러한 양상은 단어 빈도와 모음 밀도(이웃하는 단어의 음소 근접성) 사이의 상호작용이며, 좀 더 보수적인 발음 형태를 유지하기 위함이라고 설명하였다. 또한 말 산출은 최대 수준보다 훨씬 낮은 힘 수준에서 이루어지므로 힘과 관련된 생리학적 설명은 불가능하다고 하였다. 하지만 Watson과 Munson(2007)은 Xue와 Hao(2003)가 측정한 음의 크기 변화를 측정하지는 않았다. 흥미롭게도 Watson과 Munson은 사회적 말 양상이 시간의 흐름에 따라 변하고, 노인들이 그들 자신의 예전 조음 전략을 유지할 수도 있으므로 노년층 화자에게서 일어나는 모든 조음 변화를 노화만으로 설명하기는 어렵다고 주장하였다.

Hoit, Watson, Hixon, McMahon과 Johnson(1994)은 연령에 따라 가장 나이가 많은 집단을 80세 이상으로 하여 4개 집단으로 나눈 후, 발화시의 비강 기류를 측정하면서 연인두 기능을 살펴보았다. 이때 비강 기류에서는 나이와 관련된 변화가 관찰되지 않았다. 따라서 이 결과는 나이가 듦에 따라 연인두 기능이 퇴행한다는 Hutchinson, Robinson과 Nernbonne(1978)의 결과를 지지하지는 않았다.

### 4) 문제에 대한 징후

Sataloff(1998)에 따르면, 노년층 의사소통 문제의 진단과 치료를 고려할 때는 관상동맥성 심장병, 뇌혈관 질환, 고혈압, 비만, 뇌졸중, 당뇨병, 암, 식생활, 골다공증, 청력 손실, 시력 손실, 빈혈, 관절염, 떨림을 포함한 신경학적 기능장애, 실금, 위장장애 등 여러 가지 건강 상태를 고려해야 한다. 노년층에서는 이 질환들 때문에 생리학적 예비(physiological reserve) 정도가 저하되며, 이는 음성과 말에 영향을 미칠 수도 있다.

노인성 음성(presbylarynges)과 노인성 발성(presbyphonia)의 특이적 징후로는 후두검사 동안 'arrow point'라고 부르는 성대 휨(bowing)과 돌출된 성대돌기(vocal processes)를 꼽을 수 있다(Pontes, Brasolotto, & Behlau, 2005). 성대 휨, 가성대 가시성(ventricular visibility), 돌출된 성대돌기 외에도 부종은 여성에게서, 또 성대 위축은 남성에게서 더 잘 발현된다. 성대 휨은 성대의 결합조직, 특히 점막 고유층 심층이 변화하면서 나타난다.

대부분의 노년층 화자는 구강인두 근육과 구조의 힘 또는 유연성이 저하되는 상황에서도 잘 대처하는데, 이는 말 산출에 필요한 힘이 구강 근육이 발휘할 수 있는 최대힘(maximum strength)보다 훨씬 적기 때문이다. 그러나 일반적으로 노년층의 조음과 공명 능력은 취약하며, 질환을 겪고 있는 상황에서는 갑작스럽게 말 산출 능력이 아주 나빠지기도 한다.

## 4. 노인의 음성과 말운동 능력을 향상시킬 수 있는 전략

건강을 유지하는 대부분의 노인 역시 발성과 호흡의 변화를 겪을 수 있다. 음성치료는 비전형적인 음성을 가진 이들에게 도움을 줄 수 있다. Berg, Hapner, Klein과 Johns(2008)에 따르면, 음성치료를 받은 노인 화자들은 음성 관련 삶의 질(voice-related quality of life: VRQOL; Hogikyan & Sethuraman, 1999)이 높았다. 음성치료에 더 적극적이고 참여율이 좋은 환자들은 그렇지 못한 환자들에 비해 자신의 음성이 좋아졌다고 보고했다. 치료에 적극적인 환자들이 그렇지 못한 환자들에 비해 후두전문의에게 한 달이나 일찍 재평가를 받기도 하였다.

또한 Orlikoff(1990)에 따르면, 신체적으로 건강한 노년층 화자들은 (심혈관계) 죽상동맥경화증(atherosclerosis)을 앓고 있는 화자들에 비해 음성 안정성(vocal stability)을 유지하는 경향을 보였다. 이는 건강한 생활방식을 취하는 화자들일수록 노화 관련 변화를 피할 수 있다는 것을 나타낸다. 일반적으로 노년층 화자들은 많은 신체적 위험에 노출되어 있다(예: 흡연, 환경적인 노출, 뇌졸중).

노화만으로 음성적 장애가 발생하는 것이 흔하지는 않지만, 질환이 있을 때 호흡 기관에서의 노화 관련 변화를 극복하기는 힘들다. 좀 더 자세히 말하면, 흡연자는 하루가 다르게 음성이 변화하고, 기본주파수가 저하되며, '삑 소리(creakiness)', 거친 소리, 증가된 주파수 섭동 수치(주파수 변동률) 등을 보인다(Verdonck-Leeuw & Mahieu, 2004). 근육 활동 증가에 초점을 맞추는 '밀고 당기는 기법(pulling and pushing)'은 그다지 적절하지 않은데, 이 기법이 과기능(hyperfunctional) 행동을 유발할 수 있기 때문이다. 대신에 성대 기능 자체를 최적화할 수 있는 전략(예: 음성 기능 운동 또는 공명 음성 치료법)을 사용한다면 과기능 없이 좋은 음성을 갖게 할 수 있을 것이다.

## 5. 기기 장치와 평가

전 연령대에 걸쳐 화자들의 특색은 다양하며, 많은 임상 도구가 평가,

해석, 치료, 기록화나 피드백에 활용된다. 최신의 도구가 상당히 쓸모 있고 신뢰로움에도 불구하고, 수집된 말과 음성 자료들은 수집한 사람만이 타당하고 신뢰롭게 활용할 수 있다. 자료 수집을 할 때는 많은 변인을 고려해야 한다. 예컨대, 강도를 측정할 때는 마이크와 입 간의 거리를 일정하게 해야 하므로 머리에 걸 수 있는 마이크를 사용하는 것이 가장 좋다. 손으로 잡는 마이크는 소리 근원으로부터의 거리를 고정할 수 없기 때문에 자료를 해석하기 어려울 뿐만 아니라 활용하기도 힘들다. 자료를 합당하게 수집하는 방법과 관련된 주제는 이 책에서 다루는 범위를 벗어나는데, 객관적 자료의 측정과 수집에 대해 자세히 알고자 한다면 언어병리학자들에게 유용한 교재가 여럿 있으니 참고하기 바란다(예: Baken & Orlikoff, 2000). 자료 수집에 있어서 표준 절차를 사용해야 하는 것은 아무리 강조해도 지나치지 않다. 표준 프로토콜과 절차를 유지해야만 이전의 논문들이나 규준 자료와의 비교가 가능할 것이다.

### 1) 청지각적 평정

음성과 음성장애에 대한 청지각적 평정(perceptual ratings)은 임상가의 훈련과 경험뿐만 아니라 척도의 타당성에 따라서도 가능하다. 그러므로 각기 다른 임상가 간, 임상 현장 간의 음성의 청지각적 평정에서 신뢰성을 확보하기란 어려운 일이다. 임상에서 사용할 수 있는 평정 척도는 다양하고, 각각 다른 측정 방식을 택하며, 다양한 신뢰성 및 타당성을 나타낸다. GRBAS 척도(Hirano, 1981)는 전반적인 등급(grade), 거친 정도(roughness), 기식성(breathiness), 무력성(asthenia), 긴장성(strain)을 측정하기 위해 오랫동안 사용되어 왔다. 그러나 극단적인 경우를 제외하고는 측정 결과에 대한 측정자 간 동의가 쉽지 않다. 심도의 장애와 정상 음성은 신뢰롭게 측정할 수 있으나, 경도-중등도 또는 중등도-심도의 음성은 임상가 간의 측정이 일치하기 어렵다(DeKrom, 1994). 더군다나 서로 다른 언어를 구사하는 측정자들은 GRBAS 척도의 특정 범주에서 신뢰롭게 측정하기 어렵다(역자 주: GRBAS 척도의 각 범주 중 A 범주 및 B 범주에서 일본인과 미국인 측정자 간의 차이가 나타났음; Yamaguchi, Shrivastav, Andrews, & Nimi, 2003). 최근에는 전문 임상가들이 평가할 때 청지각적 평정을 좀 더 표준화할 수 있도록 '합의 청지각적 음성 평가(Consensus Auditory Perceptual Evaluation of Voice: CAPE-V; ASHA, 2003)'가 개발되었다.

임상가들이 직접 행하는 평정 이외에도, 환자 자신이 음성장애 중증도 및 음성 문제가 자신의 삶에 미치는 영향을 측정할 수 있도록 고안된 도구들이 있다. 이 도구는 음성 관련 삶의 질, 음성장애 지수(voice handicap index: VHI; Jacobson, Johnson, Grywalski, & Silbergleit, 1977) 등이다. Karnell, Melton, Childes, Coleman, Dailey와 Hoffman(2007)은 GRBAS 척도와 CAPE-V라는 두 가지 표준 척도는 서로 필적할 만한 정도로 신뢰롭게 음성 문제를 기술한다고 보았다. 그러나 환자 보고식의 평정 척도가 음성의 청지각적 평가와 강한 상관관계를 보이지는 않는다. 이러한 연구 결과는 환자와 임상가의 지각이 서로 다르다고 기술한 임상가의 보고서 내용을 뒷받침한다.

### 2) 비디오스트로보스코프 평정

비디오스트로보스코프(videostroboscopic) 평정은 후두와 진성대를 시각적으로 관찰함으로써 음성장애를 평가하는 금본위제(gold standard)로 간주된다. 그러나 비디오스트로보스코프는 전반적인 음성 평가 절차에서 주관적 도구로 쓰인다는 것을 기억할 필요가 있다. KayPentax 디지털 비디오스트로보스코프 기기인 모델 9295(KayPentax사, 미국 뉴저지)는 1990년대 초반부터 사용된 비디오스트로보스코프 품목 중에서 가장 최신형이다. 이 기기는 검사에 대한 디지털 저장을 가능케 하고, 환자의 데이터베이스와 음향학적 분석 소프트웨어를 제공한다. Lx Strobe 3(Laryngograph사, 영국 런던)는 많은 동일한 사양을 제공한다. 각 제품은 저장하여 차후에 해석할 수 있도록 영상들을 제공하는데, 이것은 치료 전후 비교에 유용하게 쓰인다. 간접 후두내시경(indirect laryngoscopy) 검사에는 경직형 또는 굴곡형 후두내시경을 활용한다. 여기서 경직형 후두내시경은 치료사가 환자의 혀를 잡고 환자는 입을 크게 벌려야만 검사가 가능한 데 비해, 굴곡형 후두내시경은 발성할 때에 보다 전형적인 후두 움직임이 시각화된다. 결국 각 기법은 장단점을 지닌다. 굴곡형 후두내시경은 전 연령대에 걸쳐 사용할 수 있으며, 특히 구토반사가 심한 사람들에게 유용하다. 굴곡형 후두내시경의 주요 장점으로는 환자가 검사 시 발화, 노래, 운동(제한된), 삼킴을 할 수 있다는 것이다. 한편, 주요 단점은 영상의 질이 밝기나 배율에 있어서 경직형 후두내시경보다 떨어진다는 것을 들 수 있다. 경직형 후두내시경을 사용하면 더 많은 빛을 성대에 비출 수 있기 때문에 점막 파동, 성대 주름의 구조(예: 성대구증의 확인), 기타 성대 진동의 생체역학적 특성을 기록하는 데 유용하다.

### 3) 음향학적 측정

KayPentax Computerized Speech Lab(CSL)은 말과 음성의 분석을 위한 포괄적 시스템을 제공하는 전용 하드웨어 및 소프트웨어 플랫폼이다. 이 시스템은 음성과 말의 다양한 음향학적 측면을 포괄적으로 다루는 여러 가지 부가적(add-on) 프로그램으로 구성되어 있다. 특히 CSL은 전형적인 음성과 비정상 음성에 관한 음향학적 측정에 바탕을 둔 방대한 규준 데이터로 이루어진 장애 음성 데이터베이스를 제공한다. KayPentax Sona-Speech II와 Multi-Speech는 CSL 분석의 자질 대부분을 포함하면서도 노트북 컴퓨터에 설치할 수 있어 이동이 훨씬 수월하다. Laryngograph사는 표준 USB 케이블을 통해 노트북 컴퓨터에 연결할 수 있는 Speech Studio 같은 제품을 생산한다. 또한 WEVOSYS사(Frocheim, 독일)는 음성 클리닉에서 사용할 수 있는 많은 소프트웨어 프로그램을 공급한다. 이 제품들은 적합한 평가에 필요한 모든 측정법 그리고 생애 전반에 걸친 규준 자료 등을 제공한다.

### 4) 생리학적 측정

KayPentax는 최근 발성공기역학시스템(phonatory aerodynamic system: PAS)을 출시하였다. PAS를 사용하면 평균 발성기류율, 음압 수준, 기본주파수, 폐활량, 성문하압, 성문저항, 효율매개변수(efficiency parameters) 등과 같은 전반적인 음성평가에 중요한 자료를 수집할 수 있다. 그러나 아직까지 PAS를 통해 구축된 규준 자료는 나와 있지 않다. Glottal Enterprises Aeroview System(Syracuse사, 미국 뉴욕)은 PAS와 마찬가지로 자료 수집이 가능하며, 탁상용 컴퓨터끼리 혹은 탁상용 컴퓨터에서 노트북으로 자료를 쉽게 이동할 수 있고, 하드웨어 환경 설정이 필요 없다는 것이 특징이다.

앞서 언급한 KayPentax와 Glottal Enterprise의 제품들 외에도 임상가가 사용할 수 있는 소프트웨어 프로그램은 다양하다. TF32(Milenkovic, 2002)는 32-bit Windows에서 사용할 수 있는 시간-주파수 분석 소프트웨어 프로그램으로서 음향학적 · 공기역학적 자료 수집이 가능하다. 예컨대, 표준 프로그램만으로 강도, 주파수, 스펙트로그램, 주파수변동률, 진폭변동률, 신호대 잡음비(signal-to-noise ratio) 등을 측정할 수 있다. 또한 이 프로그램은 임상실에서 필요에 따라 맞춤 사용도 가능하다. 하지만 공기역학적 장비, 마이크, 사운드카드 등과 같은 하드웨어를 구매해야 한다. 이 프로그램이 규준 자료를 제공하진 않지만, 임상가가 규준 자료를 확보할 수 있는 동시에 적절히 해석할 수만 있다면 훌륭한 도구로 활용될 수 있다.

### 5) 연인두 평가

언어재활사는 연인두(velopharyngeal) 기능을 평가하기 위해 다양한 하드웨어와 소프트웨어를 사용할 수 있다. 나조미터 II(Nasometer II, KayPentax)는 판으로 나뉜 2개의 마이크를 화자의 코밑에 위치시켜 입력되는 구강과 비강의 음향 에너지를 비교할 수 있게 한다. 이 기기는 말과학과 음성과학 분야에서 확고히 자리 잡은 도구로서 타당성이 탁월하다. 여기서는 아동용 표준 읽기 문단뿐만 아니라 Simplified Nasometric Assessment Procedures test(SNAP 검사: 음절 반복 또는 연장 음과 그림 단서 하위 검사, 읽기; Kummer, 2008)를 활용한다. 이 검사의 규준 자료는 환아용이다. 제조사에 따르면, 시스템에서 도출한 음향 신호는 연인두 기능의 공기역학적 측정치와 상관성이 높다고 한다. 그러나 이러한 음향 신호가 앞서 언급한 기기들(PAS, TF32, Glottal Enterprises)을 통한 생리학적 측정을 대체할 수는 없다. Glottal Enterprises사의 공명시각화기기(Nasality Visualization System: NVS)는 비강과 구강 압력치 이외에도 음향 정보를 제공하며, 비음치를 나타내는 시각적 피드백과 환자를 위한 청각적 피드백을 제공한다. 따라서 이 기기는 말운동장애, 구개파열 또는 두개안면 장애로 인한 과다비성을 측정하는 데 적합한 도구다.

요약하자면, 노인의 음성이나 말운동 능력을 평가할 수 있는 진단 도구는 많다. 그러나 여러 임상가 간, 임상 현장 간의 절차의 표준화가 이루어져야 한다. 이 장에서는 많은 하드웨어와 소프트웨어를 언급하였지만 이 중 소수만이 규준 자료를 제공한다. 본질적으로 이 장비들은 작동하는 데 전문성을 요하며, 임상가나 과학자들은 적절한 규준 자료를 마련하기 위해 꾸준히 연구해야 한다. 그래야만 임상가들이 환자의 수행력을 평가하는 데 규준 자료를 적용할 수 있기 때문이다.

### 핵심 요약

- 건강한 노인에게서 관찰되는 음성과 말운동 능력의 일반적인 변화는 다음과 같다.
  - 음량 감소, 기식음(breathiness), 상대적 고음도(high pitch), 유연성 저하, 음성 떨림 등을 들 수 있음
  - 기본주파수(F0)는 나이가 들면서 낮아지다가 노년층에서 높아짐
  - 발성의 안정성이 감소함
  - 음도 범위와 최대 발성 시간이 줄어듦
  - 발성의 변이성(주파수변동률[jitter]과 진폭변동률[shimmer])이 증가함
  - 노화와 관련된 음성 및 말의 변화에 대해서는 많이 기술되어 있지 않음
  - 노화 관련 변화는 주의 깊게 진단을 내려야 하는데, 노화와 관련된 변화로만 치부하여 중요한 진단을 놓쳐서는 안 되기 때문임
- 노년층의 음성과 말운동 능력에 부정적인 영향을 주는 요인
  - 호흡 요인
    - 나이가 들면서 호흡기가 뻣뻣해지고 약한 호흡근이 흔히 관찰됨
    - 석회화된 늑골과 갈비뼈 또는 척추 관절로 인해 탄성 반동(elastic recoil)이 줄어듦
    - 척추 후만증(dorsal kyphosis, '곱사등')과 앞-뒤 흉벽의 크기 증가('종형 흉곽')를 초래함
    - 흉막(pleural membranes)의 탄성력이 감소함
    - 탄성력 저하로 인해 높은 폐용량에서 말해야 함
    - 저하된 근력으로 인해 다른 문제가 있을 때는 극복하기 힘듦

ㅇ잔기량(residual volume)과 기능적 잔기량(functional residual capacity)이 증가함

ㅇ근력이 감소함; 그 이유는 다음과 같다.

· 영양 상태나 체중

· 저하된 근육량(근섬유 단면과 근섬유 숫자)

· Type II 또는 속근섬유(fast twitch fibers)의 감소

· 변화된 신경근접합부

· 탈신경근섬유(특히 Type II)

ㅇ말초 기도(peripheral airways)가 지지를 잃고 좁아짐

ㅇ말단의 공기층이 열린 채로 공기 포획 현상이 일어남

ㅇ허파꽈리(alveoli)의 수가 줄어듦

ㅇ과탄산혈증(hypercapnia)이나 저산소증(hypoxia)을 민감하게 느끼지 못함

ㅇ천식이 나타남

–후두 요인

ㅇ근 위축이 나타남

ㅇ성별

· 폐경으로 인해 성대 질량(vocal fold mass)이 증가하면서 성대의 역학적 특성(mechanical properties)이 변화함

· 남성은 성문 폐쇄의 불완전으로 기식성을 보이며, 후두의 긴장을 나타냄

· 성문 틈(glottal gaps)은 남성과 여성 모두에게서 나타나고, 성문 틈의 면적 상 차이가 없음

· 젊은 여성에게서는 주로 후방부 틈이 관찰되고 낮은 영역에서 스펙트럼 잡음이 관찰되는 반면, 노년층 여성에게서는 높은 영역의 스펙트럼 잡음을 야기하는 전방부 틈이 보임

· 남성의 경우에는 노화에 따라 틈의 위치나 크기에 뚜렷한 차이가 나타나지 않음

· 폐경에 따른 부종이나 성대 건조 등은 점막 파동을 변화하게 함

· 남성의 경우에는 높아진 기본주파수, 발화 중의 더 긴 휴지 시간, 증가된 발화 길이를 보임

- 인두 요인
  - ㅇ남성과 여성은 노화하면서 성도의 직경 변화가 유사하게 나타남
  - ㅇ구강의 길이는 길어지는 경향을 보이지만 인두강과 전반적인 성도의 길이는 그렇지 않으며, 이에 따라 제1포먼트(F1) 값이 낮아짐
  - ㅇ나이가 듦에 따라 연인두 기능은 변화하지 않음

• 언어재활사나 기타 의료 전문가에게 의뢰해야 하는 징후
- 의사소통에 방해가 되는 기식성
- 노인성 후두와 노인성 발성의 징후: 성대 휨, 'arrow point'라고 부르는 돌출된 성대돌기(vocal processes), 가성대 가시성(ventricular visibility)
- 진동 특색
  - ㅇ불완전한 성대 폐쇄
  - ㅇ비주기성
  - ㅇ진폭 변화
  - ㅇ점막 파동 변화
- 삑 소리 혹은 거친 소리로 간주되는 음성을 보이고, 음성이 하루가 다르게 변화하며, 여러 사람과의 사교 모임을 피함
- 말 산출 능력이 갑작스럽게 소실됨

• 노년층 음성과 말운동 능력에 도움이 될 수 있는 전략
- 음성치료에 참여하거나 음성기능훈련(vocal function exercises) 또는 공명음성치료기법(resonant voice therapy)과 같은 음성 기능을 최적화할 수 있는 전략을 배우는 일
- 건강을 유지하는 일
- 금연
- 근육 활동을 증가시키는 데 초점을 맞춘 '밀고 당기는 기법(pulling and pushing)'은 과기능(hyperfunctional) 행동을 유발할 수 있으므로 피하기

• 기기 장치와 평가
  – 음성과 음성장애에 대한 청지각적 평정은 임상가의 훈련과 경험뿐 아니라 척도의 타당성에도 달렸음
  – 청지각적 평정 기기로는 GRBAS 척도, 합의 청지각적 음성 평가(CAPE-V), 음성장애 지수(VHI) 등이 있음
  – 비디오스트로보스코프 평정은 음성장애를 평가하는 금본위제로 간주되지만, 근본적으로는 주관적 도구임
  – 비디오스트로보스코프 평정은 경직형 또는 굴곡형 후두내시경을 활용함
  – 음향학적 평가 도구로는 CSL, Sona-Speech II, Multi-Speech, Laryngograph, Time-Frequency Analysis 32-bit, WEVOSYS사 제품 등이 있음
  – 생리학적 평가 도구로는 발성공기역학시스템(PAS), Aeroview System 등이 있음
  – 나조미터 II와 NVS는 연인두 기능 평가에 쓰임
  – 여러 진단 도구가 있지만 임상가 간, 임상 현장 간의 검사 절차의 표준화가 제대로 이루어지지 않았음

## 논의할 문제

1. 기본주파수는 특정 연령에서 높아지기 시작하는가?
2. 노인들이 '짜내기 소리(creaky voice)'를 내는 이유는 무엇인가?
3. 노화와 연관된 음성의 특색은 무엇인가?
4. 남성과 여성에게서 노화 관련 음성의 변화는 어떤 호르몬의 영향으로 생기는가?

## 참고문헌

American Speech-Language-Hearing Association (2003). *CAPE-V; Consensus Auditory-Perceptual Evaluation of Voice*. Rockville, MD: Division 2.

Arora, N. S., & Rochester, D. F. (1982). Respiratory muscle strength and maximal voluntary ventilation in undernourished patients. *American Review of Repiratory Disease*, *126*, 5-8.

Awan, S. N. (2006). The aging female voice: Acoustic and respiratory data. *Clinical Linguistics and Phonetics*, *20*, 171-180.

Ayres, J. G. (1990). Late onset asthma. *British Medical Journal*, *300*, 1602-1603.

Baken, R. J. (2005). The aged voice: A new bypothesis. *Journal of Voice*, *19*, 317-325.

Baken, R. J., & Orlikoff, R. F. (2000). *Clinical measurement of speech and voice* (2nd ed.). San Diego, CA: Singular Publishing.

Baker, K. K., Ramig, L. O., Luschei, E. S., & Smith, M. E. (1998). Thyroarytenoid muscle activity associated with hypophonia in Parkinson disease and aging. *Neurology*, *51*, 1592-1598.

Baker, K. K., Ramig, L. O., Sapir, S., Luschei, E. S., & Smith, M. E. (2001). Control of vocal loudness in young and old adults. *Journal of Speech, Language, and Hearing Research*, *44*, 297-305.

Bassey, E. J., & Harries, U. J. (1993). Normal values for handgrip strength in 92- men and women aged over 65 years, and longitudinal changes over 4 years in 620 survivors. *Clinical Science*, *84*, 331-337.

Benjamin, B. J. (1981). Frequency variability in the aged voice. *Journal of Gerontology*, *36*, 722-726.

Berg, E. E., Hapner, E., Klein, A., & Johns, M. M., III. (2008). Voice therapy improves quality of life in age-related dysphonia: A case-control study. *Journal of Voice*, *22*, 70-74.

Biever, D., & Bless, D. (1989). Vibratory characteristics of the vocal folds of young adult and geriatric women. *Journal of Voice*, *3*, 120-131.

Boulet, M. J., & Oddens, B. J. (1996). Femake voice changes around and after the menopause: An initial investigation. *Maturitas*, *23*, 15-21.

Brown, M., & Hasser, E. (1996). Complexity of age-related change in skeletal muscle. *Journals of Gerontology Series A: Biological Sciences and Medical Sciences*, *51*, 117-123.

Brown, W., Morris, R., & Michel, J. (1989). Vocal jitter in young adult and aged female voices. *Journal of Voice*, *3*, 113-119.

Burrows, B., Cline, M. G., Knudson, R. J., Taussig, L. M., & Lebowitz, M. D. (1983). A descriptive analysis of the growth and decline of the FVC and FEV1. *Chest*, *83*, 717-724.

Chan, E. D., & Welsh, C. H. (1998). Geriatric respiratory medicine. *Chest*, *114*, 1704-1733.

Close, L. G., & Woodson, G. E. (1989). Common upper airway disorders in the elderly and their management. *Geriatrics*, *44*, 67-71.

Crapo, R. O. (1993). The aging lung. In D. A. Mahler (Ed.), *Pulmonary disease in the elderly patient* (vol. 63, pp. 1-21). New York: Marcel Dekker.

Dsvis, S. B. (1979). Acoustic characteristics of normal and pathological voices. In N. J. Lass (Ed.), *Speech and language: Advances in basic research and practice* (vol. 1, pp. 271-335). New York: Academic Press.

DeKrom, G. (1994). Consistency and reliability of voice quality ratings for different types of speech fragments. *Journal of Speech and Hearing Research*, *37*, 985-1000.

De Pinto, O., & Hollien, H. (1982). Speaking fundamental frequency characteristics of Australian women: Then and now. *Journal of Phonetics*, *10*, 367-375.

Dhar, S., Shastri, S. R., & Lenora, R. A. K. (1976). Aging and the respiratory system. *Medical Clinics of North America*, *60*, 1121-1139.

Enright, P. L., Kronmal, R. A., Manolio, T. A., Schenker, M. B., & Hyatt, R. E. (1994). Respiratory muscle strength in the elderly: Correlates and reference values. *American Journal of Respiratory and Critical Care Medicine*, *149*,

430-438.

Evans, R., Mullally, D. I., Wilson, R. W., Gergen, P. J., Rosenberg, H. M., Grauman, J. S. et al. (1987). National trends in the morbidity and mortality of asthma in the US: Prevalence, hospitalization, and death from asthma over two decades: 1965-1984. *Chest*, *91*, 65S-74S.

Ferrand, C. (2002). Harmonics-to-noise ratio: An index of vocal aging. *Journal of Voice*, *16*, 480-487.

Glottal Enterprises. *Glottal Enterprises Aeroview System*. Syracuse, NY: author.

Gorham-Rowan, M. M., & Laures-Gore, J. (2006). Acoustic-perceptual correlates of voice quality in elderly men and women. *Journal of Communication Disorders*, *39*, 171-184.

Harnsberger, J. D., Shrivastavi, R., Brown, W. S., Jr., rothman, H., & Hollien, H. (2008). Speaking rate and fundamental frequency as cues to perceived age in speech. *Journal of Voice*, *22*, 58-69.

Higgins, M. B., & Saxman, J. H. (1991). A comparison of selected phonatory behaviors of healthy aged and young adults. *Journal of Speech and Hearing Research*, *34*, 1000-1010.

Hirano, M. (1981). *Clinical examination of voice*. New York: Springer-Verlag.

Hirano, M., Kurita, S., & Nakashima, T. (1983). Growth, development and aging of human vocal fold. In D. M. Bless and J. B. Abbs (Eds.), *Vocal fold physiology* (pp. 22-43). San Diego, CA: College-Hill.

Hixon, T. J., Goldman, M. D., & Mead, J. (1973). Kinematics of the chest wall during speech production: Volume displacements of the rib cage, abdomen, and lung. *Journal of Speech and Hearing Research*, *16*, 78-115.

Hixon, T. J., Mead, J., & Goldman, M. D. (1976). Dynamics of the chest wall during speech production: Function of the thorax, rib cage, diaphragm, and abdomen. *Journal of Speech and Hearing Research*, *19*, 297-356.

Hogikyan, N. D., & Sethuraman, G. (1999). Validation of an instrument to measure voice-related quality of life (V-RQOL). *Journal of Voice*, *13*, 557-569.

Hoit, J. D., & Hixon, T. J. (1987). Age and speech breathing. *Journal of Speech and Hearing Research*, *30*, 351-366.

Hoit, J. D., Hixon, T. J., Altman, M. E., & Morgan, W. J. (1989). Speech breathing in women. *Journal of Speech and Hearing Research*, *32*, 353-365.

Hoit, J., Watson, P., Hixon, K., McMahon, P., & Johnson, C. (1994). Age and velopharyngeal function during speech production. *Journal of Speech and Hearing Research*, *37*, 295-302.

Holmberg, E. B., Hillman, R. E., Perkell, J. S., & Guiod, P. C. (1988). Comparisons among aerodynamic, electroglottographic, and acoustic spectral measures of female voice. *Journal of Speeh and Hearing Research*, *38*, 1212-1223.

Honjo, I., & Isshiki, N. (1980). Laryngoscopic and voice characteristics of aged persons. *Archives of Otolaryngology*, *106*, 149-150.

Hutchinson, J., Robinson, K., & Nerbonne, M. (1978). Patterns of nasalance in a sample of normal gerontologic subjects. *Journal of Communication Disorders*, *11*, 469-481.

Iwata, S. (1972). Periodicities of perturbations in normal and pathologic larynges. *Laryngoscope*, *82*, 87-95.

Iwata, S., & von Leden, H. (1970). Pitch perturbations in normal and pathological voices. *Folia Phoniatrica*, *22*, 413-424.

Jocobson, B., Johnson, A., Grywalski, C., & Silbergleit, A. (1977). The voice handicap index (VHI): Development and validation. *American Journal of Speech Language Pathology*, *6*, 66-70.

Janssens, J. P., Pache, J. C., & Nicod, L. P. (1999). Physiological changes in respiratory function associated with ageing. *European Respiratory Journal*, *13*, 197-205.

Jones, B. (1994). The pharynx: Disorders of function. *Radiologic Clinics of North America*, *32*, 1103-1115.

Kahane, J. C. (1980). Age-related histological changes in the human male and female laryngeal cartilages: Biological and functional implications.

In V. Lawrence (Ed.), *Transcripts of the Ninth Symposium: Care of the Professional Voice*. New York: The Voice Foundation.

Kahane, J. C. (1981). Changes in the aging peripheral speech mechanism. In D. S. Beasley & G. A. Davis (Eds.), *Aging: Communication processes and disorders*. New York: Grune & Stratton.

Kahane, J. C. (1983). A survey of age-related changes in the connected tissues of the adult human larynx. In D. Bless & J. Abbs (Eds.), *Vocal physiology*. San Diego, CA: College Hill Press.

Kahane, J. (1987). Connective tissue changes in the larynx and their effects on voice. *Journal of Voice*, *1*, 27-30.

Kahane, J. (1988). Age related changes in the human cricoarytenoid joint. In O. Fujimara (Ed.), *Vocal physiology: Voice production, mechanisms, and functions*. New York: Raven.

Kahane, J. (1990). Age-related changes in the peripheral speech mechanism: Structural and physiological changes. In E. Cherow (Ed.), *Proceedings of the Research Symposium on Communication Skills and Aging* (pp. 75-87). Rockville, MD: American Speech-Language-Hearing Association.

Karnell, M. P., Melton, S. D., Childes, J. M., Coleman, T. C., Dailey, S. A., & Hoffman, H. T. (2007). Reliability of clinician-based (GRBAS and CAPE-V) and patient-based (V-RQOL and IPVI) documentation of voice disorders. *Journal of Voice*, *21*(5), 576-590.

Kay Pentax (2008). *Digital video stroboscopy system; Model 9295*. Retrieved from http://www.kayelemetrics.com/Product%20Info/Strobe%20 Systems/9295.htm

Kendall, K. (2007). Presbyphonia: A review. *Current Opinion in Otolaryngology and Head and Neck Surgery*, *15*, 137-140.

Kitajima, K., & Gould, W. J. (1976). Vocal shimmer in sustained phonation of normal and pathologic voice. *Annals of Otolaryngology*, *85*, 377-381.

Kitajima, K., Tanabe, M., & Isshiki, N. (1975). Pitch perturbation in normal and pathological voice. *Studia Phonologica*, *9*, 25-32.

Kummer, A. W. (2008). *Cleft palate and craniofacial anomalies: Effects on speech and resonance* (2nd ed.). San Diego, CA: Singular.

Laryngograph. LxStrobe3 digital precision stroboscopy. Retrieved from http://www.laryngograph.com/pr_lxstrobe.htm on December 1, 2009.

Lexell, J. (1997). Evidence for nervous system degeneration with advancing age. *Journal of Nutrition*, *5 Suppl.t*, 1011S-1013S.

Linville, S. (1992). Glottal configurations in two age groups of women. *Journal of Speech and Hearing Research*, *35*, 1209-1215.

Linville, S. E. (2001). *Vocal aging*. San Diego, CA: Singular Publishing Group.

Linville, S. (2002). Source characteristics of aged voice assessed from long-term average spectra. *Journal of Voice*, *16*, 472-479.

Linville, S., & Fisher, H. (1985a). Acoustic characteristics of perceived versus actual age in controlled phonation by adult females. *Journal of the Acoustical Society of America*, *78*, 40-48.

Linville, S., & Fisher, H. (1985b). Acoustic characteristics of women's voices with advancing age. *Journal of Gerontology*, *40*, 324-330.

Linville, S. E., & Korabic, E. W. (1986). Elderly listeners' estimates of vocal age in adult females. *Journal of the Acoustical Society of America*, *80*, 692-694.

Linville, S. E., Skarin, B. D., & Fornatto, E. (1989). The interrelationship of measures related to vocal function, speech rate, and laryngeal appearance in elderly women. *Journal of Speech and Hearing Research*, *32*, 323-330.

Luschei, E. S., Ramig, L. O., Baker, K. L., & Smith, M. E. (1999). Discharge characteristics of laryngeal single motor units during phonation in young and older adults and in persons with Parkinson disease. *Journal of Neurophysiology*, *81*, 2121-2139.

McGlone, R., & Hollien, H. (1963). Vocal pitch characteristics of aged women. *Journal of Speech and Hearing Research*, *6*, 164-170.

McKeown, F. (1965). *Pathology of the aged*. London: Butterworths.

Meyer, K. C. (2005). Aging. *Proceedings of the American Thoracic Society*, *2*, 433-439.

Milenkovic, P. (2002). *TF32 time frequency analysis software program for 32-bit Windows [Computer software]*. Madison, WI: author.

Moorman, J. E., & Mannino, D. M. (2001). Increasing U.S. asthma mortality rates: Who is really dying? *Journal of Asthma*, *38*, 65-71.

Mueller, P. B., Sweeney, R. J., & Baribeau, L. J. (1984). Acoustic and morphologic study of the senescent voice. *Ear, Nose, and Throat Journal*, *63*, 71-75.

Murray, J. F. (1986). Aging. In J. F. Murray (Ed.), *The normal lung*. Philadelphia: W. B. Saunders.

Orlikoff, R. (1990). The relationship between age and cardiovascular health to certain acoustic characteristics of male voices. *Journal of Speech and Hearing Research*, *33*, 450-457.

Pierce, J. A., & Ebert, R. V. (1965). Fibrous network of the lung and its change with age. *Thorax*, *20*, 469-476.

Polkey, M. I., Harris, M. L., Hughes, P. D., Hamengard, C. H., Lyons, D., & Moxham, J. (1997). The contractile properties of the elderly human diaphragm. *American Journal of Respiratory and Critical Care Medicine*, *155*, 1560-1564.

Pontes, P., Brasolotto, A., & Behlau, M. (2005). Glottic characteristics and voice complaint in the elderly. *Journal of Voice*, *19*, 84-94.

Ptacek, P., & Sander, E. (1966). Age recognition from voice. *Journal of Speech and Hearing Research*, *9*, 273-277.

Ptacek, P., Sander, E., Maloney, W., & Jackson, C. (1966). Phonatory and related changes with advanced age. *Journal of Speech and Hearing Research*, *9*, 353-360.

Ramig, L. O., Gray, S., Baker, K., Corbin-Lewis, K., Buder, E., Luschei, E., et al. (2001). The aging voice: A review, treatment data, and familial and genetic perspectives. *Folia Phoniatrica et Logopedia*, *53*, 252-265.

Ramig, L., & Ringel, R. (1983). Effects of physiological aging on selected acoustic characteristics of voice. *Journal of Speech and Hearing Research*,

*26*, 22-30.

Robin, E. D. (1988). Risk benefit analysis in chest medicine: Death from bronchial asthma. *Chest*, *93*, 614-618.

Russell, A., Penny, L., & Pemberton, C. (1995). Speaking fundamental frequencychanges over time in women: A longitudinal study. *Journal of Speech and Hearing Research*, *38*, 101-109.

Ryan, R. F., McDonald, J. R., & Devine, K. D. (1956). Changes in laryngeal epithelium: Relation to age, sex, and certain other factors. *Mayo Clinic Proceedings*, *31*, 47-52.

Ryan, W., & Burk, K. (1974). Perceptual and acoustic correlates in the speech of males. *Journal of Communication Disorders*, *7*, 181-192.

Sapienza, C., & Dutka, J. (1996). Glottal airflow characteristics of women's voice production along an aging continum. *Journal of Speech and Hearing Research*, *39*, 322-328.

Sataloff, R. T. (1998). *Vocal health and pedagogy.* San Diego, CA: Singular.

Sataloff, R. T., Rosen, D. C., Hawkshaw, M., & Spiegel, J. R. (1997). The aging adult voice. *Journal of Voice*, *11*, 156-160.

Shipp, T., & Hollien, H. (1969). Perception of the aging male voice. *Journal of Speech and Hearing Research*, *12*, 703-712.

Shipp, T., Qi, Y., Huntley, R., & Hollien, H. (1992). Acoustic and temporal correlates of perceived age. *Journal of Voice*, *6*, 211-216.

Sly, R. M. (1984). Increases in deaths from asthma. *Annals of Allergy*, *53*, 20-25.

Sperry, E. E., & Klich, R. J. (1992). Speech breathing in senescent and younger women during oral reading. *Journal of Speech and Hearing Research*, *35*, 1246-1255.

Titze, I. R. (1989). Physiologic and acoustic differences between male and female voices. *Journal of the Acoustical Society of America*, *85*, 1699-1707.

Tolep, K., Higgins, N., Muza, S., Criner, G., & Kelsen, S. (1995). Comparison of disphragm strength between healthy adult elderly and young men. *American Journal of Respiratory and Critical Care Medicine*, *152*, 677-682.

Tolep, K., & Kelsen, S. (1993). Effect of aging on respiratory skeletal muscles. *Clinics in Chest Medicine*, *14*, 363-378.

Verbeken, E., Cauberghs, M., & Mertens, I. (1992). The senile lung. Comparison with normal and emphysematous lungs. I: Structural aspects. *Chest*, *101*, 793-799.

Verdonck-de Leeuw, I. M., & Mahieu, H. F. (2004). Vocal aging and the impact on daily life: A longitudinal study. *Journal of Voice*, *18*, 193-202.

Watson, P. J., & Munson, B. (2007). A comparison of vowel acoustics in older and younger adults. *International Congress of Phonetic Sciences*, *16*, 561-564.

WEVOSYS, Forcheim, Germany. http://www.wevosys.com

Wilcox, K., & Horii, Y. (1980). Age and changes in vocal jitter. *Journal of Gerontology*, *35*, 194-198.

Woo, P., Casper, J., Colton, R., & Brewer, D. (1992). Dysphonia in the aging: Physiology versus disease. *Laryngoscope*, *102*, 139-144.

Xue, S. A., & Hao, G. J. (2003). Changes in the human vocal tract due to aging and the acoustic correlates of speech production: A pilot study. *Journal of Speech, Language and Hearing Research*, *46*, 689-701.

Yamaguchi, H., Shrivastav, R., Andrews, M. L., & Niimi, S. (2003). A comparison of voice quality ratings made by Japanese and American listeners using the GRBAS scale. *Folia Phoniatrica et Logopedia*, *55*(3), 115-127.

# 8장

# 삼킴 능력

Julia D Edgar

## 1. 도입

'식사 시간' '음식' '마시다' 등과 같이 식이와 관련된 용어들은 사회화, 영양, 안락 등의 개념을 무수히 많이 연상시킨다. 식사를 생각하면 흔히 친구나 가족과 함께하는 것을 기대한다. 음식이 만들어질 때 감각은 냄새에 의해 사로잡히고, 이어서 음식이 시각적으로 눈에 들어온다. 처음 한 입을 기대하면서 침의 분비가 시작되고, 입으로 음식이 처음 들어가면 삼킴이라는 신체적 행위가 개시된다. 그러나 식사의 질감과 맛을 음미하면서 삼킴에 필요한 해부학적 · 생리학적 절차를 생각하지는 않는다. 비록 시간이 지나면서 퇴화되긴 하지만, 이미 성숙한 성인의 삼킴 기능에 대해 깊이 생각하지는 않는다는 것이다. 임상가와 연구자들은 노화가 진행됨에 따라 정상적인 삼킴 기능이 점차 퇴화한다는 것을 확인하였다. 이러한 삼킴 변화를 일컬어 '노인성 삼킴(presbyglutition, old swallow)'이라고 한다. 노화의 다른 측면들과 유사하게 노인성 삼킴은 생활연령(chronological age)보다는 생물학적 연령(biological age)과 더 밀접히 연관되고, 생물학적 연령은 개인마다 상당히 다르게 진행되기 때문에 노인들은 전반적으로 이질성(heterogeneity)을 띄게 된다. 게다가 반드시 노년층에만 국한되는 것은 아니나, 청년층보다 노년층에서 좀 더 많이 나타나는 문제점이 있다. 구강건조증(xerostomia)과 같은 이런 문제점들은 노인에게 있어 삼킴을 한층 더 어렵게 만든다.

노인성 삼킴에 대한 연구는 잘 선별된 대상자들에게 이루어지기 때문에 노인에게서 흔히 관찰되는 동반질환(comorbidities)이 연구 참여자들에게는 잘 나타나지 않는다. 연구 자료들에 따르면, 동반질환이 없는 노인들은 노인성 삼킴 기능을 보일 수는 있지만 삼킴장애(dysphagia)를 보이지는 않는 것을 확인할 수 있다. 삼킴장애 자체는 질병이 아니지만 한 가지 혹은 그 이상의 다양한 질환의 증세가 될 수는 있다(Groher & Bukatman, 1986). 신경학적 장애와 두경부(머리와 목) 암은 삼킴장애의 원인으로 잘 알려져 있다. 그러나 당뇨, 심부전, 노인에게 흔한 다른 질병과 같은 비신경학적 또는 비암성(noncancerous) 동반질환이 있는 노인들이 보이는 삼킴장애에 대한 정보는 거의 없다(Kuhlemeier, 1994). 이처럼 노인성 삼킴은 어떤 노인들에게는 삼킴장애로 악화되기도 하는 반면, 다른 노인들에게는 그렇지 않다. 동반질환이 있는 노인 환자들에게 삼킴 문제가 생길 가능성이 더 크긴 하지만, 언제, 누구에게서 삼킴장애가 나타날지가 애매한 상황 때문에 문제를 예측하고 인지하기 어렵다. 노년층 인구에 대해 삼킴장애를 진단 내리기가 더 모호한 까닭은 많은 노인이 복잡한 의학적 상태를 보이고, 노화에 따라 서서히 진행되는 삼킴장애가 이미 좀 더 명백하게 드러나 있는 의료 문제에 가려지기 때문이다. 나이와 삼킴 간의 관련성이 개인마다 다르기 때문에 지역사회 거주(community-dwelling) 노인 및 그 가족과 의료인은 삼킴 기능이 나빠진다고 예상하지 못하고, 이에 따라 삼킴 기능의 변화를 꾸준히 관찰하지도 않게 된다. 심지어 삼킴에 어려움을 경험하기 시작하더라도 이를 자연스러운 노화 과정이라고 생각하여 주치의에게 상의하지도 않는다(Bloem et al., 1990). 이에 따라 진단 검사와 치료가 가능하다는 것을 모르고 지낸다. 이러한 점이 언어재활사가 노화에 따른 삼킴 기능의 변화를 숙지해야 하는 필요성의 이유라고 할 수 있다.

이 장에서는 노인의 삼킴 능력이 일반적으로 어떠한지, 삼킴에 부정적인 영향을 주는 요인은 무엇인지, 언어재활사나 다른 의료인에게 의뢰해야 하는 상황의 징후는 무엇인지, 삼킴 문제를 보이는 노인들에게 도움이 되는 전략은 무엇인지 논의하고자 한다. 이 장 마지막의 '핵심 요약'에서는 이 장의 중요점을 목록으로 정리하여 제시하였다.

## 2. 노인의 일반적인 삼킴 능력

의학적 선별 모델(medical model of screening)과 관련된 용어(Goldberg & Wittes, 1981)는 젊고 건강한 사람의 삼킴부터 노인성 삼킴, 삼킴장애까지를 아우른다. 청년층에서의 삼킴은 정상 상태를 대표한다. 청년층 삼킴의 특색과 비교하면 노화 혹은 질환으로 인한 삼킴 기능의 변화를 확인할 수 있다. 연구에서는 아마도 빠르면 45세부터 노화에 따른 변화가 시작한다고 밝혔다. 삼킴에서 해부학적 · 생리학적으로 생기는 노화 관련 변화는 생물학적으로 존재하긴 하지만 현재의 의학기술로는 탐지가 불가능하고 무증상의 '잠복기(latent state)'를 나타낸다. 변화가 진행되면서 특수 검사 방법으로 탐지할 수 있게 되지만 여전히 무증상으로 남아 있어서 '임상 전 상태(preclinical state)'에 접어든다. 임상 전 상태는 건강한 노인들에게서 관찰되는 노화 변화를 연구한 문헌들이 많이 다루었다. 연구 대상자들은 일반적으로 노인성 삼킴만의 특색을 잘 보여 줄 수 있는 사람들로 선별되었는데, 이는 질병 혹은 삼킴 기능을 변화시킬 수도 있는 건강 상태를 배제하기 위함이다. 초반에 삼킴 변화로 인해 기능적 영양 공급이나 수분 공급이 제대로 이루어지지 않는 것은 아니다. 그러나 특별한 의학적 증상 없이 특정한 퇴화 시점에서 노인성 삼킴의 변화가 누적되어 삼킴장애로 이어지기도 한다. 삼킴장애의 증상이 나타나고 일상적 보살핌 상황에서도 삼킴장애가 관찰된다면 이는 '임상 상태'에 이르렀다는 것을 의미한다.

### 1) 건강한 청년의 정상 삼킴: 비교 목적

실질적으로는 삼킴이 역동적이고 중첩되는 과정일지라도 성인 삼킴의 생리는 명백히 세 단계로 나뉜다. 구강 단계, 인두 단계, 식도 단계가 전체적 삼킴 과정을 구성한다. 구강 단계(oral phase)는 구강 준비(oral preparation)와 구강 운반(oral transport)으로 세분화된다. 음식물과 액체에 대한 구강 준비 시간은 입에 문 크기, 온도, 질감, 맛에 따라 가변적이다. 고형식은 저작(씹기), 침의 윤활, 혀의 움직임을 필요로 한다. 저작되어 부드러워진 음식덩이는 혀의 중앙 홈(central groove)을 거쳐 구강에서 인두로 운반된다. 액체는 구강 준비가 필요치 않고, 혀의 중앙 홈을 통해 즉각적으로 인두로 운반된다. 운반 시간은 1초 정도다.

인두 단계에서 관찰되는 시기 적절성과 중첩의 역학은 음식과 액체가 기도나 비강으로 넘어가지 않고 위장으로 바로 들어가게 하기 위해 세심히 조정된다. 인두 단계를 형성하는 여섯 가지 주요 요소로는 ① 완전한 연인두 폐쇄(velopharyngeal closure)를 위한 연구개의 상승과 수축, ② 설골(hyoid bone)과 후두(larynx)의 상방-전방 움직임, ③ 후두 폐쇄와 호흡 멈춤, ④ 윤상인두괄약근(cricopharyngeal sphincter)의 열림, ⑤ 혀 기저의 일어섬, ⑥ 인두수축근의 상하 수축 등이 있다(Logemann, 1998). 인두 단계의 소요 시간은 1초 정도다.

식도 단계는 음식덩이가 윤상인두괄약근을 처음으로 지날 때 시작되고, 음식덩이가 하부식도괄약근(lower esophageal sphincter)을 통해 위장으로 들어갈 때 끝난다. 식도 단계는 8초에서 20초 정도 소요된다.

### 2) 노인성 삼킴 기능의 잠복기: 노화 관련 삼킴 문제의 생물학

노인의 삼킴 능력에 있어 해부학적 · 생리학적으로 겪는 변화는 잘 알려져 있다. 신경계 변화는 신경전달속도(nerve conduction velocities)와 신경전달물질(neurotransmitter) 수준이 저하되는 것을 포함한다(Weismer & Liss, 1991). 노화와 관련된 근 위축 및 섬유증(fibrosis)으로 인해 구조의 운동 범위, 속도, 정확성 등은 감소한다. 예를 들어, 입 열기에 관여하는 외측 익상돌기(lateral pterygoid)와 입 닫기 및 설골 거상에 관여하는 이복근(digastric muscle)에서 각각 차이를 보임에 따라 변화된 근섬유 유형이 관찰되었다(Monemi, Liu, Thornell, & Eriksson, 2000). 혀의 지방 함량은 10년마다 약 2.7%씩 증가하는데, 이로 인해 혀의 근육감소증(sarcopenia, 노화에 따른 근육량과 힘의 소실) 현상이 생긴다(Rother, Wohlgemuth, Wolff, & Rebentrost, 2002). 노화에 따라 후두도 변화한다는 사실 역시 주목할 만하다. 이러한 변화는 운동 단위의 감소된 자발적 발화율(firing rate; Luschei, Raming, Baer, & Smith, 1999; Takeda, Thomas, & Ludlow, 2000), 후두근섬유의 위축 및 소실(Malmgren, Fisher, Jones, Bookman, & Uno, 2000), 후두 연골의 골화(Casiano, Ruiz, & Goldstein, 1994), 후두 연골 관절면의 불규칙성의 증가(Casiano et al., 1994; Kahn & Kahne, 1986), 인두 및 후두의 감각 저하 등을 포함한다.

총괄하면, 이러한 변화들 때문에 원래는 빠르고 조화롭게 움직이던 삼킴 기전(swallowing mechanism)이 느려진다. 신경과 감각 수용체가 퇴행함으로써 구조적 위치, 운동, 접촉 역시 제대로 느끼지 못하게 된다.

### 3) 노인성 삼킴 기능의 임상 전 상태: 탐지 가능한 삼킴 기능

일정한 크기의 음식덩이를 삼키게 하는 연구에서 건강한 노인들에게서는 건강한 청년들에 비해 노화와 관련된 여러 가지 변화가 관찰되었다. 특히 상부식도괄약근이 열려 있는 시간이 감소하는 등의 삼킴 변화가 생길 때, 이에 대한 보상으로서 관찰된 인두 구조의 운동 범위에 대한 연구가 이루어졌다(Logemann, pauloski, Rademaker, & Kahrilas, 2002; Logeman, Pauloski, Rademaker, Colangelo, Kahrilas, & Smith, 2000). 이때 구강인두의 운동 시간이 증가하면(Kendall & Leonard, 2001; Logemann et al.,

2000; Rademaker, Pauloski, Colangelo, & Logemann, 1998; Robbins, Hamilton, Lof, & Kempster, 1992) 음식덩이가 통과하는 시간 또한 증가한다는 것이 관찰되었다(Tracy et al., 1989; Shaw et al., 1995). 노년층에서 정적 수축(isometric) 시의 설압은 청년층에 비해 상당히 감소하나(Mortimore, Fiddes, Stephens, & Douglas, 1999; Robbins, Levine, Wood, Roecker, & Luschei, 1995), 삼킬 때는 두 집단 모두가 동일한 압력을 보인다. 여기서 정적 수축 압력과 삼킴 압력 간의 차이를 예비 압력이라고 하는데, 노화가 진행되면서 예비 압력은 줄어들어 질병에 취약해진다. Nicosia 등(2000)에 따르면 감소된 정적 수축 압력과 더불어 노년층은 청년층에 비해 최대 정적 수축 압력에 도달하는 데 더 많은 시간이 걸린다. 중년층 여성은 노력성 삼킴(effortful swallowing) 시 노년층보다 더 높은 설압을 보인다(Hind, Nicosia, Roecker, Carnes, & Robbins, 2001).

기능적 식음 과제를 실행하면 개별적인 삼킴을 검사할 때는 드러나지 않았던 청년층과 노년층 간의 차이가 나타난다. 예를 들어, 인두 단계의 삼킴은 구강의 여러 부분에서 시작한다. 노년층의 경우 씹어야 하는 음식에서는 음식덩이가 후두개골(valleculae)에 들어가면서, 연속적으로 삼켜야 하는 액체에서는 액체가 턱의 하악지(ramus)를 지나면서 인두 단계가 시작한다. 그러나 청년층에서 인두 단계는 전구협궁(anterior faucial pillars)에서 시작한다. Daniels 등(2004)은 노인들이 액체를 연속적으로 삼킬 때 비록 흡인은 관찰되지 않았지만 액체가 기도로 침범(airway invasion)할 확률이 높다는 것을 확인하였다. 반복적인 구강 흡입 삼킴 검사(oral suction swallow test)에서 노년층 참여자들은 청년층과 비교했을 때 17개의 측정 요인 중 50% 이상에서 차이를 보였다(Nilsson, Ekberg, Olsson, & Hindfelt, 1996). 한 번씩의 삼킴 상황에서 노년층은 저하된 흡입 시간(suction time)을 나타냈으며, 구강 내 음식물을 다 삼키기 위해서는 여러 차례의 삼킴을 필요로 했다. 강제적 반복 삼킴에서는 노년층이 감소된 최고흡입압

(peak suction pressure), 감소된 음식물 용량, 긴 삼킴 간의 간격, 감소된 삼킴 용량, 후두의 다상적 움직임, 기침 현상 등을 보였다.

앞서 언급했듯이, 노인성 삼킴 기능을 가진 모든 노인이 임상적 삼킴 장애를 보이게 되지는 않는다. 삼킴장애는 정상 노화 현상이 아니므로 삼킴장애의 징후들에 대해 다음 단락에서 자세히 알아보기로 하자.

## 3. 노인의 삼킴 능력에 영향을 미치는 요인 및 어려움의 징후

### 1) 구강 보건 상태

구강 보건에 대한 문제는 어느 연령대에서나 있을 수 있지만, 노년층에서는 이러한 문제가 쉽게 나타나는 경향이 있다. Christensen(2007)은 노인들 사이에서 가장 흔한 구강 문제의 예로 자연치(natural teeth)의 손실, 구강건조증, 지나친 치아 마모, 회복이 어려운 충치 수의 증가, 치위생(oral hygiene)을 수행할 능력의 부족, 보철을 지지하기 위한 치조골의 손실, 치주병 등을 들었다. Gil-Montoya, Subira, Ramon과 Gonzalez-Moles(2008)는 노인들의 구강 보건 관련 삶의 질과 영양실조의 위험성 간의 관계를 밝혔다. 이러한 요인들은 특히 노인성 삼킴 문제와 함께 발생하여 노인들을 더 심각한 영양실조의 위험성에 빠뜨린다. 구강건조증, 치아 문제, 미각은 노년층에서 삼킴 및 미각 상태와 관련하여 가장 일반적으로 연구되는 요인들이다. 실제로 구강건조증은 치아 상태와 변화된 미각 모두에 막대한 영향을 미친다.

### (1) 만성 구강 건조

점액과 침은 신체 전반에 걸쳐 긍정적이고도 방어적인 생리학적 역할을 한다. 호흡기, 소화기, 비뇨생식기의 관은 점막층으로 덮여 있다. 점막 조직(mucosal tissue)은 움직이는 담요처럼 점막 조직을 덮고 있고, 윤활유의 역할을 하는 점액(mucus)을 분비한다. 점막 조직과 점액은 신체의 무균 환경과 외부적인 유균 환경 사이에서 보호막을 형성한다. 점액은 침의 중요한 구성요소다. 쌍을 이루고 있는 이하샘, 설하샘, 하악샘 등과 구강에 걸쳐 있는 부차적 샘(minor glands)은 점액을 생산한다(Nagler, 2004). 침을 구성하는 세 가지 요소로는 액체 같은 장액 성분(serous component), 점성이 있는 점액 성분(mucus component), 녹말 분해를 개시하는 효소(enzymes)를 들 수 있다. 이하샘(parotid glands)은 침의 25%를 분비하며 모두 장액 성분이다. 또한 설하샘(sublingual glands)은 침의 5%를 형성하는데, 점액 성분으로 이루어져 있으며, 하악샘(submandibular glands)은 침의 70%를 분비하고 물과 점액의 혼합물이다. 타액 분비는 먹을 때만 이루어지고 휴식할 때는 자극되지 않는다. 저작활동(mastication)은 침 생성을 위한 자극제로 알려져 있다. 침의 구성 성분들은 두 가지 상태로 변화하는데, 장액 성분은 저작과 삼킴 활동 동안에 주로 분비되며, 점액 성분은 자극이 없는 상태에서 주로 생성된다.

침의 기능으로는 다음과 같은 것을 들 수 있다. 탄수화물이 소화되는 과정을 개시하게 하고, 씹기, 삼킴, 말하기에 도움이 되도록 입안 수분을 유지시켜 주며, 면역체계에서 중요한 역할을 한다(Turner & Ship, 2007). 침은 씹는 동안 음식과 섞여서 음식을 말랑말랑하게 만들고, 건조한 음식이 음식덩이를 잘 형성하여 흐트러지지 않게 한다. 말랑한 상태의 음식덩이는 구강과 인두강을 거쳐 손쉽게 이동한다.

만성적 구강건조는 주관적(구강건조증)이거나 객관적(과소타액분비; Goldie, 2007)일 수 있다. 비록 과소타액분비(hyposalivation) 현상이 없이 구강건조증을 호소할 수도 있으나, 구강건조증은 마른 음식을 먹을 때와 말할 때 방해가 되고, 틀니 착용 시 불편함을 야기하며, 구강 내 염증을 유발할 수 있다. 구강건조증은 두경부 암으로 인한 방사선 치료를 끝낸 환자에게서 현저하게 나타나고, 쇼그랜 증후군(Sjogren's syndrome)의 주요 증세다. 구강건조증은 나이가 들면서 흔히 나타나는데, 65세 이상의 약 30%가 구강건조증을 경험하였다(Ship, Pillemer, & Baum, 2002). 많은 사람이 노인들에게서 나타나는 구강건조증의 주요 원인은 약물 복용에 대한 부작용일 것이라고 믿는다(Flink, Bergdahl, Tegelberg, Rosenblad, & Lagerlof, 2008). 특정 약물은 구강건조를 촉진하는 것으로 잘 알려져 있다. 주요 약물로는 항콜린제(anticholinergics)를 들 수 있다. 노년층에서는 약물 복용과 구강건조증의 관계를 더 복잡하게 만드는 다품목 처방(polypharmacy, 동종요법, 역자 주: 한 환자에게 여러 종류의 약제를 동시에 투약하는 일)이 자주 내려지는데, 처방된 약물의 숫자와 종류가 증가할수록 상승 작용은 더욱 심각하다.

### (2) 치아 상태

노인의 치아 상태는 치아 전체가 완전히 보존된 경우부터 상하 모두 틀니를 하고 있는 경우까지를 아우른다. 이러한 극단 사이에는 부분적 의치나 보철 없이 치아가 상실되는 경우도 포함된다. 치아의 상태는 잘 보존된 것부터 형편없는 것까지 있고 어떤 보철치는 잘 들어맞는 반면, 어떤 보철치는 자꾸 빠지거나 움직이기도 한다. Yoshikawa 등(2006)은 유동식 삼킴에서 치아가 없는 노인들에게 치아를 가진 노인들보다 후두 침투(laryngeal penetration, 역자 주: 음식물이 기도로 침범하되, 진성대 아래까지는 내려가지 않는 현상을 침투 혹은 후두 침투라고 함)가 더 자주 발생했다고 보고하였다. Fucile 등(1998)은 틀니를 가진 노인들이 단단하거나 섬유질로 된 음식과 질긴 껍질을 가진 음식을 피하는 경향이 있다고 하였다.

Shtereva(2006)는 다수의 결손치를 가진 노인들은 씹기 문제 때문에 음식 선택이 제한적이라고 결론지었다. 하지만 음식이 질감이 다른 것으로 바뀔 경우 영양결핍이 생길 수 있다. 앞서 언급했듯이, 저작 운동은 침의 분비를 돕는다. 씹는 것을 필요로 하는 음식을 피하게 되면 침이 적게 생산되고, 질감이 낮은 음식물 섭취와 구강건조증이라는 악순환을 촉진할 수 있다. 치아가 있고 없는 문제는 구강건조증의 문제와 직결된다. 보철의 딱딱한 표면에서 막는 역할의 일종으로서 점막에 점액으로 막을 씌우지 않으면 틀니는 점막에 잘 붙지 않게 되며, 고정되지 않고 움직인다. 이렇게 움직이면서 보철이 조직에 마찰되면 조직은 자극을 받아 쓰라리게 된다. 틀니가 불편하면 그것을 덜 착용하게 되고, 먹고자 하는 음식이 질감에 따라 제한을 받게 될 것이다. 자신의 치아를 보존하고 있는 사람들에게 있어서는 구강건조증이 충치를 유발하는데, 이는 침의 면역기능이 감소하고 구강 내 정상 세균총(oral flora)과 인체기생충(fauna)의 보호기능이 방해를 받기 때문이다. 만약 충치가 치료되지 않는다면 충치와 관련된 박테리아 때문에 흡인이 흡인성 폐렴(aspiration pneumonia)을 일으키는 위험에 처할 수 있다(Langmore et al., 1998).

(3) 미각

미뢰(taste buds)와 연관 구조가 변화한다는 충분한 조직학적 증거에도 불구하고, 미각은 나이가 들어도 근본적으로 변화하지 않는 것처럼 보인다. 이는 이 기능을 보조하는 신경이 중첩되어 있기 때문이다(Bartoshuk, 1989). 그런데도 일부 노인은 음식 맛이 예전과 같지 않다고 불평한다. 이와 같이 맛에 대한 불만족을 느끼는 원인으로는 경구개를 덮고 있는 상부 의치(dental plates), 손상된 씹기 능력, 신맛을 느끼는 역치의 변화(altered threshold) 등을 들 수 있다(Yoshinaka, Yoshinaka, Ikebe, Shimanuki & Nokubi, 2007). 약물을 복용하면서 금속 맛을 느끼게 되는 경우에, 혹은 약물 복용 자체로 인해 미각이 저하된다(Coulter & Edwards, 1988; Elsner, 2002). 또 다른 요소는 구강건조증이다. 침은 미각 수용체(taste receptors)의 건강과 기능을 유지하는 데 필수적이다. 게다가 침은 미각물질(taste substances)을 분해하고 이것이 다양한 미각 수용체의 위치로 퍼지게 하는 매개체다(Mese & Matsuo, 2007). 만성적으로 좋지 않은 미각은 자기 자신의 치아를 유지하고 있는 노인들이 보이는 구강 보건(oral hygiene) 문제 때문일 수 있다(Langan & Yearick, 1976).

### 2) 인지 상태

치매는 노화와 관련된 질환이고, 치매에서 오는 인지적 손상은 섭식과 삼킴에 악영향을 미친다. 앞서 언급한 모델에 따르면, 삼킴의 단계는 전형적으로 구강 · 인두 · 식도 단계로 나뉜다. 이러한 전통적 분류에 추가된 것이 있는데, 바로 삼킴 예상 단계다(Leopold & Kagel, 1997). 이 새로운 단계는 10여 년 전에 처음 언급되었지만, 문헌이나 교재들에서는 많이 다루지 않았다. 삼킴 예상 단계에서는 인지적 · 감정적 · 운동적 · 감각적 자극을 인지하게 되는데, 이것은 구강 준비 단계 전에 이루어진다. 구체적인 예로는 음식의 냄새나 외형 등과 같은 감각적 자극 혹은 손씻기나 기도와 같은 식사 전 행동이 있다. 또한 음식을 입으로 가져가는 행동과 다양한 식사도구(예: 컵 혹은 유리잔, 포크 혹은 숟가락)를 사용하기 위해 구강의 자세를 바꾸는 것도 해당한다. Leopold와 Kagel(1997)은 삼킴 예상 단계가 생리학적 삼킴을 수행하기 위한 필수적인 수행에 필요한 전조라고 하였으며, 이 단계 없이는 구강 준비–구강 운반–인두–식도 단계가 무리없이 진행될 수 없다고 주장하였다. 삼킴 예상 단계는 인지 결함을 갖고 있는 환자들에게 특정적으로 취약하다. 즉, 먹고 삼키는 다양한 문제는 치매와 관련된 인지 결함이 있는 환자에게서 관찰할 수 있다.

이러한 문제들은 치매의 유형(Ikeda, Brown, Holland, Fukuhara, & Hodges, 2002; Shinagawa et al., 2009; Suh, Kim, & Na, 2009)뿐만 아니라 치매의 진행 과정에 따라서도 다양하다. 기억 손상으로 식사하는 것을 잊어버릴 수 있고, 환경이 주의 산만하게 되면 먹는 데 집중하기 어렵다. 음식에 대한 인지 결함(agnosia, 실인증)이 있으면 구강 단계가 길어진다. 이 모든 문제로 치매 환자들은 영양실조, 탈수증, 흡인을 보일 수 있다. 그러므로 식사 시간에는 꾸준한 관찰이 이루어지는 것이 바람직하다.

### 3) 임상 상태의 삼킴장애

삼킴장애의 특색은 다양하며 구강 및 인두 단계 둘 다에 영향을 준다. Logemann(1998)은 가능한 장애에 대해 포괄적으로 요약하였다. 구강 준비 단계의 문제로는 입술 닫힘, 혀 모양 만들기와 협응, 혀의 움직임, 입술의 긴장도, 볼의 긴장도 등이 저하되어 음식물을 입 밖으로 흘리거나 음식덩이를 조절하기 어려워 제대로 못 만들고, 음식물이 앞고랑이나 외측고랑으로 고이는 것 등이 있다. 구강 운반 장애는 혀밀침(tongue thrust) 현상이나 구강 내 삼킴 시작이 지연되는 현상 등을 포함한다. 인두 단계상의 장애로는 인두 삼킴의 지연 혹은 부재, 인두 수축, 혀기저의 움직임, 연인두 폐쇄, 후두 거상 등의 저하를 들 수 있다. 그 결과, 환자는 인두 단계의 삼킴이 일어나기 전에 흡인을 할 수도 있고, 환자에게 비강역류가 일어날 수도 있으며, 인두강 내에 음식 잔류가 남아 있기도 한다. 삼킴 후 음식 잔류가 있게 되면 흡인에 대한 위험성이 커진다.

삼킴장애를 보이는 모든 환자는 흡인, 영양실조 또는 탈수 현상 등의 위험에 처하게 된다. 노년층은 청년층에 비해 이러한 위험에 취약하다. 만약 삼킴장애 환자가 흡인을 하게 되면 흡인성 폐렴에 걸릴 위험에 처하는데, 특히 위산역류나 충치가 있는 경우에는 더욱 그러하다(Langmore et al., 1998). 흡인성 폐렴은 지역사회 환경에 거주하는 폐렴 환자들을 대상으로 한 치료가 실패하는 요인 중 하나다(Genne et al., 2006; Marik & Kaplan, 2003). 삼킴장애를 지닌 사람들은 흔히 묽은 액체를 마실 때 많은 어려움을 보이는데, 물은 아무 맛도 나지 않고 입속에서 느껴지는 질감이 거의 없기 때문에 가장 문제가 된다. 따라서 삼킴장애 환자들은 탈수될 가능성이 높다. 탈수 현상은 변비, 낙상, 약물 독성, 요로 감염, 호흡기 감염 등과 같은 수많은 증세와 연관되며(Mentes, 2006), 노년층에서 나타나는 질병률 및 사망률과 관련이 있다(Ferry, 2005). 비록 건강한 노인이 청년처럼 수분 공급을 잘 한다 할지라도, 약하고 여러 합병증을 갖고 있는 노인의 경우에는 수분을 유지하는 것이 힘들다(Mentes, 2006). 만일 이런 상황에서 삼킴장애까지 생긴다면 탈수 증세는 더욱 심해질 것이다.

제대로 먹지 못해서 영양이 부족해지면 감염에 제대로 저항할 수 없고, 병이 악화되어 입원 기간이 길어지며, 합병증이나 장애의 가능성이 높아진다(Miller, Zylstra, & Standridge, 2000). 실제로 지역사회에 거주하는 노인의 경우 5% 이상의 체중 감소 등 영양상의 위험 요소가 생기면 보호관찰을 필요로 한다. 노인들에게 삼킴장애가 어느 정도까지 영양실조를 일으키는 요인이 되는지는 거의 알려진 바가 없다. 그러나 삼킴장애나 구강 문제를 영양실조의 잠재적 위험 요소로 간주한 연구들에서는 둘 사이의 정적 상관관계를 찾아냈다(Sharkey, Branch, Zohoori, Guilani, Busby-Whitehead, & Haines, 2002; Sullivan, Martin, Flaxman, & Hagen, 1993).

삼킴장애로 인해 교제의 기회가 줄어들기도 한다. 삼킴장애가 있으면 친구와 외식을 할 때나 식당에 있을 때 기침 혹은 목메임 때문에 당황하게 되면서 점차 고독감이나 쓸쓸함을 느끼게 된다. 삼킴장애를 가진 50% 이상의 사람들은 이전보다 덜 먹는다고 하였으며, 44%의 사람들은 지난 12개월 동안 체중 감소를 경험했다고 보고하였다(Ekberg, Hamdy, Woisard, Wuttge-Hanning, & Ortega, 2002). 비록 84%의 사람들은 먹는 것이 마땅히 즐거워야 한다고 생각했으나, 오직 45%만이 먹는 것이 즐겁다고 보고하였다. 3분의 1 이상(36%)의 사람들은 다른 사람과의 식사를 피한다고 하였으며, 41%는 식사 시간에 불안감이나 공포를 경험했다고 하였다.

## 4. 노인의 삼킴 능력을 향상시킬 수 있는 전략

삼킴 기능에 대한 전통적인 평가는 삼킴장애의 유무를 알아보기 위해 이루어지는데, 평가법에는 임상적 평가, 수정된 바륨 삼킴 검사법(MBS), 내시경 검사법이 있다. 맥박산소포화도(pulseoximetry), 경부 청진(cervical auscultation) 그리고 기타 방법들 또한 추가적인 평가로 활용된다. 이들 평가 기법에 대한 설명은 문헌에 잘 기술되어 있다(Langmore, 2002; Logemann, 1993; Murray, 1999).

뇌졸중, 외상성두부손상 또는 두경부 암과 같은 원인들로 인한 노인의 삼킴장애는 동일한 질환에 의한 청년층 삼킴장애보다 심하다는 점을 인지해야 한다. 동반질환이 발생하고 예비 능력이 감소하는 것이 그러한 상황을 일으키는 주범일 것이다. 예비 능력의 감소는 일반적으로는 삼킴의 어려움과 연관되지 않는 상황에서도 노인들을 삼킴장애에 더욱 취약하게 만든다. 저자가 담당했던 한 환자(X 씨)의 경우가 이러한 상황을 잘 보여 준다. 70대 중반의 남성이 방광암을 진단받게 되었다. 진단 당시 그는 그 병을 제외하고는 건강 상태가 좋았고 활발한 신체 활동을 하고 있었다. 하지만 첫 번째 수술을 받고는 합병증으로 오랜 기간 입원해야 했고, 이로 인해 두 번째 수술을 하게 되었다. 신경학적 결함의 징후는 없었으나 삼킴 기능이 손상되었고, MBS 검사 결과 모든 질감의 검사식에서 일관적으로 무증상 흡인(silent aspiration, 역자 주: 음식물이 기도로 들어가도 기침이나 목메임 등의 증상을 보이지 않는 현상)을 하고 있었다. 그 밖에도 인두 약화가 오른쪽에 비해 왼쪽에서 더 심했다. 2주 후 두 번째 MBS가 시행되었는데, 그 결과 감각은 향상되었지만 다른 측면의 삼킴장애는 그대로였다. 그 후에는 통원 치료를 받도록 의뢰되었다.

일반적으로 삼킴의 안전성을 강화하기 위한 전통적인 접근법은 노인들에게 사용하기 적합하다. 실제로 성문위삼킴법(supra-glottic swallow)과 결합된 자세수정기법(postural compensation, 턱을 내리면서 머리를 왼쪽으로 돌리기)을 사용하여 X 씨의 삼킴 기능을 증진시켰는데, 그 덕분에 그는 적은 양이나마 먹고 마실 수 있었다. 최근 삼킴장애의 치료법인 근력 강화 훈련의 기전(Burkhead, Sapienza, & Rosenbek, 2007)에 대한 관심이 증가하고 있는데, 이는 노인들에게서 노인성 근육감소증(sarcopenia)이 관찰되고 있기 때문이다. 삼킴장애의 경우 근력 강화를 통한 운동은 삼킴 기능을 개선시킴으로써 유익할 뿐만 아니라, 노인성 삼킴의 임상 전 단계에 놓인 사람들이 현 상태를 유지할 수 있게 돕는다.

연구들을 집약해 보면, 운동으로써 건강한 노인들의 삼킴 기능을 증진시킬 수 있다. 혀 지구력 훈련(lingual resistance exercise)은 일반 노년층에게 정적 수축 시의, 그리고 삼킴 시의 압력이 증가하게 만든다(Robbins et al, 2005). 이 연구에서 일부 하위 집단에게는 훈련 전후로 자기공명영상(MRI) 촬영을 실시하였는데, 각 대상자의 혀의 용적(lingual volume)이 늘어난 것이 관찰되었다. 또한 삼킴 기능을 증진시키기 위한 고개 거상 운동인 'Shaker 훈련'의 효과를 알아본 연구에 따르면, 이 훈련으로 대상자의 거의 절반 가량에게서 전상부 설골 움직임(hyoid movement)과 상부식도(upper esophageal)의 열림이 향상되었다(Easterling, 2008). 건강한 노인들을 대상으로 호기 근력 강화 훈련기(expiratory muscle strength trainer: EMST)를 이용한 훈련 프로그램을 실시한 결과, 턱과 후두 사이 설골의 상전방 움직임이 향상되었고, 후두 거상과 상부식도의 열림이 증진되었다(Kim & Sapienza, 2005). 자세 변화를 통해 적은 양의 음식을 안전하게 먹을 수 있었던 X 씨는 흡기 근력 강화 훈련기를 이용한 훈련 과정을 마친 후에 일반 상식에 따른 방법으로 물과 음식을 먹을 수 있게 되었다.

어느 시점에서 삼킴 진단이나 중재 전략이 이루어져야 비로소 혜택을 볼 수 있는지는 알기 어렵다. 언어재활사들은 전형적으로 입원 환자를 대상으로 선별검사 프로토콜을 진행하거나 의사의 의뢰에 따라 삼킴장애 환자를 보게 되므로, 지역사회에 거주하는 노인들은 이들을 간과하게 된다. 이 장의 도입 부분에서 강조했듯이 노인성 삼킴 기능이 언제 삼킴장애로 바뀌게 될지, 또한 잠복기에서 임상 전 단계로의 퇴화가 언제 진행될지 알려 주는 명확한 지표는 없다. 그렇다면 노년층에서의 노인성 삼킴 문제와 삼킴장애를 식별하기 위해서는 무엇을 해야 하는가?

적합한 질문만이 삼킴 문제를 식별해 낼 수 있는 열쇠가 된다. Edgar (2006)는 최근 노인의 삼킴 문제에 대한 쟁점을 토의하기 위해 이것에 관심을 보인 대표들과 몇 차례 토의 회기를 가졌다. 참여자들은 모두 삼킴장애 진단을 받지 않았고, 뇌졸중이나 진행성 신경 질환, 두경부 암 등의 병력이 없는 71~91세 사이(평균 연령 85세)의 노인들이었다. 이들은 일년에 2~4회 정기적으로 의사를 만났는데, 구체적으로 '삼킴장애'를 보이지는 않았어도 음식에 목이 메거나 약 삼키기가 어렵고 식사 시간이 오래 걸려 어려움을 호소하였으며, 특정 음식을 식단에서 제외하기도 하였기 때문이다. 한 참여자는 식사 시간이 상당히 오래 걸리고 물을 마실 때 사레가 걸리게 되었다고 보고하면서, 나이가 더 들면 이런 문제가 얼마나 악화될지를 걱정하였다. 그런데도 이러한 증상을 의사에게 보고하였는지 질문하면 "나는 그것이 중요하다고는 생각해 본 적이 없어요."라고 반응하였다. 또 다른 참여자는 최근에 심폐소생술(CPR) 수업을 들었고, 식당에서 하임리히 기법(Heimlich maneuver, 기도이물폐쇄 응급처치)을 두 차례나 사용한 적이 있다고 말했다. 45%의 참여자는 의사가 좀처럼 삼킴 문제에 대해 물어보지 않았다고 보고하였다.

초반에 진행된 토의 회기에서는 모든 참여자가 자신에게 삼킴 문제가 있다는 것을 부인하였지만, 그러다가도 먹거나 마실 때 목에 걸리는지, 식단에 특정 음식을 포함하지 않게 되는지 물어보면 삼킴 문제가 있다는 것을 비로소 깨닫게 되었다. 대다수의 건강관리 전문가는 단순히 '삼킴'에 대해 묻기보다는 "먹거나 마실 때 기침을 하거나 목이 메나요?"와 같이 삼킴의 상태에 대한 질문을 한다. 아마도 의사, 간호사, 작업치료사, 물리치료사를 대상으로 교육이 이루어진다면 삼킴 문제에 대한 진단과 중재가 도움이 되는 환자들을 식별해 내는 데 도움이 될 수 있을 것이다. 지역사회에 거주하는 노인들을 대상으로 삼킴 문제를 살필 때는 반드시 언어 전달 문제(semantic barriers)가 없는지 확인해야 하는데, 해당 문제가 삼킴장애가 아닌 언어장애에 기인한 것일 수도 있기 때문이다.

### 핵심 요약

- 신경학적으로 건강한 노인의 일반적인 삼킴 기능
  - 정상 삼킴의 점진적인 퇴화를 경험함
    - ○노년기 삼킴의 잠복기 동안은 다음의 (표준 평가 절차를 통해서는 측정되지 않는) 변화를 경험함
      - · 신경전달속도(nerve conduction velocities) 저하, 신경전달물질(neuro-trasmitter) 수준 저하, 근육의 위축과 섬유증
      - · 혀의 근육감소증(sarcopenia, 노화에 따른 근육량과 힘의 소실)의 원인으로 추정되는 혀의 지방 함량의 증가(10년마다 약 2.7%씩 지방 함량이 증가함)
      - · 노화에 따른 후두의 변화: 운동 단위의 감소된 자발적 발화율(firing rate), 후두 연골의 골화(Casiano, Ruiz, & Goldstein, 1994), 후두 연골 관절면의 불규칙성의 증가(Casiano et al., 1994; Kahn & Kahne, 1986),

인두 및 후두의 감각 저하 등의 변화로 삼킴 기전이 느려짐

ㅇ노년기 삼킴의 전임상 상태(pre-clinical state) 동안은 다음의 (엑스레이나 내시경과 같은 평가를 통한 탐지가 가능한) 변화를 경험함

· 상부식도괄약근 열림 시간 감소, 구강인두 움직임과 음식덩이 이동 시간의 증가

· 노년층과 청년층 모두 삼킴 시에는 동일한 압력을 보이지만, 정적 수축 시 노년층의 경우 설압이 감소함

· 줄어든 예비 압력으로 인해 삼킴 문제에 취약하게 됨

· 인두 단계에서는 씹어야 하는 음식의 경우 후두개골(valleculae)에 음식덩이가 들어가면서, 연속적으로 삼켜야 하는 액체의 경우 턱의 하악지(ramus)를 지나면서 삼킴이 시작됨

· 구강 내 음식물을 다 삼키기 위해서는 여러 차례의 삼킴을 필요로 함

· 강제적 반복 삼킴에서는 감소된 최고흡입압(peak suction pressure), 감소된 음식물 용량, 긴 삼킴 간의 간격, 감소된 삼킴 용량, 후두의 다상적 움직임, 기침 현상 등을 보임

• 노인의 음식 섭취와 삼킴에 악영향을 주는 요인

–구강 보건 상태

ㅇ마른 음식을 먹기 어렵게 만드는 만성적 구강 건조

ㅇ타액 분비가 제대로 이루어지지 않아 틀니가 잘 맞지 않고 충치가 생기며, 구강 내 염증이 야기됨

ㅇ치아 상태가 나쁘면 특정 음식만 먹게 되어 영양실조의 위험성이 증가함

ㅇ약물 복용 및 과소타액분비로 인해 미각이 저하되거나 변함으로써 영양실조의 위험성이 증가함

ㅇ약물 복용, 구강건조증, 나쁜 구강 보건 상태 등은 미각에 악영향을 줌

–인지 요인

ㅇ인지 요인은 삼킴의 예상 단계에 장애가 되고, 뒤이어 오는 구강 및 식도 단계에 영향을 줄 수 있음

- 언어재활사나 기타 의료 전문가에게 의뢰해야 하는 경우의 징후
  - 먹기, 씹기, 삼키기의 어려움 호소
  - 구강 건조나 틀니의 불편함
  - 딱딱한 음식, 그동안 먹어 온 음식 종류에 대한 변화나 제한
  - 음식을 먹을 때, 액체를 마실 때, 알약을 먹을 때 발생하는 기침이나 목멤
  - 먹는 데 시간이 오래 걸림
  - 구강 준비 단계상의 문제
    - ○ 입술이 제대로 닫히지 않음
    - ○ 혀 모양 만들기와 협응, 혀의 움직임, 입술의 긴장도, 볼의 긴장도 등이 저하되어 입 밖으로 음식물을 흘림
    - ○ 음식덩이를 조절하기 어려움
    - ○ 음식덩이를 제대로 만들지 못함
    - ○ 음식물이 앞고랑에 고임
    - ○ 음식물이 외측고랑에 고임
  - 구강 운반 단계 상의 문제
    - ○ 혀밀침(tongue thrust)
    - ○ 지연된 구강 내 삼킴 시작
  - 인두 단계 상의 문제
    - ○ 인두 삼킴의 지연 혹은 부재
    - ○ 인두 수축, 혀기저의 움직임, 연인두 폐쇄, 후두 거상 등의 저하
- 노인의 삼킴 기능에 도움이 되는 전략
  - 안전한 삼킴을 촉진할 수 있는 전형적인 전략의 집행
  - 삼킴장애를 경험하지 않은 노인들에게 강화 운동을 시킴으로써 예비 능력을 재확립하도록 함
    - ○ 혀 강화 운동은 혀 질량을 늘리는 데 도움이 됨
    - ○ 'Shaker 훈련'은 후두 거상과 상부식도근의 열림에 도움이 됨
    - ○ 호기 근력 강화 훈련기(EMST)는 후두 거상과 상부식도괄약근의 열림을 증진시켜 기침을 할 때 뱉어 내는 능력을 향상시킴

## 논의할 문제

1. 노인들의 식사 패턴이 달라지는 것을 본 적이 있는가? 문제가 될 소지가 있는 변화는 어떤 것인가?
2. 삼킴장애를 겪는 노인들은 그 문제가 흔히 노화와 관련이 있다고 생각하여 의사에게 말하지 않는다. 언어재활사들은 은퇴한 노인들이 모여 있는 지역사회나 장기요양병원 등에서 삼킴장애에 대한 경각심을 일깨워 주기 위해 어떤 역할을 할 수 있는가?
3. 노인들에게 구강건조증을 유발하는 요인으로 약물 복용 이외에 어떤 것들이 있는가?
4. Robbins 등(2005)의 연구에서는 노인 참여자들에게 혀와 경구개 사이에 공기가 주입된 작은 튜브를 끼우게 하였다. 만일 자신의 연구에서는 이러한 기자재가 없다면, 혀의 지구력을 측정하기 위해 어떤 과제를 진행할 수 있는가?

## 참고문헌

Aviv, J. E. (1997). Effects of aging on sensitivity of the pharyngeal and supraglottic areas. *American Journal of Medicine*, *103*, 74S-76S.

Aviv, J. E., Martin, J. H., Jones, M. E., Wee, T. A., Diamond, B., Keen, M. S. et al. (1994). Age-related changes in pharyngeal and supraglottic sensation. *Annals of Otology*, Rhinology, and Laryngology, *103*, 749-752.

Bartoshuk, L. M. (1989). Taste: Robust across the age span? *Annals of the New York Academy of Sciences*, *561*, 65-75.

Bloem, B. R., Lagaay, A. M., Van Beek, W., Haan, J., Roos, R. A. C., & Wintzen, A. R. (1990). Prevalence of subjective dysphagia in community residents aged over 87. *British Medical Journal*, *300*, 721-722.

Burkhead, L. M., Sapienza, C. M., & Rosenbek, J. C. (2007). Strength-training exercise in dysphagia rehabilitation: Principles, procedures, and directions for future research. *Dysphagia*, *22*, 251-265.

Casiano, R., Ruiz, P., & Goldstein, W. (1994). Histopathologic changes in the aging human cricoarytenoid joint. *Laryngoscope*, *104*, 533-538.

Christensen, G. J. (2007). Providing oral care for the aging patient. *Journal of the American Dental Association*, *138*, 239-242.

Coulter, D. M., & Edwards, R. (1988). Cough and angiotension converting enzyme inhibitors. *British Medical Journal*, *296*, 863.

Daniels, S. K., Corey, D. M., Hadskey, L. D. et al. (2004). Mechanism of sequential swallowing during straw drinking in healthy young and older adults. *Journal of Speech, Language, and Hearing Research*, *47*, 33-45.

Easterling, C. (2008). Does an exercise aimed at improving swallow function have an effect on vocal function in the healthy elderly? *Dysphagia*, *23*, 317-326.

Edgar, J. (2006). *Aging swallow*. Proposal Development Award, Washington University Center for Aging.

Ekberg, O., Hamdy, S., Woisard, V., Wuttge-Hannig, A., & Ortega, P. (2002). Social and psychological burden of dysphagia: Its impact on diagnosis and treatment. *Dysphagia*, *17*, 139-146.

Elsner, R. J. F. (2002). Changes in eating behavior during the aging process. *Eating Behaviors*, *3*, 15-43.

Ferry, M. (2005). Strategies for ensuring good hydration in the elderly. *Nutrition Reviews*, *63*, S22-S29.

Flink, H., Bergdahl, M., Tegelberg, A., Rosenblad, A., & Lagerlof, F. (2008). Prevalence of hyposalivation in relation to general health, body mass index and remaining teeth in different age groups of adults. *Community Dentistry and Oral Epidemiology*, *36*, 523-531.

Fucile, S., Wright, P. M., Chan, I., Yee, S., Langlias, M., & Gisel, E. G. (1998). Functional oral-motor skills: Do they change with age? *Dysphagia*, *13*, 195-201.

Genne, D., Sommer, R., Kaiser, L., Saaïdia, A., Pasche, A., Unger, P. F. et al. (2006). Analysis of factors that contribute to treatment failure in patients with community-acquired pneumonia. *European Journal of Clinical*

*Microbiology and Infectious Disease*, *25*, 159–166.

Gil-Montoya, J. A., Subira, C., Ramon, J. M., & Gonzalez-Moles, M. A. (2008). Oral health-related quality of life and nutritional status. *Journal of Public Health Dentistry*, *68*, 88–93.

Goldberg, J., & Wittes, J. (1981). The evaluation of medical screening procedures. *American Statistician*, *35*, 4–11.

Goldie, M. P. (2007). Xerostomia and quality of life. *International Journal of Dermatology*, *5*, 60–61.

Groher, M., & Bukatman, R. (1986). The prevalence of swallowing disorders in two teaching hospitals. *Dysphagia*, *1*, 3–6.

Hind, J. A., Nicosia, M. A., Roecker, E. B., Carnes, M. L., & Robbins, J. (2001). Comparison of effortful and noneffortful swallows in healthy middle-aged and older adults. *Archives of Physical Medicine and Rehabilitation*, *82*, 1661–1665.

Ikeda, M., Brown, J., Holland, A. J., Fukuhara, R., & Hodges, J. R. (2002). Changes in appetite, food preference, and eating habits in frontotemporal dementia and Alzheimer's disease. *Journal of Neurology, Neurosurgery, and Psychiatry*, *73*, 371–376.

Kahn, A., & Kahane, J. (1986). India ink pinprick assessment of age-related changes in the cricoarytenoid joint (CAJ) articular surfaces. *Journal of Speech, Language, and Hearing Research*, *29*, 536–543.

Kendall, K., & Leonard, R. (2001). Hyoid movement during swallowing in older patients with dysphagia. *Archives of Otolaryngology-Head and Neck Surgery*, *127*, 1224–1229.

Kim, J., & Sapienza, C. M. (2005). Implications of expiratory muscle strength training for rehabilitation of the elderly: Tutorial. *Journal of Rehabilitation Research and Development*, *42*, 211–224.

Kuhlemeier, K. (1994). Epidemiology and dysphagia. *Dysphagia*, *9*, 209–217.

Langan, M. J., & Yearick, E. S. (1976). The effects of improved oral hygiene on taste perception and nutrition of the elderly. *Journal of Gerontology*,

*31*, 413-418.

Langmore, S. (2001). *Endoscopic evaluation and treatment of swallowing disorders*. New York: Thieme.

Langmore, S., Terpenning, M., Schork, A., Chen, Y., Murray, J. T., Lopatin, D. et al. (1998). Predictors of aspiration pneumonia: How important is dysphagia? *Dysphagia*, *13*, 69-81.

Leonard, R., Kendall, K., & McKenzie, S. (2004). Structural displacements affecting pharyngeal constriction in nondysphagic elderly and nonelderly adults. *Dysphagia*, *19*, 133-141.

Leopold, N. A., & Kagel, M. C. (1997). Dysphagia-ingestion or deglutition? A proposed paradigm. *Dysphagia*, *12*, 202-207.

Logemann, J. A. (1993). *Manual for the videofluorographic study of swallowing*. Austin, TX: Pro-Ed.

Logemann, J. A. (1998). *Evaluation and treatment of swallowing disorders*. Austin, TX: Pro-Ed.

Logemann, J. A., Pauloski, B. R., Rademaker, A. W., Colangelo, L. A., Kahrilas, P. J., & Smith, C. H. (2000). Temporal and biomechanical characteristics of oropharyngeal swallow in younger and older men. *Journal of Speech, Language, and Hearing Research*, *43*, 1264-1274.

Logemann, J. A., Pauloski, B. R., Rademaker, A. W., & Kahrilas, P. J. (2002). Oropharyngeal swallow in younger and older women: Videofluoroscopic analysis. *Journal of Speech, Language, and Hearing Research*, *45*, 434-445.

Luschei, E. S., Ramig, L. O., Baker, K. L., & Smith, M. E. (1999). Discharge characteristics of laryngeal single motor units during phonation in young and older adults and in persons with Parkinson disease. *Journal of Neurophysiology*, *81*, 2131-2139.

Malmgren, L. T., Fisher, P., Jones, C., Bookman, L., & Uno, T. (2000). Numerical densities of myonuclei and satellite cells in muscle fiber types in the aging human thyroarytenoid muscle: An immunohistochemical and stereological study using confocal laser scanning microscopy.

*Otolaryngology-Head and Neck Surgery*, *123*, 377-384.

Marik, P. E., & Kaplan, D. (2003). Aspiration pneumonia and dysphagia in the elderly. *Chest*, *124*, 328-336.

Mentes, J. (2006). Oral hydration in older adults: Greater awareness is needed in preventing, recognizing, and treating dehydration. *American Journal of Nursing*, *106*, 40-49.

Mese, H., & Matsuo, R. (2007). Salivary secretion, taste and hyposalivation. *Journal of Oral Rehabilitation*, *34*, 711-723.

Miller, K. E., Zylstra, R. G., & Standridge, J. B. (2000). The geriatric patient: A systematic approach to maintaining health. *American Family Physician*, *61*, 1089-1104.

Monemi, M., Liu, J., Thornell, L., & Eriksson, P. (2000). Myosin heavy chain composition of the human lateral pterygoid and digastric muscles in young adults and elderly. *Journal of Muscle Research and Cell Motility*, *21*, 303-312.

Morley, J. E., & Silver, A. J. (1988). Anorexia in the elderly, *Neurobiology of Aging*, *9*, 9-16.

Mortimore, I. L., Fiddes, P., Stephens, S., & Douglas, N. J. (1999). Tongue protrusion force and fatigueability in male and female subjects. *European Respiratory Journal*, *14*, 191-195.

Murray, J. (1999). *Manual of dysphagia assessment in adults*. San Diego, CA: Singular Publishing.

Nagler, R. M. (2004). Salivary glands and the aging process: Mechanistic aspects, health-status and medicinal-efficacy monitoring. *Biogeronotology*, *5*, 223-233.

Nicosia, M. A., Hind, J. A., Roecker, E. B., Carnes, M., Doyle, J., Dengel, G. A. et al. (2000). Age effects on the temporal evolution of isometric and swallowing pressure. *Journal of Gerontology: Medical Sciences*, *55A*, M634-M640.

Nilsson, H., Ekberg, O., Olsson, R., & Hindfelt, B. (1996). Quantitative aspects of swallowing in an elderly nondysphagic population. *Dysphagia*, *11*,

180-184.

Payette, H., Coulombe, C., Boutier, V., & Gray-Donald, K. (2000). Nutrition risk factors for institutionalization in a free-living functionally dependent elderly population. *Journal of Clinical Epidemiology*, *53*, 579-587.

Rademaker, A. W., Pauloski, B. R., Colangelo, L. A., & Logemann, J. A. (1998). Age and volume effects on liquid swallowing function in normal women. *Journal of Speech, Language, and Hearing Research*, *41*, 275-284.

Robbins, J., Gangnon, R. E., Theis, S. M., Kays, S. A., Hewitt, A. L., & Hind, J. A. (2005). The effects of lingual exercise on swallowing in older adults. *Journal of the American Geriatrics Society*, *53*, 1483-1489.

Robbins, J., Hamilton, J. W., Lof, G. L., & Kempster, G. B. (1992). Oropharyngeal swallowing in normal adults of different ages. *Gastroenterology*, *103*, 823-829.

Robbins, J., Levine, R., Wood, J., Roecker, E. B., & Luschei, E. (1995). Age effects on lingual pressure generation as a risk factor for dysphagia. *Journals of Gerontology Series A: Biological Sciences and Medical Sciences*, *50*, M257-262.

Rother, P., Wohlgemuth, B., Wolff, W., & Rebentrost, I. (2002). Morphometrically observable aging changes in the human tongue. *Annals of Anatomy*, *184*, 159-164.

Sharkey, J., Branch, L., Zohoori, N., Guiliani, C., Busby-Whitehead, J., & Haines, P. (2002). Inadequate nutrient intakes among homebound elderly and their correlation with individual characteristics and health-related factors. *American Journal of Clinical Nutrition*, *76*, 1435-1445.

Shaw, D. W., Cook, I. J., Gabb, M., Holloway, R. H., Simula, M. E., Panagopoulos, V. et al. (1995). Influence of normal aging on oral-pharyngeal and upper esophageal sphincter function during swallowing. *American Journal of Physiology Gastrointestinal and Liver Physiology*, *268*, G389-396.

Shinagawa, S., Adachi, H., Toyota, Y., Mori, T., Matsumoto, I., Fukuhara, R. et al. (2009). Characteristics of eating and swallowing problems in patients who have dementia with Lewy bodies. *International Psychogeriatrics*, *21*, 520-525.

Ship, J. A., Pillemer, S. R., & Baum, B. J. (2002). Xerostomia and the geriatric patient. *Journal of the American Geriatrics Society*, *50*, 535-543.

Shtereva, N. (2006). Aging and oral health related to quality of life in geriatric patients. *Rejuvenation Research*, *9*, 355-357.

Suh, M. K., Kim, H., & Na, D. L. (2009). Dysphagia in patients with dementia: Alzheimer versus vascular. *Alzheimer Disease and Associated Disorders*, *23*, 178-184.

Sullivan, D., Martin, W., Flaxman, N., & Hagen, J. (1993). Oral health problems and involuntary weight loss in a population of frail elderly. *Journal of the American Geriatric Sociery*, *41*, 725-731.

Takeda, N., Thomas, G. R., & Ludlow, C. L. (2000). Aging effects on motor units in the buman thyroarytenoid muscle. *Laryngoscope*, *110*, 1018-1025.

Tracy, J. F., Logemann, J. A., Kahrilas, P. J., Jacob, P., Kobara, M., & Krugler, C. (1989). Preliminary observations on the effects of age on oropharyngeal deglutition. *Dysphagia*, *4*, 90-94.

Turner, M. D., & Ship, J. A. (2007). Dry mouth and its effects on the oral health of elderly people. *Journal of the Americal Dental Association*, *138*, 15S-20S.

Weismer, G., & Liss, J. (1991). Speech motor control and aging. In D. Ripich (Ed.), *Handbook of geriatric communication disorders* (pp. 205-226). Austin, TX: Pro-Ed.

Yoshikawa, M., Yoshida, M., Nagasaki, T., Tanimoto, K., Tsuga, K., & Akagawa, Y. (2006). Influence of aging and denture use on liquid swallowing in healthy dentulous and edentulous older people. *Journal of the American Geriatrics Society*, *54*, 444-449.

Yoshinaka, M., Yoshinaka, M. F., Ikebe, K., Shimanuki, Y., & Nokubi, T. (2007). Factors associated with taste dissatisfaction in the elderly. *Journal of Oral Rehabilitation*, *34*, 497-502.

# 9장

# 지역사회 거주 노인을 위한 세계보건기구 ICF의 원칙

Travis T. Threats

# 1. 도입

세계보건기구(WHO, 1945)는 건강을 "단순히 질병이 없거나 허약하지 않다는 것을 지칭하는 것이 아닌, 완전한 신체적 · 정신적 · 사회적 안녕의 상태"라고 정의하였다. 이러한 건강에 대한 광의적 개념에서는 반드시 아파야만 건강 문제가 있는 것이 아니다. 이 개념에 따르면, 건강함과 건강하지 않음이라는 인위적 이분법을 탈피하고 건강을 연속체로 보아야 한다. 예를 들어, 뇌졸중을 이미 겪은 사람은 즉각적인 의료적 조치가 필요한지 여부의 관점에서는 '아픈 상태'라고 볼 수 없다. 그러나 그 사람의 정신적 · 사회적 안녕 정도가 감소한다면 WHO에서 기술한 최상의 건강 상태가 아닐 수는 있다. 또한 신경학상으로는 완전히 동일한 뇌졸중을 겪어서 어느 정도의 장애를 갖고 있다 하더라도, 자신의 환경에서 온전히 활동할 수 있다면 상당한 정신적 · 사회적 안녕 상태라고 간주할 수 있다. 의료 체계 상 건강하지 않은 사람의 경우에는 도움이 될 만한 다양한 서비스를 제공받을 수 있는 반면에, 건강하다고 간주되는 사람은 그러한 서비스를 받을 수 없다.

건강에 대한 WHO의 정의는 노년층을 다루는 논의에서 중요하다. 어떠한 사람이 건강한 노인으로 간주되는가? 특정 노인들은 건강하다고 하고, 또 다른 특정 노인들은 건강하지 않다고 하는 것은 어떤 사회적 측면에 기인한 것인가? 90세 노인이 엄밀하게 좋은 건강을 유지하는 것이 가능한가? 다른 사람의 관점에서는 건강하지 않은 사람이 자기 스스로는 건강하다고 생각하는 것이 가능한가?

WHO가 건강에 대한 정의를 확대하였음에도 불구하고, 여태까지 건강을 측정하는 WHO 방식은 전통적인 진단 방법이었다. 가장 널리 사용되는 WHO의 분류 체계는 국제 질환 보건 문제 통계 분류(International

Statistical Classification of Diseases and Related Health Problems, 10th revision; ICD-10; WHO, 2007)인데, 베르티용 국제 사망 원인 목록 분류(Bertillon Classification of International List of Causes of Death; Peterson & Rosenthal, 2005)로서 1893년에 처음 개발되었다(Peterson & Rosenthal, 2005). ICD는 처음에는 사람을 사망에 이르게 할 수 있는 질병 목록으로 구상되었다. 그러다가 만성 질병이나 부상과 같이 즉각적으로 사망을 야기하지 않는 장애들로까지 확대되었다. 그러나 여전히 ICD는 치료하지 않으면 죽음으로 이어질 수 있는 상태를 중심으로 구성된다. ICD는 질병의 진단을 위한 코딩 체계다. 의학적 진단은 여러 가지 개별 증상이 모인 전체의 합에 의거하여 내려지며, 진단을 내리는 주요 목적은 의사들이 약 처방이나 수술과 같은 특정한 의학적 치료를 처방하게 하려는 것이다. 그러나 의학적 진단으로는 사람이 어떻게 기능하며 스스로의 상태를 어떻게 조망하는지 예측할 수 없다. 어떤 두 사람이 모두 중등도의 관절염을 앓고 있다고 가정해 보자. 그중 한 사람은 주로 침대에서 생활하고 기껏해야 집 주위를 서성거릴 뿐이다. 한편, 다른 한 사람은 직장을 갖고 여러 시민 단체에서도 활동하고 있다. 다른 두 사람의 예를 들어 보자. 뇌졸중을 겪은 한 사람은 필요할 때마다 언제든지 도와줄 수 있는 직계 대가족이 있다. 하지만 또 한 사람은 뇌졸중으로 인해 동일한 범위의 뇌 손상을 입었음에도 혼자 살고 있거나 도움이 필요할 때 부를 수 있는 가까운 친구들이 없다. 앞서 기술한 두 쌍의 환자 사례에서 ICD로 코드화된 진단은 그 자체로 효율적인 중재를 계획하거나 심부정맥 혈전증(deep vein thrombosis: DVP) 또는 우울증과 같은 이차적 질병의 발생 가능성을 예측하는 데 사용될 수 없을 것이다.

ICD와 ICF 간에는 중첩되는 부분이 있는데, 이는 두 가지 분류 체계 모두가 다양한 신체장애를 분류하고 있기 때문이다. ICD의 주된 목적은 질병의 진단을 내리는 것인 반면, ICF는 다양한 건강 상태와 관련된 기능들에 대한 정보를 제공한다. ICF는 순전히 기술적이며, 주어진 코드만으로는 어떤 치료 과정이 이루어져야 하는지 알 수 없다. 그러므로 ICF는 전체론적으로 조명해야 한다. 두 개인은 질병이나 장애를 매우 다르게 경험할 수 있으며, 이질적인 건강 상태에서도 기능할 수 있는 정도가 유사하다. 이처럼 ICD와 ICF는 건강에 대한 상호보완적이며 의미 있는 그림을 제공하고자 한다.

## 2. 기능적 분류 체계의 필요성

건강 체계를 주로 급성 질환 및 질병에만 집중하여 구축하는 것은 좀 더 건강하고 생산적인 사회를 위해 여러 상황을 폭넓게 고려하지 않는 처사라는 인식이 전 세계적으로 확산되고 있다(Brundtland, 2002). 의학이 진보하면서 생명 연장이 이루어지고, 더 많은 사람이 만성 질환을 앓게 되었으며, 예전 같으면 사망했을 사람들이 생존하고 있다. 많은 사람의 생명을 살리고 있기 때문에 건강관리 체계는 삶의 질을 높이는 데 주력해야 한다.

미국의 보건복지부(Department of Health and Human Services) 산하 의학 자문위원회인 국립건강통계위원회(National Committee of Vital and Health Statistics: NCVHS)는 '기능적 건강(functional health)'을 다음과 같이 정의하였다.

> 기능적 상태(functional status)란 의료 분야에서 각기 다른 전문 분야의 임상가에 의하여, 그리고 서로 다른 정책 환경에서 다양하게 정의된다. NCVHS 프로젝트는 넓은 관점에서 바라본 기능적 상태에 주안점을 두고, 개인이 일상생활에서 활동하는 것과 생활 여건 및 사회에 참여하는 것을 다룬다. 또한

> 이렇게 두 가지로 대별되어 다음을 포함한다. 즉, ① 기본적인 신체 및 인지 활동으로서 걷기 또는 손 뻗기, 집중하기, 의사소통하기뿐만 아닌 일상 활동으로서의 먹기, 씻기, 옷 입기, 이동하기, 화장실 가기, ② 실생활 활동으로서 아동의 경우에는 등교하기나 놀기, 어른의 경우에는 밖에서 일하기, 가사일하기가 해당한다. 기능적 제한(functional limitations)이란 이러한 활동을 할 수 있는 능력이 저하되거나 건강 문제 또는 부상 등으로 인해 그러한 활동을 수행하지 못하며, 환경적 요인(신체적 · 사회적 · 사고방식적 요인을 포함하여)으로 해결할 수 없는 상태를 말한다. 기능적 상태는 신체적 · 발달적 · 행동적 · 감정적 · 사회적 · 환경적 상황의 영향을 받는다. 이 개념은 신체적 · 사회적 환경에 관여하는 전 인체를 아우른다. 기능적 상태라는 개념은 각기 다른 연령군에 따라 달리 해석되지만 전 생애에 걸쳐 적용된다(NCVHS, 2001, p. 2).

위원회의 동일한 보고서에는 의무기록상 기능적 건강 상태에 대해서 다음과 같이 기술하고 있다: "행정자료에는 기능적 상태에 대한 정보는 포함되어 있지 않다. 따라서 '건강' 정도를 확인하기 위한, 이와 같이 필수불가결한 정보를 건강관리 체계(예: 보험업자, 의료보험)에서는 찾아볼 수 없으며, 행정자료에 의존하는 연구자, 공중위생근로자, 정책 입안자들에게도 이에 대한 정보 제공이 이루어질 수 없다. 그러므로 정말로 필요한 것은 표준화된 코드인데, 이를 활용하여 건강관리 제공자들이 최소한의 노력만 가지고도 기능적 상태에 대한 정보를 행정자료에 포함할 수 있도록 해야 한다."(p. 6)

## 3. ICF의 개발

WHO는 다양한 수준의 건강과 기능을 기술하기 위하여 1980년에 국제장애분류(International Classification of Impairments, Disabilities, and Handicaps: ICIDH; 이하 ICIDH)를 출간하였다. 이 버전은 오직 토론을 위해서 발간되었다. 출간의 목적은 인간의 기능과 장애를 건강의 주요 요소로 기술하고자 하는 통일된 표준 언어(standard language)를 제공하는 데 있다. 이는 WHO의 ICD-10(WHO, 2007)이 질병(disease)과 질환(illness)을 어떤 관점에서 바라보고 보고해야 하는지의 기준을 정립한 것과 유사하다. 이로써 장애의 여러 측면과 건강 간의 관계에 대한 논의를 충분히 성공적으로 이끌어 냈다. 1980년의 ICIDH가 비록 일반적인 틀(framework)로서는 유용하였지만, 의료체계에서 포괄적 분류 체계를 제공하지는 못했다. 이러한 개념적인 제한점 때문에 국제적으로, 특히 장애인 권리단체로부터 비난을 받기도 하였다(Hurst, 2003). 중대한 제한점은 장애가 주로 질병의 결과로 일어나며, 질병과 장애 간에는 직접적이고도 단일 방향적인 관계가 성립한다고 가정한다는 것이다. 이와 같이 1980년의 ICIDH는 장애를 바라보는 전통적인 의료적 성향(medical orientation)을 고수했다. 또 다른 제한점은 핸디캡(handicap, 불리한 조건)이라는 용어를 사용한다는 것인데, 이 용어는 장애를 가진 사람이 사회에서 소외된다는 사회적 쟁점보다는 선천적 특성만을 반영한다. 하지만 기능과 장애에 대한 지식, 경험, 연구 결과 등이 축적되면서 ICIDH는 대대적인 수정이 필요하게 되었다.

1993년에 WHO는 필요한 개정을 시작하였고, 2001년에 개정판이 출간되었다. ICF(WHO, 2001)에는 모든 범주와 개별적 분야에 대한 조작적 정의, 중립적 용어, 환경적 요인, 사회적 지향성(socially oriented)을 지닌 장애 모델이 반영되었다. 1980년의 틀이 전 세계적으로 자주 사용되어서 많은 사람은 두 가지 모두가 같은 틀에 기반을 둔다고 생각했기 때문에 용어나 ICF에 대해 혼동이 있었다.

WHO는 ICD와 ICF를 개개인과 전체 인구의 건강을 완전히 설명할 수 있는 분류 체계로 간주한다. 예를 들어, 주어진 ICD 진단 코드를 가지고 그 장애에서 관찰되는 기능적 감퇴가 무엇인지 확인할 수 있다. 독일에 거점을 둔 WHO 국제분류협력센터(Collaboration Center of the Family of International Classifications)의 ICF 연구 분과는 류마티스 관절염(Stucki et al., 2004)이나 우울증(Cieza et al., 2004)과 같은 다양한 질병에 대한 ICD 코드들을 바탕으로 ICF 핵심 지표 개발의 선두 역할을 하였다. 또한 이 핵심 지표들은 질병과 의료기관 간의 조합을 보여 주는데, 그 예로 급성기 환자를 위한 병원에 있는 심폐질환 환자(Boldt & Grill et al., 2005), 아급성 재활 환경에 있는 신경계 환자(Boldt & Branch et al., 2005)를 들 수 있다. 또한 ICF 코드는 확실하게 특정 질병으로 간주되지는 않는 기능적 감퇴를 설명하는 데 사용할 수 있다. 일례로는 복잡한 기억 과제에서는 어려움을 보이지만 치매라고 간주할 수 있는 단계까지는 이르지 않았고, 신경학적 영상에서도 뇌 병리가 전혀 나타나지 않는 노인의 경우가 있다.

ICF는 의학, 물리치료, 작업치료, 오락치료, 간호 분야뿐만 아니라 의사소통장애 분야에서도 채택되어 폭넓게 사용되어 왔다. ICF는 2001년 ASHA가 업무 범위(scope of practice)를 정의한 문서에서 틀로서 처음으로 사용되었고, 2007년에는 언어병리학의 업무 범위(ASHA, 2007)에, 그리고 2004년에는 청각학의 업무 범위(ASHA, 2004)에 틀로서 포함되었다. 또한 ICF는 국제적으로도 연구되고 교육되었으며, 의사소통장애 분야의 임상 실습에서 활용되어 왔다(Threats, 2006).

ICF가 개발된 목적으로는 ① 인구 연구에 활용되는 통계 자료를 포함한 기능 및 장애에 관한 통계 자료의 수집, ② 결과 측정 및 삶의 질, 장애에 미치는 환경적 요인의 영향 같은 임상 연구, ③ 요구 평가, 특정 질병에 적합한 치료법 선택, 프로그램 결과 평가, 재활치료 기록과 같은 임상적 활용, ④ 사회보장제도, 장애 프로그램의 정부 감독을 포함한 사회 정책 활용, 정책 결정, ⑤ 기능적 건강과 장애 문제들에 대한 의식을 고취하기 위한 교육과정 설계의 교육적 활용 등을 들 수 있다. 이와 같은 다섯 가지가 의사소통장애 분야와 연관되어 논의되어 왔다(Brown & Hasselkus, 2008l Mulhorn & Threats, 2008; Skarakis-Doyle & Doyle, 2008; Threats, 2008; Worrall & Hickson, 2008). 이렇게 다양하게 활용되는 체계를 꾀함으로써 WHO는 단순히 분류 체계를 만들고자 의도한 것이 아니라, 현재의 건강관리 체계가 질병을 관리하듯이 이 틀이 기능에 대한 쟁점을 체계적이고도 포괄적으로 다룰 수 있도록 하였다.

## 4. ICF에 대한 설명

ICF는 심리생리학적 접근에 기반하여 임상가와 연구자가 생물학적 · 개인적 · 사회적 측면에서 바라본 광범위한 인간의 기능을 기술할 수 있도록 해 준다. 이러한 분류 체계는 기능과 장애 그리고 문맥적 요인이라는 두 부분으로 구성된다. 여기서 기능과 장애는 신체 기능, 신체 구조, 활동 및 참여라는 세 요소로 구성된다. 문맥적 요인은 환경적 요인과 개인적 요인으로 구성된다. ICF의 개별 문항은 각각 조작적 정의와 그 예로 이루어져 있다. 참여에 대한 코드는 다섯 단계의 중증도를 표시하는 보편적 수식어다. 이 다섯 단계는 문제 없음(0), 경도(1), 중등도(2), 심도(3), 완전 문제(4)이며, 이에 따라 시간 관리(b1642, 역자 주: 연대순으로 사건을 순서 짓고 특정 사건이나 활동에 적당한 시간을 할당할 수 있는 정신 능력을 지칭함)의 능력을 반영한 중등도의 어려움에 해당하는 코드는 b1642.2다.

이 분류에 따른 신체 구조의 요소는 "기관(organs), 사지(limbs)와 그것들의 구성요소를 포함한 신체의 해부학적 구조"로 정의할 수 있다. 두 가지 수식어가 개별 코드와 함께 사용되고, 2개의 규정은 개개의 코드와 함께 사용된다. 첫 번째 수식어는 전반적 중증도를 나타내며 두 번째는 양측성 혹은 일측성 장애와 같은 신체 구조에 대한 변화의 본질을 알려 준다. 예컨대, 100.1은 경도의 성대 기능 장애를 나타낸다. 한편, 100.12는 경도 장애가 일측성이라는 뜻이고 100.11은 양측성이라는 의미다.

신체 기능의 요소는 "신체 체계의 생리학적 · 심리학적 기능"으로 정의할 수 있다(WHO, 2001, p. 8). 여덟 가지 신체 기능 단락으로는 ① 정신 기능, ② 감각 기능과 통증, ③ 음성과 말 기능, ④ 심혈관적 · 혈액학적 · 면역학적 · 호흡기관의 기능, ⑤ 소화 · 신진대사 · 내분비적 기능, ⑥ 비뇨생식과 생식 기능, ⑦ 신경근골격계와 운동 관련 기능, ⑧ 피부와 관련 구조의 기능을 포함한다. 이러한 요소는 인지, 의사소통(언어, 음성, 말, 유창성), 삼킴과 관련된 광범위한 기능을 포함하는데, 첫 번째 수식어만이 이러한 코드를 바꾸기 위해 사용된다. 이전 예를 살펴보면, 시간 관리(b1642)의 능력을 반영한 중등도의 어려움은 b1642.2가 될 것이다.

ICF의 활동/참여 요소는 그 사람의 기능적 상태를 기술한다. 이것은 다양한 인간행동을 포괄적으로 평가할 수 있도록 9개의 단락으로 구성되어 있는데, ① 지식을 배우고 적용하기, ② 일반적인 과제와 요구, ③ 의사소통, ④ 기동성, ⑤ 자기 관리, ⑥ 가정생활, ⑦ 사람 간의 상호작용과 관계, ⑧ 주요한 삶의 영역들, ⑨ 지역사회, 사회, 시민 생활 등이다. 이 구성요소의 항목들은 세 가지 주요 수식어에 따라 수정될 수 있는데, 0~4의 중증도 체계를 사용한다. 첫 번째 수식어인 '수행력(performance)'은 개인이 주어진 생활 기술을 가지고 현재 환경에서 어떻게 기능하는지를 기술하기 위한 것이다. 두 번째 수식어인 '도움이 없을 때의 능력(capacity without assistance)'은 개인이 진료실 혹은 실험실과 같은 구조적이고 표준화된 환경에서 주어진 과제에 어떻게 기능하는가를 설명한다. 이러한 환경은 과제를 수행할 때 뚜렷한 특정 장애물이나 촉진자가 없도록 디자인된 것이다. 세 번째 수식어인 '도움을 받을 때의 능력(capacity with assistance)'은 보조기기와 인적 도움을 모두 이용하는 매우 촉진적인 환경에서의 능력을 코드화하는 것이다. 다시 말해서, 충분한 단서나 다른 도움이 주어진다면 성공적으로 과제를 실행할 수 있을 것인지 확인하는 것이다. 이 수식어는 중재를 통해 혜택을 볼 수 있을 것인지를 가리키는 예후의 표지로 사용된다.

맥락적 요인은 환경적 요인과 개인적 요인이라는 두 가지 측면을 포함한다. 환경적 요인은 "사람이 살면서 자신의 삶을 영위하는 신체적 · 사회적 · 사고방식적 환경"으로 정의할 수 있다(WHO, 2001, pp. 16-17). 이는 사람의 통제력 밖에 놓인 측면을 포함하고, 기능에 긍정적인 효과 또는 부정적인 효과를 나타낸다. 다른 구성요소와는 달리 환경적 요인의 코드화는 긍정적 혹은 부정적인 면을 반영한다. 예를 들어, ".+2"는 개인적인 환경에서 중등도의 촉진자를 가리키고, ".2"는 개인적인 환경에서 중등도의 장애물을 가리킨다. 환경적 요소를 구성하는 다섯 단원은 ① 생산과 기술, ② 자연스러운 환경과 인간이 만든 환경의 변화, ③ 지원과 관계, ④ 사고방식, ⑤ 서비스, 체계, 제도다.

개인적 요소는 ICF에서 코드화되어 있지는 않지만 장애를 입은 과정에서 중요한 역할을 하게 되므로 틀에 포함된다. 개인적 요소는 개인적 배경을 말하며, 기능 수준에 직접적으로 영향을 주는 건강 상태의 일부는 아니다. 이러한 요소들은 나이, 인종, 성별, 교육 배경, 대처 유형, 과거 경험, 성장 과정, 성격, 사회적 배경, 기타 건강 상태, 생활양식 등을 포함한다.

ICF는 미국 내의 교육이나 보건 환경에서는 널리 활용되지 않는다(Iezzoni, 2009). 그러나 의학원(Institute of Medicine, 2007)이나 정부회합 학술위원회(Consolidated Health Initiative, 2005; NCVHS, 2001) 그리고 재활 간호, 물리치료, 작업치료, 오락치료 등을 포함하는 대부분의 재활 영역에서는 지지와 권고를 받고 있다. 더욱이 만성적인 건강 문제나 장애를 미국의 의료개혁에 있어 결정적인 요소로 보는 시각이 늘어나는 것도 ICF의 채택을 가능하게 한다. 주요 노인의료보험제도(Medicare)의 중간운영 기관인 Palmetto사(Blue Cross/Blue Shield의 자회사)는 회원 의료기관들에 적극적으로 ICF 틀을 사용할 것을 촉구하고 있으며, 재활의 정의에 ICF 틀을 포함하고 있다(Feliciano, 2007). WHO는 네덜란드, 브라질, 칠레, 일본, 캐나다, 이탈리아, 인도, 멕시코 등 다수의 국가에서 재활, 가정 보건, 장애 평가 등에 ICF를 점차로 더 사용하고 있다고 보고하였다(WHO, 2009).

분류체계로서의 ICF는 평가 틀을 제공하기 위해 고안되었다. 비록 ICF가 평가도구는 아니지만, 이 틀은 임상가가 평가 과정에서 ICF의 전체 구성요소인 신체 구조, 신체 기능, 활동/참여, 환경적 요인, 개인적 요인을 살펴보게 만든다. 이상적으로는 평가 보고서에서 각각의 요소를 다루고, 이들 간의 상호작용에 대해 논해야 할 것이다. 보고서에서는 단순히 틀을 사용하거나 ICF의 코드를 사용할 수 있다. Hancock(2003)에 따르면, 평가와 그에 따른 중재에서 ICF의 틀을 사용한다면 재활팀이 환자와 보호자의 요구에 초점을 맞출 수 있게 된다. 또한 Hancock은 ICF 틀을 사용한 이후에 고객, 환자, 가족이 치료 과정에 한층 더 만족하고 그것을 이해하게 되었다고 하였다.

ICF는 환자들의 의무기록 내의 정보를 조직화하는 데도 도움이 된다. 현재 핵심적 의무기록은 이전 혹은 현재의 질병 또는 장애에 대한 목록만을 포함한다. ICF를 사용하면 개인적 요인과 환경적 요인을 병력의 핵심 구성요소로 격상시킬 수 있을 것이다. 현재로서 이러한 유형의 정보는 사회복지사의 기록이나 의무기록지의 다른 부분에 적혀 있을지도 모른다. 그러나 환자의 전반적인 건강과 기능을 성공적으로 관리하기 위해서는 이러한 정보가 핵심적인 요소일 수 있다.

ICF가 결과 측정에 관한 폭넓은 요약이기 때문에 SOAP(Subjective,

Objective, Assessment, Plan) 노트처럼 목표를 일상적으로 보고하기에는 유용하지 않다. 일부 의사소통 관련 ICF 코드, 예컨대 d335 "비구어적 메시지를 산출하기"와 같은 것은 너무 광범위하고, "환자는 ICF 코드 d335에서 80%의 정확도로 향상될 것이다."와 같은 것도 목표로는 적합하지 않을 수 있다. 대신 ICF는 매달 혹은 중재를 시작한 시점이나 계획적으로 중단한 시점에서 진전 상황을 측정하기 위해 사용될 수 있다. 구체적인 코드는 일상적 회기에서는 사용되지 않지만, ICF 언어는 일상적 기록에서 사용될 수 있다. 이러한 일상적 기록의 예시로는 "환자는 친구들과 더 편하게 통화하는 것이 가능해졌다고 임상가에게 보고하였는데, 이는 생활에서 참여 활동이 증가했다는 것을 나타낸다." 혹은 "환자의 아내는 남편과 대화를 유지하는 데 있어서 어떻게 하면 더 나은 촉진자가 될 수 있는지 터득했다고 말했다." 등이다.

ICF를 활용하면 건강관리 자료를 전자의무기록에 좀 더 잘 수록할 수 있다는 점은 Consolidated Health Initiative(2005)가 강력하게 지지한 바 있다. 이 위원회는 보편적이고도 상호적인 전자의무기록 체계를 구축하기 위해 사용할 수 있는 필수적인 언어 체계와 분류 체계에 대한 권고 사항을 개발해 왔다. Mulhorn과 Threats(2008)는 의료 기록과 정부 역학 기록에서 의사소통장애와 관련된 기록이 좀 더 잘 수록된다면 중대한 기능적 건강 문제로서의 의사소통장애에 대한 인식이 증진될 것이라고 보고했다.

## 5. 의사소통장애 및 삼킴장애에서의 ICF 활용

이 장과 책의 목적이 건강한 노년층에 대해 알아보는 것이지만, 좀 더 나이가 듦에 따라 관찰되는 의사소통장애에 대해 ICF를 사용하여 기술한 문헌들을 논의하는 것이 유용할 수도 있다. 최근 연구들에서는 ICF를 다음의 의사소통장애가 있는 사람들에게 적용해 왔다. 즉, 실어증(Simmons-Mackie & Kagan, 2007), 마비말장애(Dykstra, Hakel, & Adams, 2007), 치매(Hopper, 2007), 삼킴장애(Treats, 2007), 외상성두부손상(Larkins, 2007), 청각장애(Hickson & Scarinci, 2007), 음성장애(Ma, Yiu, & Verdolini Abbott, 2007), 후두적출 후 의사소통 문제(Eadie, 2007) 등이다. 의사소통장애의 측면에서는 신체 기능, 활동과 참여, 맥락적 요인 등을 포함한 ICF의 요소들을 다루었다(Howe, 2008; McCormack & Worrall, 2008; O'Halloran & Larkins, 2008).

나이가 들면서 신경언어장애를 앓게 되는 대다수의 사람은 지역사회에 살고 있는 사람들이다. 전통적인 의학적 견해에 따르면, 이들은 아픈 사람들로 간주되지 않는다. 예를 들어, 자신이 앓고 있는 실어증에 대한 정기검진을 받기 위해 6개월마다 의사를 찾아가지는 않는다. 대신 의사들이 또 다른 뇌졸중 증상이 생겼는지 확인하기 위해, 또는 뇌졸중 위험인자를 모니터링하기 위해 그들을 만난다. 그리고 사실상 갑자기 생기는 증상이 없다면 진료를 받지 않는다. 그러나 ICF의 건강에 대한 정의에 따르면, 의사소통장애를 가진 사람들은 완전히 건강한 상태는 아닐 수 있다.

의학적인 문제에 따른 의사소통장애로 진단받는 사람들은 다른 기능까지도 비교적 '정상' 범주에서 멀어져 보일 가능성이 있다. 예를 들어, 후두암 수술을 받은 환자에게 삼킴장애가 나타날 수 있다. 이 환자들은 자신이 음성장애 이외의 언어장애를 보일 위험에 처했다고는 생각하지 않는다. 그러나 수술 후 합병증과 삼킴장애를 다루는 과정에서 환자가 문제를 보일 수 있다는 것에 주목할 필요가 있다. 시각적 문제로 인해 글로 쓰인 지시 사항을 읽기 어려울 것이고, 주변 소음이 있는 방 안에서 주어진 지시 사항을 따르기가 힘들 것이다. 이 경우 노화와 관련된 기능 제한을 이해해야만 언어장애를 가진 환자에 대한 정확한 평가와 중재가 가능할 것이다. ICF의 틀에 따르면, 이러한 기능 제한은 특정한 질병과 연관되어 있지 않다. ICF는 단순히 기술로 구성되어 있고, ICD 코드처럼 진단을 내리는 것이 아니다.

의사소통장애는 노화와 관련되어 복합적으로 생기는 정상적 변화 때문에 더욱 심각하게 받아들여질 수 있다. 예컨대, 중등도의 치매를 앓고 있는 요양원의 입소자가 청각장애로 인해 동료 입소자와 제대로 된 교제를 못할 수 있다. 이러한 행동의 변화가 일정 부분 청각 손실 때문임에도 불구하고 요양원의 직원들은 퇴화된 인지 능력 때문이라고 해석한다. 앞의 예시는 ICD 코드에 제시된 전통적인 의학적 진단(치매)과 더불어 WHO의 ICF에서 제기한 기능적 저하(청각 손실 및 말 식별 감소)로 인한 건강 저하를 아우른다.

## 합이 부분보다 많을 때

의학적 건강, 기능적 건강 그리고 노화에 관한 복잡한 쟁점 중 하나는 특정한 상황에서 그 사람을 '건강하지 않음'으로 간주해야 하는가다. 어떤 사람이 만성적 심장질환과 폐질환을 갖고 있어서 약 23m 정도를 걷는 데 숨이 차다면 그 사람은 건강하지 않다는 것이 명백하다. 다른 예로는 마라톤을 즐기는 70세 노인이 성공적인 CEO이면서 동시에 사랑하는 가정 환경 속에 살고 있다면 이 사람은 건강한 사람이라고 할 수 있다.

그렇다면 경미한 관절염, 중등도의 시각장애, 중등도의 청력 문제, 경도의 요실금, 경도의 기억 및 주의력 문제를 가진 사람이 있다고 해 보자. 그는 극빈자가 아니지만 대금 결제를 하지 못하고, 그의 아내는 절친한 친구를 잃은 슬픔으로 우울증에 걸려 있다. 그뿐만 아니라 지난 세월 동안 그가 행한 결정을 걱정하면서 후회하기 시작한다. 건강에 대한 전통적인 관점에서 본다면 이 사람은 다른 노인들보다 더 큰 어려움을 겪고 있다고 할 수는 없을 것이기에 상대적으로 건강 상태를 유지한다고 할 수 있다. 그러나 ICF에서 사용하고 있는 기능적 건강의 관점에서 본다면 다르게 결론지을 수 있다. 그의 건강 상태와 삶의 상황들이 그의 기능적 건강에 막대하게 영향을 미칠 수 있다. 만약 이 사람이 향토회 총무이고 그의 활동이 자신의 정체 의식과 생활의 중심이라면, 자신의 문제 때문에 업무를 수행하거나 활동하는 데 방해를 받을 것이다. 만약 이 사람이 자영업자라면, 이 문제가 그가 기능적으로 활동하는 데 영향을 줄 것이며 그의 재정 상황을 악화시킬 것이다.

따라서 사람은 개인적 그리고 환경적 요인을 포함한 제한이나 구속이라는 총합의 상황에 처하게 된다. 이 모든 것이 WHO에서 "건강"으로 정의한 '기능적 건강'에 영향을 주게 된다. 따로 나뉘어 있을 때는 심한 것으로 보이지 않는 요인들이 합쳐지면 상태가 어떤지 쉽게 예측할 수 있다. 가령, 전반적인 인지와 감정 상태에 문제가 생기면 의사소통에 영향을 미칠 수 있다. 즉, 이들이 어떤 사람들과 의사소통하는지, 이들이 어떻게 의사소통하는지, 다른 사람들은 어떻게 이들과 의사소통하는지 등이 달라진다. 노년층에 대한 전반적인 건강과 의사소통적 건강에 대한 이해가 가능하려면 단순히 부분들에 초점을 맞추는 대신 통합적 기능으로서의 좀 더 포괄적인 관점을 가져야 한다.

## 6. ICF와 노화에서의 쟁점

ICF의 목적 중 하나는 어떠한 문제라도 그것을 '병리화(pathologize)'시키지 않을 대안을 마련하는 것이다. 전통적인 의학적 모델에서는, 질병으로 간주되는 '중대한 단계(critical stage)'에 도달하기 전까지는 어떠한 중재나 서비스도 제공하지 않는다. 예를 들어, 90세 노인의 경우에는 가족 구성원 또는 가까운 친구를 잃게 되는 경험을 할 확률이 높다. 죽음에 대해 실의에 빠지는 것이 일반적인 반응이나, 임상적 우울증으로 분류되지 않는 한 현재의 의료 체계에서는 치료를 받게 되지 않는다. 비록 의사를 찾아간다 할지라도 자살충동이나 무가치감과 같은 우울증의 전형적인 징후를 보이지 않는다면 의사는 '건강한 상태'라고 확실히 말할 것이다. 아프다고 간주하기에는 결정적 역치에 미치지 못하는 것이다. 그러나 ICF에서는 다른 사람들과의 사교성, 사회적 지지, 지역사회에서의 활동 등에 관여되는 코드에 근거하여 기능적 건강의 제한이 있다고 본다. 삶의 기능에 여러 가지 제한점이 있으므로 비록 우울증 약을 복용하는 등의 의료적 처치까지는 하지 않더라도 주의를 기울여야 할 수도 있다.

ICF의 범주들이 비록 질병의 증상들을 알려 주지는 않는다고 해도, 부정적인 의료 문제를 일으키는 의학적 문제나 생활의 상황을 설명할 수 있다. 앞서의 예에서, 삶에서 중요한 위치를 차지했던 사람의 죽음에 대해 괴로워할 수는 있겠지만 이러한 증상만으로는 임상적 우울증으로 진단되지 않는다. 현재의 의료 체계에 따르면, 적어도 미국에서는 임상적 우울증을 보여야만 비로소 중재를 하게 된다. 그러나 전통적으로 간주되는 질병 상태에 이르기 전에 미리 중재를 한다면 더 큰 혜택을 받게 되지 않겠는가? 기능적으로 건강이 제한되는 상황은 전통적인 의료적 문제보다 앞서 나타난다(Scott, Macera, Corman, & Sharpe, 1997). 지역사회 활동이 감소하면 우울증이 생길 수도 있고, 약물 복용도 제대로 하지 않게 된다. 약물을 복용하지 않으면 건강이 악화되고, 더 나아가 삶의 기능과 활동에도 문제를 가져온다. 이 장의 초반에서 언급한 NCVHS 보고에서 진술했듯이, 이러한 생활 기능은 정당한 건강 문제로 다루어야 한다고 인식된다. 공중 보건에 관심 있는 이들은 이러한 쟁점이 건강한 주민을 만들기 위해서 필수적으로 논의해야 하는 사항이라고 생각한다.

## 7. 노화에 따른 맥락적 요인

ICF의 맥락적 요인인 환경적 · 개인적 요인은 정상 노화 측면에서 중요한 역할을 한다. 이 두 요소는 흔히 서로 영향을 주지만, 어느 것이 더 큰 영향력을 행사한다고 말하기는 어렵다. 아동기부터 성인기, 노년기로 변천하면서 이 두 가지 요소는 많은 변화를 겪고 삶의 기능적인 측면에 영향을 준다.

### 1) 환경적 요인

사람은 살아가면서 다양한 환경적 변화를 겪게 된다. 생애 초기에는 누군가에게 의존적일 수밖에 없다. 그러다가 나중에는 상대적으로 독립적인 삶을 살게 되는데, 젊은 미혼 청년기가 그 예다. 그 후에는 배우자나 아이들이 자신에게 의존하는 시기가 오고, 그러다가 자녀가 성장하거나 배우자가 사망하게 되면 다시 상대적으로 독립적인 삶을 살게 된다. 그러나 좀 더 시간이 지나면 다시 누군가에게 의존할 수밖에 없게 될 수도 있다. 예컨대, 녹내장으로 인해 운전하는 것이 힘들어질 수도 있고, 익숙한 지역을 제외하곤 성장한 자녀나 친구가 대신 운전을 해 줘야 하거나, 대중교통을 이용해야만 할 수도 있다.

사람이 삶의 상황에서 어떻게 반응하는지는 여러 가지 요인에 달려 있다. 그중 하나는 환경적 요인에 속한다. 중년기에는 재정적으로 어느 정도 안정적이다. 그러나 노년기에는 노화와 관련하여 재원(financial resources)이 줄어들게 되는데, 예컨대 배우자가 머무는 양로원에 비용을 지불해야 하기 때문이다. 그 결과로, 이러한 과도기적 변화는 노화뿐만 아니라 삶의 기능에 막대한 영향을 미치게 되는 재원 감소에 기여한다.

재정적 수단이 줄어든다는 사실은 사교 활동을 위한 골프모임에 더 이상 속할 수 없게 되고, 수십 년 동안 살아왔던 지역 및 동네에서 떠나야 한다는 것을 의미한다.

또 다른 환경적 요인으로는 지지와 관계, 건강관리 서비스의 접근성, 타인의 사고방식 등을 들 수 있다. 지지와 관계에 있어서는 오랫동안 지속해 온 관계를 상실하면서 삶의 기능이 현저하게 저하된다. 이러한 상실은 꼭 죽음만을 지칭하는 것은 아니다. 예컨대, 정년퇴직을 한 후에는 오랜 기간 함께 일해 온 동료들과의 유대감을 잃어버렸다는 사실에 비통해하기도 한다.

서비스를 필요로 하기도 하고, 서비스가 가능하다 하더라도 그에 대한 접근성 역시 영향을 미친다. 기업들이 비용을 유지할 수 있는 방법을 모색함에 따라 약 처방 서비스와 같은 의료 혜택은 제한적일 수 있다. 메디케어(Medicare)와 같은 의료보험을 받아들이지 않는 의사의 수가 늘어나면서 일부 노인은 개인적으로 부담하지 않는 한 의사들을 찾아가기가 힘들 것이다. 대다수의 노인은 정부단체와 같은 까다로운 시스템을 자주 상대해 본 적이 없다. 이에 따라 협상을 하거나 어떤 정부 차원의 서비스가 가능한지 알아보고 인지하기가 어렵게 된다. 결과적으로는 그들에게 지원 가능한 서비스를 전적으로 누리기가 힘들다.

노인들의 사고방식 또한 삶의 기능에 부정적인 영향을 줄 수 있다. 이러한 사고방식은 자신에 대한 고정관념 혹은 타인에 대한 고정관념일 수 있다. 자신에 대한 고정관념 때문에 그들은 스스로를 틀에 묶어 정형화된 생각을 하게 된다. 처음에는 이런 상황이 불가능해 보이는데, 고정관념이 전형적으로 자신에 대한 사고방식이 아닌 타인에 대한 것으로 간주되기 때문이다. 그러나 Gallois와 Pittam(2002)이 노후에 발생하는 장애에 대한 논의에서 지적한 것과 같이, (장애인과 같은) 소수자 집단은 태어나면서부터 되는 것이 아니라 살면서 되는 것이다. Gallois와 Pittam(2002)에 따르면, 뇌졸중을 겪은 이들은 갑작스럽게 생애 처음으로 소수자격 소외 집단, 즉 '장애인'이 된다. 그들이 이러한 새로운 상황에 어떻게 반응하는가는 그들 자신이 장애를 갖기 전에 자신이 장애인을 바라봐 온 관점의 영향을 받는다. 만일 그 관점이 부정적이었다면 지금 이 상황에서 스스로에 대해서도 부정적일 것이다. 나이가 들면서 노년층에 대한 고정관념을 갖게 되고, 스스로도 같은 상황에 처해 있음을 알게 될 것이다. 이런 것들이 자기 자신의 기능을 바라보는 관점에 어떻게 영향을 줄 것인가? 기능을 제한시키는 초기 징후를 알아채고 치료받고자 노력할 것인가, 아니면 그들이 겪는 인지적 · 정신적 쇠퇴가 노화에 따른 당연한 결과라고 치부할 것인가? 청각검사를 통해 보청기를 착용하고자 할 것인가? 차세대 노년층은 현 노년층과는 다를 가능성이 있다. 예상컨대, 베이비붐 세대는 그 전 세대들보다는 좀 더 활발하게 노후를 즐길 것으로 기대된다(Center of Health Communication, Harvard School of Public Health, 2004). 그러나 높은 기대치를 지니고 있는 노인들이 노화에 따라 발생하는 자연스러운 한계점을 받아들여 적응할지, 혹은 자신의 한계점을 무시하거나 또는 극복할지는 두고 볼 일이다.

노화에 대한 사회적 사고방식은 여러 연구에서 다루어 왔다. 일반적으로 어떤 사람이 무엇인가 깜빡하거나 실수를 저지를 때 이에 대해 '나이에서 오는 건망증(senior moment)'이라고 칭한다. 미연방무역위원회에서는 기억을 향상시켜 준다고 주장하며 '건망증'이라고 명명한 제품을 만든 회사에 경고장을 발부하기도 하였다(Federal Trade Commission, 2004). 흥미롭게도 노인이 가장 듣고 싶어하는 말 중의 하나는 '80세 청춘(80 years young)'이다. 이 말은 자신이 정말 80세인 것처럼 느끼지만 않는다면, 80세의 나이가 큰 문제가 되지 않는다는 뜻이다. 다시 말하면, 실제 연령은 80세이지만 사고방식과 활력은 여전히 젊은이 같다는 말이다. 따라서 80세임에도 (40대인 사람도 잘 하지 못하는) 등산을 할 수 있다면 '늙음'에 대한 낙인을 지울 수 있다. 노화 방지 치료법이 확산된다는 것은 서구 문화에서 노화를 생화학적 방법 또는 최근에는 유전자 치료를 통해 '치유 가능한' 병의 과정으로 여긴다는 것을 보여 준다. ICF의 용어로 설명하면, 노년층에 대한 특정한 부정적인 사회적 사고방식이 있다면, 그것이 생활 기능과 참여를 제한할 수 있는 환경적 요인에서의 장애물이 된다. 의사소통장애가 생기면 장애 자체뿐 아니라 부정적 사고방식 역시 생활 참여에 장애물이 될 수 있다. 그러므로 의사소통장애 전문가는 사고방식이라는 요소를 진지하게 고려해야 한다.

### 2) 개인적 요인

'지배적 위상(master status)'이란 사회학적 용어로서, 한 사람에게서 주요한 한 가지 속성(attribute)을 알게 되면 다른 모든 특성을 설명할 수 있다는 것을 뜻한다(Marshall, 1998). 이것은 인종, 종교, 사회경제적 수준, 국적, 직업 등에 대한 고정관념적 요소다. ICF가 틀 속에 개인적 요인을 포함한 이유 중 하나는 어떤 유형의 기능적 제한이나 장애도 개인의 전체 자기(entire selves) 중 하나의 측면에 불과하다는 것을 인식시키기 위함이다. 따라서 이동성이 제한되어 휠체어를 이용하는 사람은 지적인 면에서 우수할 수도 있고 아닐 수도 있으며, 친절할 수도 있고 아닐 수도 있다. 또한 이 사람은 타인의 능력상 한계점을 포용할 수도 있고 그러지 못할 수도 있다. 마찬가지로, 노년층에 대한 연구는 주제가 다양하지만 '노인 성격' 또는 예측 가능성이 높은 '노년층 인지 프로파일(profile)'과 같은 것에 대한 결론을 내기는 어렵다(Valdois, Joannette, Poissant, Ska, & Dehaut, 1990).

노년층으로 넘어가는 과도기(transition)에는 수많은 개인적 요인이 관여하는데, 대처 기술, 생활 방식, 성격, 양육, 교육 그리고 기타 여러 요인이 이에 해당한다. 사실상 개인이 어떻게 노년층으로 잘 살아나갈 수 있는지는 그들이 젊은 시절에 어떻게 살아왔는지와 관련이 깊다. 예를 들면, 돈을 벌자마자 지출을 하였는지, 미래를 위한 지속적이고 엄격한 저축 계획을 가지고 있었는지, 질병이 없는 상태에서도 건강을 위해 노력해 왔는지, '내일 죽을지도 모르니 먹고 마시고 즐기자'는 식으로 살아왔는지 등의 상황들이 관여한다.

개인적 요인은 그들이 정상적 노화에 어떻게 반응하는지에 영향을 미치기도 한다(Steptoe, Wright, Kunz-Ebrecht, & Llifee, 2006; Yuen, Gibson, Yau, & Mitchum, 2007). 개인이 노화에 어떻게 접근하는지 알아보기 위해 인종, 사회경제적 수준 등과 같은 인구통계학적 요인을 살펴본 연구들이 있다. 그러나 지금까지 초점을 맞춰 연구해 온 인구통계학적 변화보다도 더 많은 차이점이 확인되었다. 모든 개인은 자신의 유전, 환경, 특이한 성격의 독특한 조합으로 이루어졌다. 타인과 어떻게 의사소통하는지, 매일 누구와 그리고 얼마나 많은 사람과 의사소통하는지 등도 개인차에 해당한다. Vogel과 Awh(2008)는 기능에 있어서의 이러한 차이에 대해 기술하였는데, 시각적 작업기억을 예로 들면서 다음과 같이 언급하였다.

> 한편, 가장 표준화된 인지신경과학 연구의 맥락에서 볼 때 이러한 개인 간 변이성은 독립변인들의 수준 차이를 모호하게 만드는 장해(nuisance) 또는 오차 분산(error variance)으로 흔히 간주된다. 개인차를 이런 방식으로 다루는 것은 인지과학 측면에서는 타당하다고 볼 수 있는데, 인지과학은 지각, 주의력, 기억력과 같은 인지적 구성요소들이 일반적인 수준에서 어떻게 작동하는지를 이해하고자 하기 때문이다. 대부분의 인지과학자는 모든 사람이 어떻게 사고하는지에 관심이 있으며, 전체 인구에 걸쳐 능력의 범위를 구분하고 특색화하거나 왜 개인 한 사람이 다른 사람과는 달리 생각하는지는 알아내려 하지 않는다. 그러나 이 두 가지 접근법이 완전히 상호 배타적인 목표

를 갖고 있지는 않으며, 적절한 실험 설계를 통해 개인차를 규명해 냄으로써 인지과정이 기본적 수준에서 어떻게 작동하는지에 대해 더 많이 알아낼 수 있다(Vogel & Awh, 2008, p. 171).

마찬가지로 의사소통장애 그리고 의사소통장애와 정상 노화 과정 간의 관계를 들여다보고자 할 때는 임상가와 연구자 모두 이론적으로 전형적인 인물로서가 아닌 자기 앞의 실제 사람에 대해 연구해야 한다. 실험적 틀 내에서 개인차를 연구한다면 추가 정보를 얻을 수 있을 것이다.

### 3) 신체 기능 장애와 환경적 · 개인적 요소 간의 상호작용

정상 노화에서 의사소통에 대해 알아보려면 정상 노화 과정과 환경적 · 개인적 요소 간의 상호작용을 감안해야 한다. 사람들은 단순히 환경에 의해서만 좌지우지되지는 않고, 오히려 환경을 변화시키기도 한다. 빌의 예를 들어 보자. 그는 청력 저하로 인해 군중 속에서 다른 사람들의 말을 이해하기 어렵게 되자 사람들에게서 멀어졌다. 파티 초대를 거절하기 시작했고, 그러다보니 곧 다른 사람들도 그를 사회적 교제 모임에 초대하지 않기 시작했다. 그는 친구들이 자신을 등졌다고 생각했고, 그들을 포기하였다. 친구들을 잃은 상실감에 우울증까지 겪게 되었고, 결과적으로 빌은 자신의 건강을 돌보지 않게 되었다.

이제 이 이야기에서 맥락적 요인을 바꿔 보도록 하자. 빌의 친구들이 무언가 잘못됐다는 것을 깨달았다고 가정해 보자. 친구 중 한 명은 자기가 빌에게 질문했을 때 자신의 말을 제대로 듣지 못하는 것 같다고 생각했다. 보청기를 사용하고 있는 친구라면 빌의 집에서 개인적으로 빌과 이야기를 나눠 볼 수도 있다. 빌이 청력검사를 받아보도록 하고, 보청기를 착용하게 하며, 청각재활을 받게 설득할 수도 있다. 빌은 다시금 친구들과 교류하게 되고 그의 삶은 행복해질 것이다.

다음으로 바뀌면 좋을 사항은 빌 자신이다. 빌 스스로가 무엇이든 시간이 지나면 변화할 수 있다는 사실을 받아들여야 한다. 살면서 어려움이 닥쳤을 때 도움을 청하여 이러한 어려움을 극복할 수 있었음을 상기해야 한다. 아마도 여전히 보청기를 착용하지 않으려 할 수도 있고, 군중 속에서는 다른 사람이 자기 앞으로 다가와 자신을 보면서 말을 건네줄 것을 바랄 수 있다. 빌은 또한 사람들에게 자신과 더 많은 대화를 나누고 싶다면 좀 더 조용한 방으로 가자고 할 수도 있다. 이런 상황이 된다면, 빌은 다시금 친구들과 교류하게 되고 그의 삶은 행복할 것이다.

앞서의 시나리오에서 볼 수 있듯이 빌은 신체 기능에서는 동일한 생리적 변화를 나타냈다. 그러나 다양한 환경적 요인과 개인적 요인이 궁극적인 결과에 영향을 미쳤다. 실제에서는 다양한 측면에서 기능들의 조합과 상호작용이 앞서 언급된 예보다도 더 복잡하게 일어날 수 있다.

노인들이 언어재활사의 도움을 필요로 한다면, 우리는 그들이 있는 곳으로 찾아갈 필요가 있다. 이것이 바로 이 분야에서 종종 언급되는 넓은 의미의 다양성(diversity)이다. 그룹 간 차이(inter-group)가 큰 만큼이나 그룹 내 차이(intra-group)도 크다. 사람들은 동일한 뇌, 성격, 생활 환경을 지니고 태어나지 않으므로 시간이 지나도 같아지기 어렵다. 뇌, 성격, 생활 환경은 시간에 따라 변화하면서 다양한 상황이나 행동을 만들어 내므로 그것만으로 미래를 예측할 수는 없다. 이러한 변화는 긍정적일 수도 있고 부정적일 수도 있다. 어떤 이들에게는 노년기가 삶의 정점에 해당할 수도 있는데, 벤자민 프랭클린(Benjamin Franklin)이 80세의 나이에 독립선언문의 기초를 수립하고 서명할 수 있었던 것처럼 말이다. 어떤 사람들은 젊은 시절에는 하지 못했던 것들을 나이가 들어서 할 수 있게 된다. 또한 평소에 남편이 지시하는 대로만 살아왔던 여성 노인이 남편을 여읜 후에는 정치적 캠페인에 참여하거나 많은 새로운 대화 상대자들과 교제하기도 한다.

알프레드 윌리엄이라는 사람에 대해서도 이야기해 보자. 그는 아프리카계 미국인이 학교 교육을 의무적으로 받지 않아도 되던 시기에 아칸소 주의 소작농 집안에서 태어났다. 그는 가족을 부양하기 위하여 학교에 가는 대신 목화밭에서 일했다. 1998년에는 파산하여 몇 주 동안 노숙자 보호소에 머무르게 되었지만 2005년 70세의 나이에 헌신적인 선생님을 만나게 되었고, 글을 배우게 되었으며, 모든 의사소통이 가능하게 되었다(Dennis, 2008).

## 8. 결론

결론적으로, 노인의 '건강'에 대한 정의는 다면적이다. 기능적 건강 상태뿐만 아니라 질환이나 질병과 같은 전통적인 잣대 모두를 고려해야 한다. WHO의 ICF는 신체 기능, 활동과 참여를 포함한 기능적 건강 상태를 여러 수준으로 분류해 놓았다. 또한 ICF는 개인의 환경(예: 사회적 지원, 사고방식), 인구 통계 특성(예: 인종, 성별), 성격 특성의 측면들을 도입하였다. 건강 상태와 기능적 건강 상태는 환경적 · 개인적 요소와 상호작용하여 노인의 삶의 질에 영향을 미친다. 따라서 점차 정부 측, 건강관리 체계, 건강관리 제공자들은 노년층에서 최상의 삶을 보장하기 위해서는 건강의 모든 측면을 살펴봐야 한다는 것을 인지하게 되었다. 게다가 노인들의 기능적 건강 상태, 전통적인 건강 잣대, 자신의 건강 상태에 대해 보이는 반응이 개개인마다 매우 상이하다는 점도 인식되고 있다. 불행히도 노화는 오직 퇴화만을 뜻하나, 노인들은 건강상의 어려움에 직면했을 때 회복력을 보일 뿐만 아니라 다양한 측면에서 기능적 건강을 유지할 수 있도록 계속해서 노력하고 경험하게 된다.

## 핵심 요약

- WHO는 건강을 단지 신체적 건강뿐만이 아닌 정신적 · 사회적 안녕의 관점에서 봄
- 기능적 건강은 보건 정책 및 서비스 전문가들이 참으로 건강한 국민을 만드는 데 필수적인 것으로 받아들여지고 있음
- WHO는 기능적 건강이라는 중요한 영역을 도입하기 위해 ICF를 개발하였음
- ICF의 틀은 신체 구조, 신체 기능, 활동/참여, 환경 요소, 개인 요소 등을 포함함
- ICF의 틀은 건강, 장애 그리고 노화 간의 복잡한 상호작용을 자세히 설명하는 데 도움을 줌
- 노화에 대한 자기 지각과 타인의 사고방식은 노년층의 삶의 기능에 영향을 줄 수 있음
- 노년층의 건강과 노화 과정을 바라보는 그들 자신의 접근 방식에는 많은 변이성이 있음

## 논의할 문제

1. ICF가 구체적 진단명이 아닌 설명으로 이루어진 것이 어떤 도움이 되는가?
2. 자신의 부모님과 조부모님이 노화에 대하여 어떤 사고방식을 지니고 계시다고 생각하는가? 그것은 자신이 갖고 있는 노화에 대한 사고방식과 다른가?
3. 의학적 진단만으로는 노인이 일상생활에서 어떻게 기능하는지 완벽하게 기술하지 못할 것이라고 생각하게 하는 개인적 사례는 무엇인가?
4. 노인을 평가할 때 ICF의 원칙을 어떻게 적용할 수 있는가?

## 참고문헌

American Speech-Language-Hearing Association. (2004). *Scope of Practice in Audiology* [Scope of Practice]. Retrieved July 12, 2009, from http://www.asha.org/policy

American Speech-Language-Hearing Association. (2007). *Scope of Practice in Speech-Language Pathology* [Scope of Practice]. Retrieved July 12, 2009, from http://www.asha.org/policy

Boldt, C., Brach, M., Grill, E., Berthou, A., Meister, K, Scheuringer, M. et al. (2005). The ICF categories identified in nursing interventions administered to neurological patients with post-acute rehabilitation needs. *Disability and Rehabilitation*, *27*, 431-436.

Boldt, C., Grill, E., Wildner, M., Portenier, L., Wilke, S., Stucki, G. et al. (2005). ICF Core Set for patients with neurological conditions in the acute hospital. *Disability and Rehabilitation*, *27*, 375-380.

Britton, A., Shipley, M., Singh-Manoux, A., & Marmot, M. (2008). Successful aging: The contribution of early-life and midlife risk factors. *Journal of the American Geriatrics Society*, *56*, 1098-1105.

Brown, J., & Hasselkus, A. (2008). Professional associations' roles in advancing the ICF in speech-language pathology. *International Journal of Speech-Language Pathology*, *10*, 78-82.

Brundtland, G. Opening address. WHO Conference on Health and Disability. Trieste, Italy, 2002. Retrieved June 24, 2008, from http://www.who.int/director-general/speeches/2002/english/20020419_disabilitytrieste.html

Center for Health Communication, Harvard School of Public Health. (2004). *Reinventing aging: Baby boomers and civic engagement*. Boston, MA: Harvard School of Public Health.

Cieza, A., Chatterji, S., Andersenn, C., Cantista, P., Herceg, M., Melvin, J. et al. (2004). ICF Core Sets for depression. *Journal of Rehabilitation Medicine*, *36*, 128-134.

Consolidated Health Initiative (2005). *Consolidated Health Informatics Initiative: Standards Adoption Recommendation-Functioning and Disability*. Retrieved October 8, 2009, from http://www.ncvhs.hhs.gov/061128lt.pdf

Dennis, A. (2008). A first grader at age 70. *People*, *69*, 92-99.

Cykstra, A. D., Hakel, M. E., & Adams, S. G. (2007). Application of the ICF in reduced speech intelligibility in dysarthria. *Seminars in Speech and Language*, *28*, 301-311.

Eadie, T. (2007). Application of the ICF in communication agter total laryngectomy. *Seminars in Speech and Language*, *28*, 291-300.

Federal Trade Commission. (2004, July 13). News release: *"Senior Moment" maker neglects to prove its claims*. Accessed on June 12, 2008, from http://www.ftc.gov/opa/2004/07/nutramax.htm

Feliciano, H. (2007). *Promoting appropriate access to care*. Presentation at ICDR State-of-the-Art Conference: New Federal Applications of the ICF. Washington, DC.

Gallois, C., & Pittam, J. (2002). *Living with aphasia: The impact and communication of self-stereo-types and other stereotypes*. Seminar presented at the 10th International Aphasia Rehabilitation Conference, Brisbane, Australia.

Hancock, H. (2003). Rehabilitation for enhanced life participation: A living well program. *Speech Pathology Online*. Retrieved October 18, 2007, from http://www.speechpathology.com/articles/article_detail.asp?article_id=21

Hickson, L., & Scarinci, N. (2007). Older adults with acquired hearing impairment: Applying the ICF in rehabilitation. *Seminars in Speech and Language*, *28*, 283-290.

Hopper, T. (2007). The ICF and demantia. *Seminars in Speech and Language*, *28*, 273-282.

Howe, T. (2008). The ICF Contextual Factors related to speech-language pathology. *International Journal of Speech-Language Pathology*, *10*, 27-37.

Hurst, R. (2003). The international disability rights movement and the ICF.

*Disability and Rehabilitation*, *25*, 572-576.

Iezzoni, L. (2009, June). *Are the stars aligning for the ICF in the United States?* Presentation given at the Institute for Health Policy, Massachusetts General Hospital, Harvard Medical School. Retrieved October 8, 2009, from http://www.ncvhs.hhs.gov/090610p1.pdf

Institute of Medicine. (2007). *Future of disability in America*. Washington, DC: National Academies Press.

Larkins, B. (2007). The application of the ICF in cognitive communication disorders following traumatic brain injuries. *Seminars in Speech and Language*, *28*, 334-342.

Ma, E., Yiu, E., & Verdolini Abbott, K. (2007). Application of the ICF in voice disorders. *Seminars in Speech and Language*, *28*, 343-350.

Marshall, G. (Ed.). (1998). *A dictionary of sociology*. Oxford: Oxford University Press.

McCormack, J., & Worrall, L. (2008). The ICF Body Functions and Structures related to speech-language pathology. *International Journal of Speech-Language Pathology*, *10*, 9-17.

Mulhorn, K., & Threats, T. (2008). Speech, hearing, and communication across five national disability surveys: Results of a DISTAB study using the ICF to compare prevalence patterns. *International Journal of Speech-Language Pathology*, *10*, 61-71.

National Committee on Vital and Health Statistics. (2001). *Classifying and reporting functional health status*. Washington, DC: Department of Health and Human Services.

O'Halloran, R., & Larkins, B. (2008). The ICF Activities and Participation related to speech-language pathology. *International Journal of Speech-Language Pathology*, *10*, 18-26.

Peterson, D., & Rosenthal, D. (2005). The International Classification of Functioning, Disability and Health (ICF): A primer for rehabilitation educators. *Rehabilitation Education*, *19*, 81-94.

Scott, W., Macera, C., Corman, C., & Sharpe, P. (1997). Functional health status as a predictor of mortality in men and women over 65. *Journal of Clinical Epidemiology*, *50*, 291-296.

Simmons-Mackie, N., & Kagan, A. (2007). Application of the ICF in aphasia. *Seminars in Speech and Language*, *28*, 244-253.

Skarakis-Doyle, E. & Doyle, P. (2008). The ICF as a framework for interdisciplinary doctoral education in rehabilitation: Implications for speech-language pathology. *International Journal of Speech-Language Pathology*, *10*, 83-91.

Steptoe, A., Wright, C., Kunz-Ebrecht, S., & Llifee, S. (2006). Dispositional optimism and health behaviour in community-dwelling older people: Associations with healthy ageing. *British Journal of Health Psychology*, *11*, 71-84.

Stucki, G., Cieza, A., Geyh, S., Battistella, L., Lloyd, J., Symmons, D. et al. (2004). ICF Core Sets for rheumatoid arthritis. *Journal of Rehabilitation Medicine*. *36*, 87-93.

Threats, T. (2006). Towards an international framework for communication disorders: Use of the ICF. *Journal of Communication Disorders*, *39*, 251-265.

Threats, T. (2007). Use of the ICF in dysphagia management. *Seminars in Speech and Language*, *28*, 323-333.

Threats, T. (2008). Use of the ICF for clinical practice in speech-language pathology. *International Journal of Speech-Language Pathology*, *10*, 50-60.

Valdois, S., Joanette, Y., Poissant, A., Ska, B., & Dehaut, F. (1990). Heterogeneity in the cognitive profile of normal elderly. *Journal of Clinical and Experimental Neuropsychology*, *12*, 587-596.

Vogel, E., & Awh, E. (2008). How to exploit diversity for scientific gain: Using individual differences to constrain cognitive theory. *Current Directions in Psychological Science*, *17*, 171-176.

World Health Organization. (1945). *World Health Organization Constitution*.

Geneva, Switzerland. Retrieved October 18, 2007, from http://www.searo.who.int/EN/Section898/Section1441.htm

World Health Organization. (2007). *International Statistical Classification of Diseases and Related Health Problems-10*. Geneva, Switzerland: World Health Organization.

World Health Organization. (2009). *ICF application areas.* Retrieved October 8, 2009, from http://www.who.int/classifications.icf/appareas/en/index.html

Worrall, L., & Hickson, L. (2008). The use of the ICF in speech-language pathology research: Towards a research agenda. *International Journal of Speech-Language Pathology*, *10*, 72-77.

Yuen, H., Gibson, R., Yau, M., Mitcham, M. (2007). Actions and personal attributes of community-dwelling older adults to maintain independence. *Physical and Occupational Therapy in Geriatrics*, *25*, 35-53.

# 부록

1. 성인용 검사 도구
2. 용어 설명

## 1. 성인용 검사 도구

| 검사 도구 | 평가 영역 | 장점 | 단점 |
|---|---|---|---|
| Aphasia Diagnostic Profiles (ADP; Helm-Estabrooks, 1992) | -표현, 이해, 실어증 중증도, 대체의사소통(예: 몸동작) | -간단한 문항들로 다양한 능력을 조사함 | -검사 시행이나 채점에 대한 지시문이 항상 명확한 것은 아님. 검사 후 대상자를 확실한 범주에 넣을 수 없는 경우도 있음 |
| Aphasia Language Performance Scale (ALPS; Keenan & Brassell, 1975) | -읽기, 쓰기, 듣기, 말하기 | -약 30분 정도 소요 | -각 하위 문항의 난이도를 반영하기에는 문항이 제한적임<br>-읽기영역을 수행하기 위하여 대상자의 청각적 이해력이 적정 수준이어야 함 |
| Apraxia Battery for Adults, 2nd edition (ABA-2; Dabul, 2003) | -길항반복운동 속도, 단어길이 증가, 사지실행증, 구강실행증, 다음절 단어의 지연 시간과 발화 시간 | -대상자들이 쉽게 따라 할 수 있는 지시문 | -심도 장애 환자의 경우 검사 시행 시간이 길어짐 |
| Arizona Battery for Communication disorders of Dementia (ABCD; Bayles & Tomoeda, 1993) | -정신상태, 즉각 및 지연 이야기 재산출, 지시 따르기, 이름 대기, 따라 말하기, 단어 학습, 독해, 도형 베끼기<br>-말소리 변별과 시지각을 위한 선별 과제가 포함됨 | -정상 노년층 및 청년층의 표준화 자료를 제공함<br>-알츠하이머병이나 파킨슨병으로 인한 치매 환자들의 표준화 자료도 제공함 | -심도 치매 환자에게는 적용이 어려움 |
| Assessment of Intelligibility of Dysarthric Speech (AIDS; Yorkston & Beukelman, 1984) | -음성적 요소가 고르게 분포된 자극문항을 사용하여 마비말장애 환자의 말명료도와 말속도를 측정함 | -단단어와 문장의 명료도를 측정할 수 있음<br>-말속도에 대한 정상 규준 제공 | -대상자의 말을 듣고 전사할 때 검사자 이외의 다른 검사자가 필요함 |

| | | | |
|---|---|---|---|
| Bilingual Verbal Ability Tests (BVAT; Munoz-Sandoval, Cummins, Alvarado, & Ruef, 2005) | -그림 이름 대기 | -두 언어의 결합을 통하여 이중언어에 대한 지식을 검사함. 영어, 아랍어, 중국어, 프랑스어, 독일어, 힌두어, 이탈리아어, 러시아어, 스페인어, 터키어에 국한되지 않음 | -이중언어 검사자에 의해 가장 잘 평가됨 |
| Boston Assessment of Severe Aphasia (BASA; Helm-Estabrooks, Ramsberger, Morgan, & Nicholas, 1989) | -인사, 간단한 대화, '예/아니요' 질문, 지남력, 구강안면 실행증, "아" 연장 발성, 노래 부르기, 따라 말하기, 사지실행증, 숫자 이해, 사물과 유명인 얼굴 보고 이름 대기, 서명하기 | -심도의 실어증 환자를 위하여 고안됨<br>-다양한 영역에 대한 기초자료를 제공하고 이해를 도움 | -검사 시 카드와 사물이 필요하므로 침상에서 시행하기 어려움 |
| Boston Diagnostic Aphasia Examination, 3rd edition (BDAE-3; Goodglass, Kaplan, & Barresi, 2001) | -대화 및 설명하기, 청각적 이해력, 구어 표현, 문자 언어 이해, 쓰기 | -종합적이고, 다중양식에 대한 좋은 기초선 자료를 제공함<br>-환자의 실어증 유형을 분류함 | -검사 실시에 긴 시간이 걸림(1~3시간)<br>-심도 실어증 환자에게는 적절하지 않음 |
| Boston Naming Test, 2nd edition (BNT-2; Kaplan, Goodglass, & Weintraub, 2001) | -친숙도가 다양한 60개 사물 선화의 이름을 말하는 능력 | -다양한 연령군을 대상으로 사용(6세부터 성인까지)<br>-사용하기 쉬움<br>-다양한 언어로 번안되어 있음 | -대상자는 발병 전에도 알지 못하는 목표 문항일 수 있음 |
| Cognitive Linguistic Quick Test (CLQT; Helm-Estabrooks, 2001) | -주의력, 기억력, 언어, 집행기능, 시공간기능 | -15~30분 정도 소요<br>-구어 및 비구어 과제를 포함함<br>-영어 및 스페인어로 되어 있음 | -노화 관련 시력 감퇴로 시공간 능력 과제에서 저하된 수행을 보여 실제 인지 능력을 제대로 반영하지 않음 |

| | | | |
|---|---|---|---|
| Communication Activities of Daily Living, 2nd edition (CADL-2; Holland, Frattali, & Fromm, 1999) | -읽기, 쓰기, 단어 사용, 사회적 상호작용, 문맥 및 비구어적 의사소통, 유머 및 논리적 부조리에 대한 설명 | -실생활과 유사한 상황에서의 의사소통을 평가함 | -전화기 및 전화를 받는 사람이 필요함 |
| Dworkin-Culatta Oral Mechanism Examination and Treatment System (Dworkin & Culatta, 1980) | -구강실행증, 말실행증 | -점수 매기기 쉬움<br>-유아와 청년에게 시행 가능함 | -1~2시간 소요<br>-표준화되지 않음 |
| Functional Communication Profile-Revised (FCP; Kleiman, 2003) | -감각 기술(예: 청각, 시각), 운동 능력(예: 잡기, 머리 및 몸통 가누기), 행동, 주의력, 수용언어, 표현언어, 화용 및 사회적 능력, 말, 음성, 구강, 유창성, 비구어 의사소통 | -대상자 관찰이 포함됨<br>-실생활과 유사한 상황에서의 의사소통을 평가함 | -표준화 자료가 없음<br>-평가를 위해 검사자 스스로 자극물을 준비해야 함 |
| Independent Living Scales (Loeb, 1996) | -지남력, 금전 관리나 집안 및 교통수단에 대한 관리(집 안 온도를 유지하기, 버스 요금을 확인하기), 건강 및 안전(예: 경찰 부르는 법, 안전하게 길 건너는 법)과 같은 실생활 활동 능력, 정신적 건강 | -독립생활에 관한 기능적 검사 | -구어 표현이 불가한 환자는 검사 시 수행력이 낮을 수 있음 |
| Mann Assessment of Swallowing Ability (MASA; Mann, 2002) | -삼킴장애 및 흡인의 출현 가능성, 손상된 정도 | -식이요법 권고에 도움이 되는 검사<br>-주의력, 협조, 청각적 이해력과 같은 기타 관련 정보를 측정함 | -뇌졸중 환자들만을 대상으로 한 규준 자료가 제시됨 |

| | | | |
|---|---|---|---|
| Mini Inventory of Right Brain Injury, 2nd edition (MIRBI-2; Pimental & Kingsbury, 2000) | -글자 확인, 읽기, 쓰기, 뺄셈, 시계 그리기, 좌측 공간 무시 여부, 감정적·유머러스한·비유적 언어의 이해 | -일반적으로 30분 내에 실시 가능<br>-우반구 손상 환자의 능력을 검사하기 위해 특별히 고안된 몇 안 되는 검사 중 하나임 | -유머 이해 관련 문항 수준이 높음<br>-대상자가 거주하는 방에 대해 글로 묘사하는 과제는 양로원 거주자에게는 실시 불가능 |
| Minnesota Test for Differential Diagnosis of Aphasia (MTDDA; Schuell, 1973) | -청각적 능력, 시각 및 읽기 능력, 말과 언어, 수, 쓰기, 수 관계(예: 거스름돈 맞추기, 시간 맞추기) | -종합 검사<br>-잘 정리되어 있음<br>-실어증 유형 분류는 하지 않음 | -검사 전체를 실시하는 데 긴 시간이 소요됨 (1.5~2.5시간) |
| Porch Index of Communicative Ability (PICA; Porch, 2001) | -청각적 능력, 읽기·구어·몸동작 및 쓰기 능력 | -포괄적, 다양한 신경장애 환자에게 적용 가능<br>-다차원적 점수 체계를 사용함 | -긴 소요 시간<br>-검사 실시와 채점을 정확하게 하기 위해 강도 높은 훈련(40시간)이 필요함 |
| Reading Comprehension Battery for Aphasia, 2nd edition (RCBA-2; LaPointe & Horner, 1998) | -단단어 이해, 단문 읽기 및 질문에 대답하기, 동의어, 문장 이해, 문단 이해, 사실적·추론적 이해, 통사형태론적인 읽기, 글자 변별, 글자 이름 대기, 글자 재인 | -일반적으로 검사자가 사용하기 쉬움<br>-검사 자료가 크고 굵은 활자로 인쇄되어 있음<br>-약 30분 내에 실시 가능 | -정상 규준(의 연령대 및 유형)이 제한적임<br>-보충 검사는 실시하기에 혼동될 수 있음 |
| Revised Token Test (RTT; McNeil & Prescott, 1978) | -뇌손상, 실어증, 언어장애 및 학습장애와 관련된 청각적 처리의 비효율성 | -자극물이 포함되어 있음<br>-관찰 시 분명하지 않았던 손상에 민감함<br>-다른 표준화 검사에서 할 수 없는, 경도 청각적 이해력 손상을 탐지할 수 있음 | -검사 실시와 채점이 초기에는 혼동됨<br>-검사 실시와 채점을 하는 데 긴 시간이 소요됨 |

| | | | |
|---|---|---|---|
| RIC Evaluation of Communication Problems in Right-Hemisphere Dysfunction-Revised (RICE-R; Halper, Cherney, Burns, & Mogil, 1996) | -억양을 포함한 화용적(비구어, 구어) 특징, 표정, 눈 맞춤, 몸동작, 대화 개시, 차례 주고받기, 주제 유지 및 반응 길이 | -우반구 손상 환자의 인지 의사소통 문제를 평가하기 위해 특별히 고안됨<br>-비공식적인 관찰의 형태로 제공<br>-검사자는 개인차를 고려하고 현재의 수행과 발병 전 특징을 비교할 수 있음 | -평정 척도를 신뢰롭게 사용하기 위해 훈련이 필요함 |
| Rivermead Behavioral Memory Test, 3rd edition (RBMT-III; Wilson et al., 2008) | -지남력, 이야기 회상, 얼굴 및 그림 재인, 약속 · 이름 · 전달사항 기억하기 | -약 30분 정도 소요<br>-즉각 · 지연 회상을 포함함 | -도구에 포함된 과제들이 환자가 실생활에서 경험하게 되는 다양한 기억 문제를 적절히 측정하지 못함 |
| Ross Information Processing Assessment, 2nd edition (RIPA-2; Ross-Swain, 1996) | -즉각 및 지연 기억, 장기기억, 지남력, 추론 및 문제해결력 | -다양한 인지-언어 영역을 평가함<br>-검사 시행에 대한 지시문이 쉬움 | -문항에 익숙치 않은 비유적 언어가 포함되거나 역사에 대한 질문을 함(예: '엎질러진 물은 주워 담을 수 없다.' '헬렌켈러가 누군가요?') |
| Ross Information Processing Assessment-Geriatric (RIPA-G; Ross-Swain & Fogle, 1996) | -즉각 및 지연 기억, 원격기억, 공간지남력, 추론, 지남력, 문제해결력, 독립활동(예: 욕실에서 도움이 필요할 때 혹은 응급호출장치가 고장났을 때 무엇을 하는지) | -특히 65세 이상의 노년층을 위하여 고안됨<br>-다양한 인지-언어 영역을 평가함 | -가정서비스를 제공받는 사람들은 건강보호시설이나 병원 관련 질문에 답하기 어려움 |
| Scales of Cognitive Ability for Traumatic Brain Injury (SCATBI; Adamovich & Henderson, 1992) | -지남력, 조직화, 지각 · 변별, 회상 및 추론 | -두부손상 병력이 없는 성인군과 두부손상 환자군의 샘플을 표준화함<br>-고기능 환자를 위한 문항들을 포함함 | -약 2시간 소요 |

| | | | |
|---|---|---|---|
| Test of Oral Structures and Functions (TOSF; Vitali, 1986) | -조음, 속도, 유창성, 음성, 비구어적 구강 기능, 구강안면 구조 | -선별 도구 또는 완전한 진단 도구로서 사용 가능 | -일부 과제가 환자들에게 친숙하지 않을 수 있음 |
| Western Aphasia Battery-Revised (WAB-R; Kertesz, 2006) | -구어 유창성, 청각적 이해, 따라 말하기, 이름 대기, 읽기, 쓰기, 실행증, 시공간, 계산 능력 | -전체길이 검사 및 침상 선별검사를 포함하고 있음<br>-2개의 다른 형태<br>-실어증 유형을 확인하고 분류 | -실어증 환자를 일관되게 분류하지 못할 수도 있음 |

## 2. 용어 설명

개방(patent): 열림, 장애물의 제거

경부청진(법)(cervical auscultation): 삼키는 동안 청진기를 목의 여러 부분에 놓아 소리로서 이상 여부를 확인하는 진찰법. 삼키는 동안 혹은 삼킴 직후에 '부글부글' 소리가 들리면 흡인을 의심함

과탄산혈증(hypercapnia): 혈액 내 탄소가 너무 많이 함유되어 있는 상태

관강(lumina): 관으로 형성된 기관 내부의 공간

구강건조증(xerostomia): 건조한 입안

근육감소증(sarcopenia): 노화에 따른 근육의 질량, 힘, 기능 등의 소실 현상

기본주파수(fundamental frequency): 복합 주기파(complex periodic wave)에서 가장 낮은 주파수 요소

내포문(embedded clauses): 종속절이라고도 함. 다른 문장 내에 안긴 하나의 절(예: 노래를 불렀던 여자는 그녀의 엄마다.)

노인성 난청(presbycusis): 말 인식(speech recognition)에 지장을 초래하는 노화 관련 청각장애

노인성 발성(presbyphonia): 노화 관련 음성의 퇴화로서, 성대가 구부러지고 성문이 완전히 닫히지 않기 때문에 약하며 기식성 목소리를 유발함

노인성 삼킴(presbyglutition): 노인에게 관찰되는 삼킴 기능

노인성 음성(presbylarynges): 노인에게 관찰되는 음성

노화 음성(senescent voice): 노화된 음성

대면 이름 대기(confrontation naming): 일련의 사물이나 그림을 보여 준 후, 해당 항목의 이름을 말해 보도록 함

동명사 절(gerund clauses): 현재분사형 내에서 동사를 포함하고 있는 절(예: 접미사 -ing가 붙은 동사, 예: 나는 아기가 우는 것을 들었다.)

동반질환(comorbidities): 2개 이상의 질환 혹은 병

동음이의어(homophones): 단어의 소리는 같지만 다른 철자와 다른 의미를 가진 단어(예: sea/see, here/hear)로, homonyms와 같은 뜻임

명제발화 밀도(propositional density): 발화된 단어에 비해 얼마나 많은 정보를 전달했는지를 일컬음

모호한 설명(ambiguous referencing): 대명사가 두 가지 선행사를 언급하는 경우(예: 해럴드는 아버지에게 자신이 내일 치료를 받는다고 말했다.)

반응적 이름 대기(responsive naming): 보통 한 사물의 기능이나 기타 특질 등과 관련 있는 간단한 질문을 통해 항목의 이름을 말해 보도록 함(이러한 질문에 대한 예는 다음과 같다. "글씨를 쓸 때 필요한 것은 무엇인가?" [답: "볼펜"])

부종(edema): 신체 조직에 액체가 고여 부은 상태

비주기성(aperiodicity): 연속적 성대진동주기의 불규칙성

쇼그렌 증후군(Sjogren's syndrome, 건조 증후군): 눈물샘이나 땀샘 등의 기능이 망가져서 구강건조나 안구건조 등을 유발하는 자가면역질환(autoimmune disease)임. 피로, 관절 통증, 우울증 등도 보임

실질(parenchyma): 기관의 필수적이고 기능적인 요소

우분지절(right-branching clauses): 각 절이 순차적으로 산출되는 구문이며, 내포문은 주절의 우측에 위치함(예: 그녀는 우리 교회 어린이집을 운영하기에는 너무 어리다["She's awfully young to be running a nursery for our church."].)

위축(atrophy): 근육이 소실되어 크기가 줄어듦

의미착어(semantic paragraphias): 목표어와 관련된 단어를 진술하는 단어 대치(예: 숟가락을 보여 주었을 때 '포크'라고 말하거나 볼펜을 보여 주었을 때 '연필'이라고 말함)

이가 빠진(edentulous): 이가 전혀 없는

이독성(ototoxicity): 귀에 끼친 해로, 이명(tinnitus), 청각 손실(hearing loss), 어지럼증(vertigo)이 증세임

이를 가진(dentulous): 자연이(natural teeth)를 가진

이질성(heterogeneity): 개인 간 차이로, 서로 다름을 의미함

장황함(verbosity): 필요 이상으로 많은 단어를 포함한 발화를 함

짜내기 소리(creaky voice): 너무 낮은 주파수에서 성대가 진동할 때 들리는 쥐어짜는 듯한 소리, 음성 튀기는 소리(vocal fry, 음성 프라이)라고도 함

정적 수축(isometric): 정지한 힘에 대한 근수축

제1포먼트(first formant): 가장 낮은 공명 주파수

좌분지절(left-branching clauses): 내포문이 주절의 좌측에 위치하는 구(예: 우리 교회 어린이집을 운영하는 여자는 매우 어리다["The gal who runs a nursery school for our church is awfully young."].)

주파수변동률(jitter): 성대 진동 시간의 불규칙성

죽상동맥경화증(atherosclerotic): 혈관 내에 지방질이 축적되어 혈관이 딱딱해짐으로써 혈류에 방해가 되는 현상

진폭변동률(shimmer): 성대 진동 폭의 불규칙성

착문법증(paragrammatisms): 문법형태소의 생략처럼 문법 오류가 나타난 발화

착어(paraphasias): 목표어 대신 부정확한 단어로 대치함

척추관절(vertebral articulations): 인대로 이어진 척추들의 연결 부위

척추 후만증(dorsal kyphosis): 척추가 과도하게 앞으로 구부러진 상태

필수 요소(sine qua non): 필수적인, 전제 조건

항콜린제(anticholinergics): 신경전달물질인 아세틸콜린이 신경세포의 수용체에서 작용하지 못하도록 차단하는 약물로, 위장장애(예: 과민성 대장 증후군), 요실금, 천식 등과 같은 다양한 질환을 치료하는 데 쓰임

확산 범주화(divergent categorization): 특정 범주(예: 동물)를 제시한 후, 해당 범주에 해당하는 이름들을 말해 보도록 함(예: 고양이, 개)

## 참고문헌

Adamovich, B. B., & Henderson, J. (1992). *Scale of cognitive ability for traumatic brain inuury*. East Moline, IL: LinguiSystems.

Bayles, K. A., & Tomoeda, C. K. (1993). *Arizona Battery for Communication Disorders of Dementia*. Tucson, AZ: Canyonlands Publishing.

Dabul, B. (2003). *Apraxia battery for adults* (2nd ed.). Austin, TX: Pro-Ed.

Dworkin, J. P., & Culatta, R. (1980). *Dworkin-culatta oral mechanism examination and treatment System*. Nicholasville, KY: Edgewood Press.

Goodglass, H., Kaplan, E., & Barresi, B. (2001). *Boston diagnostic aphasia examination* (3rd ed.). Philadelphia: Lippincott Williams & Wilkins.

Halper, A. S., Cherney, L. R., Burns, M. S., & Mogil, S. I. (1996). *RIC evaluation of communication problems in right hemisphere dysfunction-revised*. Gaithersburg, MD: Aspen Publication, Inc.

Helm-Estabrooks, N. (1992). *Aphasia diagnostic profiles*. New York: Riverside Publishing Co.

Helm-Estabrooks, N. (2001). *Cognitive linguistic quick test*. San Antonio, TX: The Psychological Corporation.

Helm-Estabrooks, N., Ramsberger, G., Morgan, A. R., & Nicholas, M. (1989). *Boston assessment of severe aphasia*. San Antonio, TX: Special Pressk Inc.

Holland, A. L., Frattali, C., & Fromm, D. (1999). *Communication activities of daily Living* (2nd ed.). Austin, TX: Pro-Ed.

Kaplan, E., Goodglass, H., & Weintraub, S. (2001). *Boston naming test* (2nd ed.). Philadelphia: Lippincott Williams & Wilkins.

Keenan, J. S., & Brassell, E. G. (1975). *Aphasia language performance scales*. Murfreesbort, TN: Pinnacle Press.

Kertesz, A. (2006). *The western aphasia battery-revised*. San Antonio, TX: Pearson.

Kleiman, L. J. (2003). *Functional communication profile-revised*. East Moline, IL: LinguiSystems.

LaPointe, L. L., & Horner, J. (1998). *Reading comprehension battery for aphasia*. Austin, TX: Pro-Ed.

Loeb, P. A. (1996). *Independent living scales*. San Antonio, TX: The Psychological Corporation.

Mann, G. (2002). *MASA: The mann assessment of swallowing ability*. Clifton Park, NY: Thomson Delmar Learning.

McNeil, M., & Prescott, T. (1978). *Revised token test*. Austin, TX: Pro-Ed.

Munoz-Sandoval, A. F., Cummins, J., Alvarado, C. G., & Ruef, M. L. (2005). *Bilingual verbal ability tests*. Itasca, IL: Riverside Publishing, Inc.

Pimental, P., & Kingsbury, N. A. (2002). *Mini inventory of right brain injury* (2nd ed.). Austin, TX: Pro-Ed.

Porch, B. E. (2001). *Porch index of communicative ability*. Albuquerque, NM: PICA Programs.

Ross-Swain, D. (1996). *Ross information processing assessment* (2nd ed.). Austin, TX: Pro-Ed.

Ross-Swain, D., & Fogle, P. T. (1996). *Ross information processing assessment-geriatric*. Austin, TX: Pro-Ed.

Schuell, H. (1973). *Minnesota test for differential diagnosis of aphasia*. Minneapolis: Lund Press.

Vitali, G. J. (1986). *Test of oral structures and functions*. East Aurora: NY: Slossan Educational Publication.

Wilson, B. A., Greenfield, E., Clare, L., Baddeley, A., Cockburn, J., Watson, P., et al (2008). *Rivermead behavioral memory test* (3rd ed.). London: Pearson.

Yorkston, K. M., & Beukelman, D. R. (1984). *Assessment of intelligibility of dysarthric speech*. Tigard, OR: C. C Publications.

# 찾아보기


ABCD 43, 78, 101, 126, 154
ADP 77, 101, 124, 154
ALPS 77, 100, 153
BDAE 124
BNT 129
CAPE-V 193
CSL 194
GRBAS 척도 192
ICD 242
ICF 242, 246, 247, 250, 252
ICIDH 245
MMSE 58, 155
PAS 195
SNAP 검사 196
TIA 138
VHI 193
WAB 131
WHO 244

**가**독성 152
간이정신상태검사 58
개념 밀도 159
개념 정의하기 126
개인적 요소 249
건강 241
검안사 109
결손치 222
공기 포획 179
공화 217
구강 단계 216
구강건조증 220, 221
구어 유창성 124, 129
국제장애분류 245
근 위축 185
근거기반 실무 13
기능적 건강 243
기식성 185
기억력 41

**낱**말 찾기 138
노안 107
노인성 난청 82
노인성 음성 178
노인성 폐기종 183
뇌졸중 138
눈부심 160

**다**차원적 점수 체계 154
다차원적 체계 125
단기기억 51
단서 140
단어 습득 연령 137
담화 능력 131
대면 이름 대기 124
대비 민감도 160
도파민 25
독해력 100
동음이의어 87
따라 말하기 130

**말**소리 이해 76
말소리 지각 76
맥락적 요인 249
명제발화 밀도 24, 132
모호한 설명 131
무증상 흡인 226
문맥 87
문법적 복잡성 24, 132
문제해결력 54

**반**응적 이름 대기 133
반향음 82
발성공기역학시스템 195
배경소음 82
배분적 주의 50
변이성 157, 184
보스톤 실어증 진단 검사 124
보스톤 이름 대기 검사 129
비강역류 224
비단어 162
비어휘적 간투사 135

**사**물 묘사하기 126
삽입어 135
생성 이름 대기 124
선택적 주의 49
선행기억 52

설단현상 19, 128
성대 휨 190
성대돌기 190
세계보건기구 241
소근육 운동 능력 163
소자증 161
수정된 바륨 삼킴 검사법 226
숫자 외우기 136
시각적 예리함 106
식도 단계 216
신체 구조 247
신체 기능 248
실무율 과정 127
실어증 언어수행 척도 77
실어증 진단 프로파일 77
쓰기 152
쓰기 유창성 검사 162
쓰기장애 161

**악**력 157
알츠하이머병 57
애리조나 치매 의사소통장애 검사 43
억제 결함 17
에두르기 128
연성음성지수 188
영양실조 224, 225
우드콕 읽기 숙련 검사 102
우분지 구성 132
원격기억 52
웨스턴 실어증 검사 131
음성장애 지수 193
음성치료 190
음운 단서 140
음운 인식 능력 103
의미 단서 140
의미기억 52
의미적 오류 128
의미착어 131, 162
의사소통장애 252, 253
이웃단어 18
이웃단어 밀도 18
이웃단어 빈도 18
인두 단계 216
인지적 더딤 21
일과성 허혈 발작 15, 138
일화기억 51
읽기 자료 108

**자**전거 인터뷰 131
작업기억 23, 51, 107, 136
전구협궁 218
전단 결함 19
전전두엽 25
절차기억 51
절차적 담화 132
점화 140
정보량 131
정확한 정보 단위 125
좌분지 구성 132
주의력 41, 159
주파수변동률 178
즉각성 154
진폭변동률 178
집중적 주의 49, 50
집행기능 41, 54

**착**문법증 131
철자 단서 140
철자 오류 152, 159
철자법 161
청각적 이해력 76
청각적 처리 76
청지각적 평정 192
총 단어 수 125
최대성문호기류 186
치매 161
친숙성 86

**타**이핑 161
탈수 현상 224
틀니 221

**파**킨슨병 161
평균 절의 길이 125
평상 호흡 179
폐용량 180

**하**향 처리 23, 84
합의 청지각적 음성 평가 193
향태구조검사 104
호흡 근력 181
호흡 기능 179
확산 범주화 과제 133
환경적 요인 249
활동/참여 248
후두 183
후두개골 218
후두내시경 194
흡인 224
흡인성 폐렴 224

## 편저자 소개

**Angela N. Burda**

미국 미네소타 대학교에서 학사 및 석사 학위를, 위치토 주립대학교에서 박사 학위를 취득하였고, 미네소타 주의 세인트폴과 캔자스 주의 위치토에 소재한 재활병원 및 장기요양시설 등에서 언어치료사로 일했다. 미국 안팎의 여러 학술대회와 저널에 많은 논문을 발표하였고, 2000년부터 교편을 잡아 신경언어장애, 신경말장애, 정상 노화, 억양 교정 등을 가르쳐 왔으며, 현재는 미국 노던아이오와 대학교의 의사소통장애과학과에서 부교수로 재직하고 있다. 주요 연구 분야는 정상 노년층 및 중년층의 인지-언어 기능, 노년층의 억양 발화 등이다.

## 집필진 소개

**Todd A. Bohnenkamp, PhD, CCC-SLP**

아이오와 주 시더폴즈의 노던아이오와 대학교 의사소통장애과학과 조교수

**Jill L. Champley, PhD, CCC-SLP**

네브래스카 주 오마하의 VA Nebraska-Western Iowa Health Care System 언어치료사

**Julia D. Edgar, PhD, CCC-SLP**

미주리 주 세인트루이스의 워싱턴 대학교 의과대학 이비인후과 연구과학자

**Carlin F. Hageman, PhD, CCC-SLP**

아이오와 주 시더폴즈의 노던아이오와 대학교 의사소통장애과학과 교수 및 학과장

**Travis T. Threats, PhD, CCC-SLP**

미주리 주 세인트루이스의 세인트루이스 대학교 의사소통장애과학과 교수 및 학과장

## 역자 소개

**김향희(KIM HyangHee)**

미국 위스콘신 대학교 대학원에서 언어병리학 전공으로 박사 학위를 취득하고 동 대학교 대학병원과 리더스 재활병원 등에서 임상수련과정(CFY)을 마친 후, 1995년부터 삼성서울병원(성균관대학교 의과대학) 신경과와 의학과에서 책임연구원이자 연구교수로 연구 및 임상 활동을 하였다. 미국언어청각협회(ASHA) 언어치료사 자격증(CCC-SLP)과 미국신경언어장애학회(ANCDS) 신경언어장애전문가 자격증(BC-ANCDS)을 취득하였고, 한국언어청각임상학회(KASA) 회장을 역임하였다. 현재는 아시아태평양언어청각학회(APSSLH)의 회장을 맡고 있고, 연세대학교 의과대학 대학원 언어병리학협동과정에서 전임교수로 대학원 학생들을 가르치고 있다. 주요 연구 및 강의 분야는 신경언어장애, 신경말장애, 신경삼킴장애, 노화와 의사소통장애, 언어장애 해부와 생리 등이다.

**윤지혜(YOON JiHye)**

연세대학교 대학원에서 언어병리학 전공으로 박사 학위를 취득하고 삼성서울병원(성균관대학교 의과대학) 신경과에서 임상수련과정(CFY)을 마친 후, 2006년부터는 동 병원 신경과 연구원이자 언어재활사로서 연구 및 임상 활동을 하였다. 현재는 한국음성학회(KSSS) 부편집위원장과 한국노년학회 이사를 맡고 있고, 한림대학교 자연과학대학 언어청각학부 전임 조교수로 학부 및 대학원 학생들을 가르치고 있다. 주요 연구 및 강의 분야는 신경언어장애, 신경말장애, 신경삼킴장애, 노화와 의사소통장애, 언어장애 해부와 생리 등이다.

**김정완(KIM JungWan)**

연세대학교 대학원에서 언어병리학 전공으로 박사 학위를 취득하고 서울시립병원(은평) 정신과에서 임상수련과정(CFY)을 마친 후, 2006년부터는 연세대학교 의과대학 대학원 언어병리학협동과정과 한강성심병원 재활의학과 언어재활사로서 연구 및 임상 활동을 하였다. 현재는 한국언어청각임상학회(KASA) 홍보이사와 한국언어재활사협회(KSLP) 신경언어장애분과 교육위원을 맡고 있고, 대구대학교 재활과학대학 언어치료학과 전임 조교수로 학부 및 대학원 학생들을 가르치고 있다. 주요 연구 및 강의 분야는 신경언어장애, 신경말장애, 노화와 의사소통장애, 언어장애 해부와 생리, 치매 인지재활 등이다.

노화와 의사소통장애

**Communication and Swallowing Changes in Healthy Aging Adults**

2014년 11월 10일 1판 1쇄 발행
2022년 9월 20일 1판 4쇄 발행

엮은이 • Angela N. Burda
옮긴이 • 김향희 · 윤지혜 · 김정완
펴낸이 • 김 진 환
펴낸곳 • (주) 학지사
04031 서울특별시 마포구 양화로 15길 20 마인드월드빌딩 5층
대표전화 • 02) 330-5114 팩스 • 02) 324-2345
등록번호 • 제313-2006-000265호
홈페이지 • http://www.hakjisa.co.kr
페이스북 • https://www.facebook.com/hakjisabook

ISBN 978-89-997-0576-2 93370

정가 **18,000원**





이 도서의 국립중앙도서관 출판시도서목록(CIP)은 서지정보유통지원시스템 홈페이지(http://seoji.nl.go.kr)와 국가자료공동목록시스템(http://www.nl.go.kr/kolisnet)에서 이용하실 수 있습니다.
(CIP제어번호: CIP2014029602)

이 역서는 2011년도 정부(교육부)의 재원으로 한국연구재단의 지원을 받아 수행된 연구사업임(NO. 2011-32A-B00203).